TÓPICOS ATUAIS
EM PROCESSO CIVIL
INDIVIDUAL, COLETIVO E PLURI-INDIVIDUAL

BRUNO DANTAS

Prefácio
Luiz Fux

TÓPICOS ATUAIS EM PROCESSO CIVIL
INDIVIDUAL, COLETIVO E PLURI-INDIVIDUAL

Belo Horizonte

2024

© 2024 Editora Fórum Ltda.

É proibida a reprodução total ou parcial desta obra, por qualquer meio eletrônico, inclusive por processos xerográficos, sem autorização expressa do Editor.

Conselho Editorial

Adilson Abreu Dallari
Alécia Paolucci Nogueira Bicalho
Alexandre Coutinho Pagliarini
André Ramos Tavares
Carlos Ayres Britto
Carlos Mário da Silva Velloso
Cármen Lúcia Antunes Rocha
Cesar Augusto Guimarães Pereira
Clovis Beznos
Cristiana Fortini
Dinorá Adelaide Musetti Grotti
Diogo de Figueiredo Moreira Neto (*in memoriam*)
Egon Bockmann Moreira
Emerson Gabardo
Fabrício Motta
Fernando Rossi
Flávio Henrique Unes Pereira
Floriano de Azevedo Marques Neto
Gustavo Justino de Oliveira
Inês Virgínia Prado Soares
Jorge Ulisses Jacoby Fernandes
Juarez Freitas
Luciano Ferraz
Lúcio Delfino
Marcia Carla Pereira Ribeiro
Márcio Cammarosano
Marcos Ehrhardt Jr.
Maria Sylvia Zanella Di Pietro
Ney José de Freitas
Oswaldo Othon de Pontes Saraiva Filho
Paulo Modesto
Romeu Felipe Bacellar Filho
Sérgio Guerra
Walber de Moura Agra

FÓRUM
CONHECIMENTO JURÍDICO

Luís Cláudio Rodrigues Ferreira
Presidente e Editor

Coordenação editorial: Leonardo Eustáquio Siqueira Araújo / Aline Sobreira de Oliveira
Revisão: Fabiana Guimarães Coelho
Capa, projeto gráfico e diagramação: Walter Santos

Rua Paulo Ribeiro Bastos, 211 – Jardim Atlântico – CEP 31710-430
Belo Horizonte – Minas Gerais – Tel.: (31) 99412.0131
www.editoraforum.com.br – editoraforum@editoraforum.com.br

Técnica. Empenho. Zelo. Esses foram alguns dos cuidados aplicados na edição desta obra. No entanto, podem ocorrer erros de impressão, digitação ou mesmo restar alguma dúvida conceitual. Caso se constate algo assim, solicitamos a gentileza de nos comunicar através do *e-mail* editorial@editoraforum.com.br para que possamos esclarecer, no que couber. A sua contribuição é muito importante para mantermos a excelência editorial. A Editora Fórum agradece a sua contribuição.

Dados Internacionais de Catalogação na Publicação (CIP) de acordo com ISBD

D192t   Dantas, Bruno

Tópicos atuais em processo civil: individual, coletivo e pluri-individual / Bruno Dantas. Belo Horizonte: Fórum, 2024.

268 p. 14,5x21,5cm
ISBN impresso 978-65-5518-806-6
ISBN digital 978-65-5518-807-3

1. Direito processual civil. 2. Tutela coletiva. 3. Tutela pluri-individual. I. Título.

CDD: 347.05
CDU: 347.9

Ficha catalográfica elaborada por Lissandra Ruas Lima – CRB/6 – 2851

Informação bibliográfica deste livro, conforme a NBR 6023:2018 da Associação Brasileira de Normas Técnicas (ABNT):

DANTAS, Bruno. *Tópicos atuais em processo civil*: individual, coletivo e pluri-individual. Belo Horizonte: Fórum, 2024. 268 p. ISBN 978-65-5518-806-6.

SUMÁRIO

NOTA DO AUTOR
Bruno Dantas 11

PREFÁCIO
Luiz Fux 13

O CONTRADITÓRIO COMO DIREITO DE EFETIVA PARTICIPAÇÃO NA CONSTRUÇÃO DA DECISÃO JUDICIAL
Bruno Dantas, Caio Victor Ribeiro dos Santos 17
      Introdução 17
1   O direito de participação no processo 19
2   Processo e constituição: análise do contraditório 22
2.1 Acesso à justiça e contraditório 23
2.2 Devido processo legal e contraditório 25
3   O contraditório participativo no Código de Processo Civil de 2015 ..26
3.1 Contraditório efetivo 27
3.2 Cooperação e boa-fé 28
3.3 Proibição de decisão-surpresa 30
3.4 Dever de fundamentação 31
      Conclusão 34
      Referências 34

(IN)CONSISTÊNCIA JURISPRUDENCIAL E SEGURANÇA JURÍDICA: O "NOVO" DEVER DOS TRIBUNAIS NO CÓDIGO DE PROCESSO CIVIL
Bruno Dantas 37
      Introdução 37
1   Estado democrático de direito e o princípio da segurança jurídica ..41
2   Direito comparado 43

3	Criatividade judicial e respeito aos princípios da legalidade e da igualdade	49
	Conclusão	52
	Referências	55

PROCEDIMENTO DE DESCONSIDERAÇÃO DA PERSONALIDADE JURÍDICA NO NOVO CÓDIGO DE PROCESSO CIVIL: UMA ANÁLISE DA INTERAÇÃO ENTRE AS REGRAS PROCESSUAIS E MATERIAIS DO INSTITUTO

Bruno Dantas, Alexandre Reis Siqueira Freire, Leonardo Albuquerque Marques 59

	Introdução	59
1	Legitimidade para requerer o incidente	61
2	Momento para instauração, procedimento, requerimento e recursos cabíveis	63
3	Efeitos da decisão	65
3.1	Plano subjetivo ativo	66
3.2	Plano subjetivo passivo	66
3.3	Plano objetivo	69
3.4	Plano temporal	70
4	O contraditório e a necessidade de provimentos de urgência	71
5	Análise dos impactos da positivação normativa do incidente de desconsideração	72
	Conclusão	75
	Referências	76

FORUM SHOPPING ELETRÔNICO E EXERCÍCIO ABUSIVO DO DIREITO DE ELEIÇÃO DE FORO: A CRISE DA TERRITORIALIDADE NA JURISDIÇÃO VIRTUAL

Bruno Dantas, Davi Filho 79

	Introdução	79
1	A justiça e o avanço tecnológico	81
2	Crise do critério da territorialidade em uma jurisdição em nuvem	83
3	O juízo natural eficiente: entre a liberdade de escolha e a adequação da competência	86
4	Impactos da jurisdição digital: uma nova perspectiva sobre o abuso na eleição de foro e a necessária revisitação da súmula nº 33 do Superior Tribunal de Justiça	88

Considerações finais 91
Referências 92

BELLWETHER TRIALS À BRASILEIRA? ESTATÍSTICAS, DANOS EM MASSA, DEFINIÇÃO POR AMOSTRAGEM DE CATEGORIAS INDENIZATÓRIAS E O ART. 69, §2º, VI, DO CPC

Bruno Dantas, Caio Victor Ribeiro dos Santos 95
    Introdução 95
1   O pensamento de Schauer acerca da prova por estatística 97
2   A utilização de inferências estatísticas no julgamento de ações repetitivas de reparação de danos sofridos em dimensões variadas 102
2.1   *Bellwether trials* 103
2.2   Devido processo legal e inferências estatísticas 110
2.3   O valor informativo dos julgamentos das amostras: parâmetros mais adequados para mensurar o valor do dano nas demais causas 111
3   *Bellwether trials* à brasileira? Como operacionalizar algo semelhante no Brasil a partir da previsão do art. 69, §2º, VI, do CPC 114
    Referências 117

ONE SIZE DOESN'T FIT ALL: A PRESERVAÇÃO DA AUTONOMIA INDIVIDUAL COMO FUNDAMENTO IMPLÍCITO DO IRDR

Bruno Dantas, Caio Victor Ribeiro dos Santos 119
    Introdução 119
1   O surgimento dos "procedimentos modelo" e "casos-piloto" como técnicas voltadas a prestigiar a autonomia da vontade em meio à massificação 120
2   Coletivismo e supressão da autonomia da vontade nas *class actions* 122
3   O incidente de resolução de demandas repetitivas como técnica processual voltada à preservação da autonomia individual na resolução dos litígios de massa 128
4   Dois pesos, duas medidas: pretensões de alto valor X pretensões de baixo valor e sua relação com a preservação da autonomia da vontade na tutela pluri-individual 130
    Conclusão 133
    Referências 134

A CONTRIBUIÇÃO DO CONTENCIOSO COLETIVO NORTE-AMERICANO PARA O COMBATE À JUDICIALIZAÇÃO NO BRASIL

Bruno Dantas, Caio Victor Ribeiro dos Santos 137

    Introdução 137

1   Judicialização de massa: razões e iniciativas do vanguardismo norte-americano 138

2   O problema do amianto nos Estados Unidos e a crise das *class actions* 142

3   Síntese: razões políticas e técnicas para adoção da tutela pluri-individual no Brasil 148

    Conclusão 153

    Referências 154

IMPACTOS TRANSNACIONAIS DA TUTELA COLETIVA NORTE-AMERICANA: COMO A CRISE DAS *CLASS ACTIONS* LEVOU O BRASIL A OPTAR PELA TUTELA PLURI-INDIVIDUAL

Bruno Dantas, Caio Victor Ribeiro dos Santos 157

    Introdução 157

1   Uma análise acerca das razões de ser das *class actions* 159

1.1   Compensação das vítimas de atos ilícitos 159

1.2   Dissuasão das empresas de cometerem ilícitos 161

1.3   Promoção da celeridade e economia do processo judicial 162

2   A litigância coletiva empreendedora: os entusiastas *vs.* os "estrangeiros" 164

3   O problema do amianto nos Estados Unidos e a crise das *class actions* 168

4   Brasil: por que o Incidente de Resolução de Demandas Repetitivas? 174

    Conclusão 179

    Referências 180

JURISDIÇÃO COLETIVA, IDEOLOGIA COLETIVIZANTE E DIREITOS FUNDAMENTAIS

Bruno Dantas 183

    Introdução 183

1   A marcha da história 185

2   Processo coletivo, ideologia coletivizante e direitos fundamentais 188

3	Freio na ideologia coletivizante	192
4	A solução projetada para o Brasil: tutela pluri-individual	194
	Referências	198

MODULAÇÃO DE EFEITOS BRASILEIRA NA PRÁTICA PROCESSUAL CONSTITUCIONAL

Bruno Dantas, João Victor Prasser 201

1	Introdução	201
2	A modulação de efeitos na prática processual constitucional	204
3	Aspectos procedimentais da modulação contemporânea	207
3.1	Quórum	207
3.2	Postulação e veículo de apreciação	214
3.3	Quem pode modular?	217
4	Conclusão	220
	Referências	221

REMARKS ON THE SUPREME COURT APPELLATE JURISDICTION IN BRAZIL AND ARGENTINA: CERTIORARI

Bruno Dantas, Teresa Arruda Alvim 223

1.	Brazil	223
A.	The Federal Supreme Court, the type of State and the brazilian political system	223
B.	The model valid until 1988	224
C.	The appellate jurisdiction since the establishment of the Superior Court of Justice	226
D.	General repercussion: the brazilian certiorari	229
II.	Argentina	231
A.	The argentinian extraordinary appeal	231
B.	The argentinian certiorari	234
1	Lack of Sufficient Federal Infringement	234
2	Insubstantial/Immaterial Issues	235
3	Transcendence of the Issues Discussed in the Appeal	235
C.	Criteria used by the Argentine Supreme Court	236
1	Transcendence of Constitutional Issues	237
2	Transcendence of Federal Issues	237
III	Final consideration	238
	References	239

DIÁLOGOS ENTRE CORTES CONSTITUCIONAIS E SOCIEDADE CIVIL EM PERSPECTIVA COMPARADA "BRASIL E FRANÇA": AUDIÊNCIAS PÚBLICAS, PARTICIPAÇÃO DE *AMICI CURIAE* E TERCEIROS INTERESSADOS

Bruno Dantas, Guilherme Mazarello..241

    Introdução 241

1   Objeto de comparação: breve nota acerca do controle de constitucionalidade repressivo no Brasil e na França 245

2   Diálogos institucionais, Cortes Constitucionais e sociedade civil...247

3   A participação de *amici curiae* no Supremo Tribunal Federal – uma cultura jurídica de participação em criação...............................250

4   A participação de *amici curiae* no *Conseil Constitutionnel* – a zona cinzenta das portas estreitas...255

5   Conclusões..260

    Referências 264

SOBRE OS COLABORADORES 267

NOTA DO AUTOR

Jorge Luis Borges rememora, em *Ficções*, que Locke procurou desenvolver, no século XVII, um idioma em que cada coisa individual possuiria um nome próprio. A tarefa, evidentemente impossível, denuncia uma pretensão de importância maior: de que os conceitos devem ser levados a sério, e que as palavras, como limites imanentes da linguagem, carregam significados definidores. Foi o que intentei, por exemplo, quando defendi uma distinção conceitual que reputo importante entre tutela individual, pluri-individual e coletiva.

Esta obra surge, portanto, a partir dessa amálgama de inquietações que me acompanham desde antes da edição do Código de Processo Civil e que permanecem atuais anos depois de sua entrada em vigor. Mais do que me debruçar sobre questões procedimentais, busquei investigar os meandros principiológicos que inspiram o sistema processual, em suas múltiplas facetas.

Em alguns momentos, estive acompanhado de juristas e jovens estudiosos que contribuíram para a obra, aos quais expresso meus profundos agradecimentos: Teresa Arruda Alvim, Alexandre Freire, João Victor Prasser, Caio Victor Ribeiro dos Santos, Davi Filho, Guilherme Mazarello e Leonardo Albuquerque Marques.

Neste compêndio, os temas mais prementes do processo civil são dissecados com a finalidade de oferecer minha contribuição ao debate sobre questionamentos que reverberam não apenas na doutrina, mas que ecoam nos corredores dos tribunais. São questões que envolvem direitos fundamentais como acesso à justiça, contraditório-influência e segurança jurídica, mas também de ordem de administração da justiça, como litigiosidade de massa, hipertrofia do Poder Judiciário e crise do sistema recursal.

Com esse afã, tencionei não me limitar ao direito pátrio. Ao revés, investiguei, na experiência estrangeira, estratégias jurídicas que porventura pudessem trazer frutos positivos, sem, contudo, apequenar a complexidade do nosso próprio sistema processual.

Imbuído no espírito de poder colaborar para desenvolvimento desses tópicos, espero que esta obra seja recebida como uma contribuição significativa para o contínuo aprimoramento do campo do direito processual. Ao desmembrar os temas mais urgentes do processo civil, almejei oferecer não apenas uma análise crítica, mas também propostas construtivas para enfrentar desafios que são, por todos nós, conhecidos.

Brasília, 1º de julho de 2024.

Bruno Dantas

PREFÁCIO

Em célebre escrito sobre *Os Novos Rumos do Processo Civil*, dizia o saudoso Professor José Carlos Barbosa Moreira que não podemos ter "a ingenuidade de supor que seja fácil modificar o mundo com puros instrumentos jurídicos", mas "nem por isso havemos de quedar-nos inertes, ou de encerrar-nos de uma vez por todas na famosa 'torre de marfim', vista por tantos como retiro inevitável de juristas, e particularmente de processualistas".[1]

Chamava aos novos tempos, assim, o espírito de seus discípulos da Escola Processual de Copacabana, cujo núcleo intelectual situara-se na Faculdade de Direito da Universidade do Estado do Rio de Janeiro (UERJ).

Sua inspiração imprimiu a marca do protagonismo acadêmico assumido pela UERJ na construção da ciência processual brasileira, que se renova de geração em geração, através da projeção diuturna de juristas de escol, devotados ao sacerdócio do saber. Tem o Brasil testemunhado serem tais os predicados do Professor e Ministro Bruno Dantas, que honra as melhores tradições da nossa Faculdade com mais uma seminal contribuição doutrinária: a coletânea de estudos *Tópicos Atuais em Processo Civil: Individual, Coletivo e Pluri-Individual*.

Trata-se de obra atenta às mais palpitantes atualidades do Direito Processual Civil, porquanto lança luzes sobre as novas repercussões de temas de vanguarda, como *v.g.* o sistema de precedentes, as demandas repetitivas, os processos coletivos, além de outros tantos, examinados à luz das experiências brasileira e estrangeira.

Sob os influxos da Análise Econômica do Direito, o processo brasileiro tem sido objeto de grandes transformações, máxime a partir do uso da *eficiência* para incrementar as suas condições de operabilidade. A racionalização, destarte, impõe-se como medida necessária diante do

---

[1] MOREIRA, José Carlos Barbosa. Os novos rumos do processo civil brasileiro. *Revista da Academia Brasileira de Letras Jurídicas*. v. 8, n. 6/1994, p. 205.

imperativo hodierno da duração razoável dos processos, incutindo nos magistrados o desafio vaticinado pelo preclaro José Alberto dos Reis: *fazer bem e depressa*.²

Deveras, o enfrentamento deste desafio de garantia da prestação jurisdicional em uma sociedade marcada pela constante massificação³ concita-nos, todos, a novamente meditar em perene reflexão sobre as lições do Professor Barbosa Moreira: "produção de massa, distribuição de massa, cultura de massa, comunicação de massa, e porque não, processo de massa?"⁴ A segurança jurídica, a uniformidade e a isonomia na aplicação do Direito são constituídos, *a fortiori*, valores incontornáveis, ao passo que infirmam a ideia de uma jurisprudência lotérica.

Imbuído de lucidez invulgar, Bruno Dantas percebe a relevância de tais inovações e lhes dedica o exame com a prudência própria dos *clássicos*.

O autor, aliás, conheceu de perto este movimento de renovação, levado a efeito com o Código de Processo Civil de 2015, quando compusera a Comissão de Juristas que elaborou o seu anteprojeto, entre 2009 e 2010, a qual tive a honra de presidir.

Desde então, tenho acompanhado *pari passu* a sua brilhante trajetória acadêmica, examinando a sua tese de doutorado na Pontifícia Universidade Católica de São Paulo (PUC-SP) e palmeando, posteriormente, suas pesquisas pós-doutorais na UERJ, donde somos, na atualidade, para a minha satisfação, colegas de congregação.

Tenho comprovado, também, sua igualmente brilhante carreira profissional, passando pela Consultoria-Geral do Senado Federal, pelo Conselho Nacional do Ministério Público (CNMP), Conselho Nacional de Justiça (CNJ), até chegar ao Tribunal de Contas de União (TCU), marcado, hoje, por sua histórica gestão.

O vezo do processualista e acadêmico vivifica o arejado pensamento do presidente da Corte de Contas, cuja profícua atuação corrobora com o aprimoramento da capacidade institucional do TCU, conforme tenho repetido,⁵ na fiscalização do correto emprego dos

---

[2] REIS, José Alberto dos. *A figura do processo cautelar*. Separata do Boletim do Ministério da Justiça, n. 3, Lisboa, 1947.

[3] CAPPELLETTI, Mauro. *Processo, ideologias e sociedade*. Trad. Elício de Cresci Sobrinho. Porto Alegre: Sergio Antonio Fabris, 2008, p. 387.

[4] MOREIRA, José Carlos Barbosa. Ações coletivas na Constituição Federal de 1988. *Revista de Processo*, v. 61/1991, p. 187.

[5] Ver, a propósito, FUX, Luiz. Os Tribunais de Contas e o STF: eficiência, controle e accountability. In: *Revista da Procuradoria do Tribunal de Contas do Estado do Pará*, a. 2, n. 2/2022.

recursos públicos, suplantando a aferição da mera legalidade da atuação dos administradores e terceiros que tenham recebido ou arrecadado recursos públicos.

Respeitadas tais qualificações, tem em mãos o leitor um conjunto de doze intervenções instrutivas, instigantes e edificantes – de grande utilidade ao operador do Direito – compondo insigne coletânea, que regozija-me sobremaneira prefaciar.

Desejo a todos boa leitura!

Brasília, junho de 2024.

Luiz Fux

Ministro do Supremo Tribunal Federal (STF). Ex-Presidente do Tribunal Superior Eleitoral (TSE). Professor Titular de Direito Processual Civil da Universidade do Estado do Rio de Janeiro (UERJ). Doutor e Livre-Docente em Direito Processual Civil pela Universidade do Estado do Rio de Janeiro (UERJ). Membro da Academia Brasileira de Letras Jurídicas. Membro da Academia Brasileira de Filosofia.

O CONTRADITÓRIO COMO DIREITO DE EFETIVA PARTICIPAÇÃO NA CONSTRUÇÃO DA DECISÃO JUDICIAL

BRUNO DANTAS

CAIO VICTOR RIBEIRO DOS SANTOS

Introdução

A noção de contraditório possui diversas acepções, estando a maior parte delas associada à necessidade humana de dialogar, expor suas razões e de ouvir as razões do outro.[1]

Isso decorre da própria estrutura comunicacional humana, que pressupõe *inputs* e *outputs*, como anota Saussure.[2] O processo cognitivo humano se realiza por meio do processamento e da internalização (absorção) da mensagem transmitida.[3]

Tal estrutura, que é objeto de vastos estudos em searas como a psicanálise, a filosofia, a sociologia e a semiótica, possui um significado especial no Direito e, em particular, no Direito Processual Civil, devido

---

[1] PIAGET, J. *A epistemologia genética*. São Paulo: Abril Cultural, 1975, p. 129.
[2] SAUSSURE, F. de. *Curso de linguística geral*. Organização de Charles Bally e Albert Sechehaye com a colaboração de Albert Riedlinger. 24. ed. São Paulo: Pensamento-Cultrix, 2006.
[3] PIAGET, J. *Op. cit.*, p. 129.

ao conjunto de operações mentais necessário à compreensão do conflito, à interpretação das normas aplicáveis e, por fim, à construção da solução para o caso concreto que melhor se compatibiliza com as normas do ordenamento jurídico.

O agir comunicativo, para usar a expressão de Habermas,[4] só é possível num contexto em que as interações humanas são mediadas pela linguagem e ordenadas seguindo critérios dirigidos a uma determinada finalidade. No caso do Direito Processual Civil, a teleologia que o informa é a justa composição que dá suporte ao exercício da função jurisdicional.

Essa estrutura dialética conduziu os estudiosos do direito processual, mesmo antes de Oskar Von Bülow, a enxergar o processo como relação jurídica que teria como sujeitos ativos o autor e o réu, e como sujeito passivo o Estado, representado pela figura do juiz.

Ao longo do século XX, porém, os avanços no estudo do processo levaram ao questionamento dessa visão. Entretanto, nem mesmo a crise de sua natureza jurídica foi capaz de abalar a centralidade do contraditório na teoria do processo. Pelo contrário, os avanços provenientes da constitucionalização das garantias processuais elevaram o contraditório ao *status* de garantia fundamental na Constituição brasileira, protegida por cláusula pétrea (art. 60, §4º, IV, CF).

O vetusto conceito de contraditório, consistente no binômio "informação + reação" e sintetizado pela expressão latina *audiatur et altera pars*, foi há muito incorporado no ocidente, tendo vigorado como máxima até mesmo entre os estoicos, como se pode extrair de um antigo fragmento da tragédia Medeia, do filósofo romano Sêneca: "*Quid statuit aliquid parte inaudita altera, aequum licet statuerit, haud aequus fuit*", ou seja: aquele que decide o quer que seja sem ouvir a outra parte, mesmo que decida com justiça, não é justo.[5]

De lá para cá, o contraditório, além de ser elevado à garantia fundamental, passou a ser revisitado a partir do entrelaçamento de princípios constitucionais de primeira grandeza, como o acesso à justiça e o devido processo legal, bem como os seus consectários: juiz natural, ampla defesa, vedação de provas ilícitas, publicidade, razoável duração, motivação entre outros.

---

[4] HABERMAS, J. *The theory of communicative action:* reason and the rationalizalion of society. Boston: Beacon Press, 1984, v. 1, p. 392.

[5] SÊNECA. *Medeia*. Trad. Ana Alexandra Alves de Sousa. Lisboa: Centro de Estudos Clássicos e Humanísticos da Universidade de Coimbra, 2011, p. 51.

É nesse contexto que se colocam as novas disposições do CPC 2015, verdadeiros veículos de uma transição que impõe ao intérprete o abandono de antigos dogmas em favor de uma concepção moderna e democrática do direito processual. Com o novo diploma, o contraditório, que equivalia ao binômio informação-reação, assume uma dimensão mais participativa, correspondendo ao quadrinômio informação, reação, diálogo e influência.[6]

O que se busca, neste trabalho, é demonstrar que o contraditório evoluiu sobremaneira desde o CPC de 1973 até o CPC de 2015, assumindo um teor participativo qualificado que exige do juiz uma postura mais ativa em relação ao processo.

Para estruturar o artigo, servimo-nos de pesquisa bibliográfica e documental, tanto nacional quanto estrangeira, optando pela utilização do método dedutivo-científico.

Nesse sentido, a fim de cumprir a tarefa que nos propomos, dividimos o trabalho – que não tem qualquer pretensão de exaurir o tema, senão somar-lhe novas reflexões – em três capítulos: o primeiro, em que discorremos acerca de aspectos essenciais do direito de participação; o segundo, destinado a delimitar os aspectos constitucionais que lastreiam o princípio do contraditório participativo; e o terceiro, em cujas epígrafes exploramos as irradiações do princípio no corpo do Código de Processo Civil de 2015.

1 O direito de participação no processo

É verdade que as garantias de imparcialidade do juiz, a proibição de provas ilícitas, a igualdade entre as partes, a publicidade dos atos processuais e os demais elementos que compõem o conceito de devido processo legal são indispensáveis em um ordenamento jurídico que se pretenda justo e efetivo. Todavia, se há uma preocupação que se revela central nos estudos que se dedicam ao conteúdo nuclear dessa garantia, essa preocupação é com a participação.

A noção de que uma pessoa deve ter o direito de se manifestar perante uma autoridade antes que ela decida qualquer questão relevante de seu interesse foi, há muito, incorporada no senso de justiça do Ocidente, e hoje faz parte desses elementos do processo civil que

---

[6] DIAS, Ronaldo Brêtas de Carvalho. Cooperação processual e contraditório no Código de Processo Civil brasileiro. *Revista da Faculdade de Direito e Ciência Política*, Porto, n. 10, 2017, out. 2017, p. 6.

relevam a existência de um senso mais ou menos universal de justiça processual, que aproxima sistemas jurídicos diversos em torno de ferramentas semelhantes em busca da mesma finalidade.

O sucesso universal da obra de Franz Kafka, "O Processo", é sintomático dessa realidade: a estranheza do leitor, ao se deparar com a trama de Joseph K., não advém senão da percepção de violação a um íntimo sentido de justiça que parece intuir a indispensabilidade do direito de conhecer o que se passa e de ter voz perante aquele que decide o seu destino.[7]

Tão fecunda ao processo civil é a noção de ter ciência e de contradizer que é possível afirmar, a partir de uma investigação histórica da jurisprudência da Suprema Corte norte-americana e da Inglaterra, que o conceito de devido processo legal cresceu em torno da ideia de participação, influenciando sobremaneira a tutela individual e coletiva nesses países.[8]

Boa parte da doutrina brasileira entende que a participação no processo constitui um elemento da opção política pelo modelo democrático, sendo a participação valorizada como reflexo direto da democracia, conferindo legitimidade às decisões.[9]

Por outro lado, há quem entenda, como Carnelutti, que a participação não é um fim em si, mas um meio para a obtenção do melhor resultado processual, possuindo, portanto, uma natureza instrumental.[10] E ainda, por outro lado, há os que entendem ser a participação em contraditório a essência do processo, sendo esse um princípio absoluto, sem o qual não há que se falar sequer em processo.[11]

Independentemente de qual seja o aspecto valorizado, nota-se um valor intrínseco e um valor instrumental na participação, cuja realização, nos termos que atualmente se espera, envolve não apenas a oportunidade de participar do processo dele tendo ciência e nele se

---

[7] KAFKA, Franz. *O processo*. Trad. Modesto Carone. São Paulo: Companhia das Letras, 2005.
[8] VITORELLI, Edilson. *O devido processo legal coletivo*: dos direitos aos litígios coletivos. São Paulo: Ed. RT, 2016, p. 156.
[9] DINAMARCO, Cândido Rangel. *A instrumentalidade do processo*. 14. ed. São Paulo: Malheiros, 2009, p. 37
[10] CARNELUTTI, Francesco. *Lezioni di diritto processuale civile*. Padova: Cedam, 1933. v. II, p. 168. O autor define contraditório como: *"un mezzo del processo non un fine (...) perché l'attuazione della legge, attraverso una decisione giusta, può ottenersi anche senza la cooperazione delle parti"*.
[11] THEODORO JR., Humberto. *Curso de direito processual civil*. 49. ed. Rio de Janeiro: Forense, 2008, p. 32.

manifestando (dimensão formal), mas a possibilidade de se manifestar, de apresentar suas alegações em juízo, de recorrer, de agir, de falar, devendo ser garantido, além disso, o direito de ser ouvido, influenciar e produzir resultados válidos no processo (dimensão material).[12]

Com efeito, a vinculação do juiz à lei e a independência funcional de que goza para o desempenho de suas funções não podem afastar o fato de que ele, enquanto julgador, interpreta a Constituição dentro de um contexto da esfera pública que envolve toda a sociedade.[13] Como assevera Peter Härbele, "seria errôneo reconhecer as influências, as expectativas e as obrigações sociais a que estão submetidos os juízes apenas sob o aspecto de uma ameaça a sua independência". Pelo contrário, em um Estado Democrático de Direito, são justamente essas influências que contêm essencial "parte da legitimação [judicial] e [que] evitam o livre arbítrio da interpretação judicial. A garantia da independência dos juízes somente é tolerável, porque outras funções estatais e a esfera pública pluralista fornecem material para a lei".

Realmente, a participação efetiva no processo cresce como uma realidade, se não como decorrência direta dos avanços nos estudos da cláusula do devido processo legal, como uma imposição do próprio direito à participação democrática.[14] Atualmente, os intérpretes são múltiplos, e não apenas da Constituição Federal, mas de todas as demais normas, denotando-se a necessidade de um engajamento pluralista na realização da lei.[15]

No âmbito processual, a consagrada expressão "o direito é um romance em cadeia", de Ronald Dworkin,[16] tem assumido uma característica peculiar: a de que o juiz deve dar às partes a possibilidade de participarem da melhor construção da decisão judicial, demovendo-o de suas concepções originárias e podendo efetivamente influenciá-lo

---

[12] FARIA, Márcio Carvalho. *A lealdade processual na prestação jurisdicional*: em busca de um modelo de juiz leal. São Paulo: Ed. RT, 2017.
[13] HÄRBELE, Peter. *Hermenêutica constitucional*: a sociedade aberta dos intérpretes da Constituição. Porto Alegre: Sergio Antonio Fabris Editor, 2000, p. 36.
[14] *Ibid.*, p. 36
[15] *Ibid.*, p. 35-37. O autor sustenta que "O juiz constitucional já não interpreta, no processo constitucional, de forma isolada: muitos são os participantes do processo; as formas de participação se ampliam acentuadamente. (...) Os instrumentos de informações dos juízes constitucionais – não apesar, mas em razão da própria vinculação à lei – devem ser ampliados e aperfeiçoados, especialmente no que se refere às formas gradativas de participação e à própria possibilidade de participação no processo constitucional (especialmente nas audiências e nas 'intervenções'). (...) O direito processual constitucional torna-se parte do direito de participação democrática".
[16] DWORKIN, Ronald. *O império do direito*. Trad. Jefferson Luiz Camargo. São Paulo:

em seu juízo. Ou seja, dando às partes a oportunidade de também tomarem parte na construção dessa obra que é o direito.

Essa foi a tendência incorporada pelo CPC (LGL\2015\1656) 2015, que surgiu sob o pálio da efetiva participação na tomada das decisões judiciais, consagrando a ideia de contraditório participativo. O que busca o código, sob essa nova acepção, como destaca Renzo Cavani, é um "contraditório em sentido forte", que promova, ao mesmo tempo, a democracia participativa e a busca da solução justa para o processo.[17]

Deve-se destacar, com efeito, que todos esses elementos que compõem a noção contemporânea de contraditório – explicitados a seguir – demonstram que melhor seria falar em um direito de participação no processo. O estado atual dos estudos revela que o termo "contraditório" se tornou pequeno e incapaz de encerrar tudo que a garantia representa. Mais importante que contradizer é participar da construção de uma decisão justa com os demais atores processuais. Daí por que se emprega, atualmente, o termo contraditório participativo.

2 Processo e constituição: análise do contraditório

Como bem resgata Humberto Theodoro Jr., houve um tempo em que se imaginou que dentro do direito constitucional – e, portanto, fora das leis ordinárias do processo – poderia-se estabelecer um ramo específico destinado exclusivamente para a disciplina judicial, em que se encontrariam sistematizadas todas as normas tidas por essenciais à prestação jurisdicional.[18]

Todavia, a partir da redemocratização do país após 1988, os estudos no âmbito do direito processual civil passaram a advogar a existência de uma estrita intimidade entre a Constituição e o processo, que iria muito além da mera inserção de um ramo processual no seio daquela.

Cuida-se, tal fenômeno, da constitucionalização do processo, decorrente da ideia de um processo justo, em razão de sua natureza democrática, o qual incorpora, naturalmente, as garantias constitucionais do contraditório e ampla defesa (art. 5º, LV, CF (LGL\1988\3)), do juiz natural e proibição do juízo de exceção (art. 5º, XXXVII e LII), da

---

[17] CAVANI, Renzo. Contra as "nulidades-surpresa": o direito fundamental ao contraditório diante da nulidade processual. *Revista de Processo*, São Paulo, v. 218, p. 65-74, 2013.

[18] THEODORO JR., Humberto. Direito processual constitucional. *Estação Científica* (Ed. Especial Direito), Juiz de Fora, v. 1, n. 4, out.-nov. 2009, p. 3.

proibição de provas obtidas por meios ilícitos (art. 5º, LV), bem assim da obrigatoriedade de motivação das decisões judiciais (art. 93, IX), sendo inclusive responsável, nas palavras de Liebman, por ser o veículo moderno que "transformará o processo de simples instrumento de justiça, em garantia de liberdade".[19]

No Código de Processo Civil, a adoção pela teoria do direito processual constitucional aparece logo no primeiro dispositivo do texto, evocando, de forma clara, a necessidade de que lhe seja dada uma leitura vertical à luz das normas da Constituição.

Longe de mero enunciado preambular, o dispositivo possui importante aplicação prática. Como destaca Paulo Cezar Pinheiro Carneiro, o art. 1º não apenas vale de garantia contra qualquer dispositivo que contrarie o texto constitucional, como é vetor de interpretação dos dispositivos processuais. "Aqui – anota o autor – a lei processual e a própria atividade jurisdicional em si, submetem-se às normas e aos valores constitucionais, os quais lhes servem de fonte e legitimam o seu exercício, ao tempo em que impedem o autoritarismo e o abuso".[20]

A Constituição brasileira, assim como inúmeras outras no mundo civilizado, consagra diversas garantias do processo. Ao mesmo tempo em que confere a elas segurança constitucional, também serve de referência axiológica. Para analisar o contraditório, nesse contexto, consideramos útil decotar dois princípios-mãe, a partir dos quais se desdobram muitos outros.

2.1 Acesso à justiça e contraditório

O princípio do acesso à justiça está positivado, na Constituição brasileira, na cláusula de inafastabilidade da jurisdição (art. 5º, inciso XXXV). Vale dizer, como nem mesmo a lei pode excluir da apreciação do Poder Judiciário lesão ou ameaça a direitos, deve-se concluir que o acesso à justiça, em nosso país, é considerado amplo, embora não ilimitado.

Todo e qualquer cidadão tem o direito de movimentar a máquina judiciária para requerer o pronunciamento de juiz devidamente

---

[19] LIEBMAN, Enrico Tullio. Diritto costituzionale e processo civile. *Rivista di diritto processuale*, Padova, 1952, p. 327.

[20] CARNEIRO, Paulo Cezar Pinheiro. Capítulo I: Das normas fundamentais do Processo Civil (arts. 1º a 15). *In*: ALVIM, Teresa Arruda *et al.* (Coord.). *Breves comentários ao Novo Código de Processo Civil*. São Paulo: Ed. RT, 2015.

investido sobre um direito que entenda lesado ou ameaçado. É no acesso à justiça – enfatiza Paulo Cezar Pinheiro Carneiro – que tem origem o direito de participação, o qual, no processo, desenvolve-se sob o signo do contraditório.[21]

O acesso à ordem jurídica justa – acepção mais ajustada ao Estado Democrático de Direito e à sociedade de massa – possui profunda conexão com o direito ao contraditório, na medida em que é justamente por meio do confronto de teses e antíteses que se permite ao Estado determinar soluções para os litígios que tenham amparo legal e possuam legitimidade social. Para tanto, todavia, o acesso deve corresponder não apenas ao direito de postular em juízo, mas também no poder de influenciar o magistrado em sua decisão, participando adequadamente do processo.[22]

A garantia do contraditório, embora ampla, não é absoluta e possui certos temperamentos admitidos pelo ordenamento jurídico. Isso porque convive com outros valores de ordem constitucional e, para garantir que o núcleo essencial de um direito não seja suprimido pela observância isolada de outro, o legislador tem de recorrer à regra da proporcionalidade, no sentido que a emprestou a teoria de Alexy, para definir a postura mais adequada a se tomar.[23]

Isso ocorre na relação do contraditório com o acesso à justiça nas hipóteses de concessão de tutela para evitar a consumação de lesão irreversível. Aqui, apesar da excepcionalidade, autoriza-se a concessão liminar de provimento jurisdicional sem que seja ouvido o réu ou o executado. O que o legislador houve por bem fazer, nesse caso, foi diferir a máxima *audiatur et altera pars* para um momento posterior, de modo a evitar que a prévia ciência do réu comprometesse ou frustrasse a medida pleiteada, protegendo o acesso à ordem jurídica justa.

Como arremata Luiz Fux, citando as lições de José Alberto dos Reis, "O segredo é o sucesso do provimento de segurança",[24] não podendo o juiz, quando esse for o caso, sacrificar o interesse maior

---

[21] CARNEIRO, Paulo Cezar Pinheiro. *Acesso à justiça:* juizados especiais cíveis e ação civil pública: uma nova sistematização da teoria geral do processo. Rio de Janeiro: Forense, 2007, p. 78.

[22] BRASIL. Supremo Tribunal Federal. *Mandado de Segurança 22693/DF*. Relator: Min. Gilmar Mendes, Tribunal Pleno, Brasília, DJe 13.12.2010. Disponível em: http://redir.stf.jus.br/paginadorpub/paginador.jsp?docTP=AC&docID=617592. Acesso em: 09 jul. 2019.

[23] ALEXY, Robert. *Teoria dos direitos fundamentais*. Trad. Virgílio Afonso da Silva. São Paulo: Malheiros, 2008, p. 116.

[24] FUX, Luiz. *Curso de direito processual civil*. Rio de Janeiro: Forense, 2004, p. 255

da justiça em prol da satisfação imediata do contraditório, pois seria sacrificar, totalmente, um bem jurídico em detrimento do outro, quando ainda possíveis alternativas mais harmônicas, em clara dissonância com o princípio da concordância prática, de Hesse.[25]

Além disso, o princípio do acesso à justiça possui uma importante conotação política, na medida em que viabiliza o exercício da cidadania. De fato, seria inútil dispor de um grande catálogo de direitos – como faz o nosso texto constitucional – sem que existissem instrumentos capazes de concretizá-los. Sob esse prisma, fala-se no processo como via de participação social.

Nesse ponto, deve-se chamar atenção, como um dos mais importantes princípios que orientam essa garantia, ao princípio da informação, na medida em que o primeiro componente a tornar algo acessível, próximo, capaz de ser utilizado, é o conhecimento dos direitos que temos e como utilizá-los. Com efeito, essencial ao processo de internalização, a informação constitui o primeiro aspecto do quadrinômio sobre o qual se firma o contraditório, uma vez que à sombra da ignorância da violação não há sequer falar em direito ao contraditório. Sem informação não pode haver acesso, e sem acesso não poderá haver contraditório.

2.2 Devido processo legal e contraditório

Com origem remota no direito inglês, a ideia de contraditório se alastrou pelo mundo e adentrou nos séculos encerrada na cláusula do devido processo legal, sendo considerada, sobretudo após sua inclusão na *Bill of Rights*, uma garantia inerente ao Estado de Direito.

A cláusula do *due process of law* encerra muito mais conteúdo do que a sua tradução literal plasmou na Constituição brasileira. Suas vertentes substancial e procedimental atestam essa afirmação e indicam o acerto dos que enxergam nela uma espécie de "super princípio" do qual derivam muitos outros, entre eles, como não poderia ser diferente, o contraditório.

Realmente, a densificação do devido processo legal conduz à inclusão, no direito processual, de preocupações deontológicas que permeiam toda a estrutura interna e externa do processo, de tal modo

---

[25] HESSE, Konrad. *Elementos de direito constitucional da República Federal da Alemanha*. Trad. Luís Afonso Heck. Porto Alegre: Sergio Antonio Fabris Editor, 1998, p. 66.

que a ideia de procedural *due process of law* abrange valores universais de observância obrigatória a qualquer ordenamento jurídico que se pretenda justo e democrático, a exemplo do juiz natural, da proibição do uso de provas obtidas por meios ilícitos, da publicidade dos atos processuais, da motivação das decisões judiciais entre outros.[26]

O contraditório é imanente ao princípio do devido processo legal. Provém do devido processo legal a ideia basilar, tão cara ao modelo constitucional de processo civil, de que ninguém será vinculado à decisão de um processo judicial no qual não teve a oportunidade de se manifestar; e do contraditório, por sua vez, a de que é injusta toda e qualquer decisão judicial proferida sem que se dê oportunidade de manifestação à parte contra a qual se decide.

No entanto, para que se alcance a dimensão substantiva do princípio do devido processo legal, é indispensável que o contraditório seja visto e compreendido à luz dos avanços que lhe fez a ciência jurídica contemporânea, a qual tem exigido, para sua adequada aplicação, uma participação efetiva no processo, bem como a possibilidade real de nele exercer influência.

3 O contraditório participativo no Código de Processo Civil de 2015

Logo em seu artigo 1º, o CPC 2015 apresenta sua vocação para a maximização dos direitos fundamentais ao estabelecer que o processo civil será ordenado, disciplinado e interpretado conforme os valores e as normas fundamentais presentes na Constituição, disposição que, no que diz respeito à garantia do contraditório, abre espaço à sua dimensão participativa.

Tal previsão conforma todo o sistema processual e obriga o intérprete a buscar no texto constitucional as lentes por meio das quais lerá o Código de Processo Civil. É dizer: o CPC 2015 deve ser lido e interpretado a partir da Constituição Federal, e não o contrário.

O contraditório, em sua vertente contemporânea, encontra-se escorado em duas balizas fundamentais: a vedação às "decisões-surpresa" – corolário do direito de participação – e o direito de influenciar a decisão judicial, a qual tem, no dever judicial de motivar a decisão, o

---

[26] NERY JUNIOR, Nelson. *Princípios do processo civil na Constituição Federal.* 13. ed. rev. atual. e ampl. São Paulo: Ed. RT, 2017, p. 109.

seu escudo protetor. Como esclarece Cassio Scarpinella Bueno, o que se busca, hoje, é viabilizar uma prévia participação dos destinatários da decisão, "no sentido de os destinatários terem condições efetivas de influir ou de influenciar o conteúdo da decisão a ser proferida. A iniciativa redunda, como se vê do art. 10, na expressa vedação das chamadas decisões-surpresa".[27]

Nenhuma dessas perspectivas, todavia, será desenvolvida se o processo não for pautado na paridade de armas e na cooperação entre os sujeitos processuais. O CPC 2015 abriga, como sustentáculos da noção de contraditório participativo, uma série de outras garantias, que se materializam no quadrinômio informação, reação, diálogo e influência, cuja observância é imprescindível para o desenvolvimento e a devida proteção do contraditório participativo.

Trata-se, especificamente, do dever de velar pelo contraditório efetivo, do princípio da cooperação e boa-fé, da proibição de decisões-surpresa e do dever de fundamentação, as quais passamos a esclarecer adiante – não ignoramos, todavia, a existência de outras garantias implícitas e explícitas que, decorrentes do devido processo legal, também amparam o contraditório participativo; entretanto, não é o objetivo deste artigo detalhar todas elas.

3.1 Contraditório efetivo

Ao exigir que o juiz zele pelo contraditório efetivo, o artigo 7º do CPC 2015 apresenta sua preocupação com o *substantive due process*, denotando que já não é satisfatória a mera igualdade formal, consubstanciada na antiga e abstrata previsão de informação e reação.

Ora, se a parte não for capaz sequer de entender o significado do seu ônus processual, como se poderá falar de contraditório efetivo? Isso vale para a reação: se a parte não dispõe de meios para produzir as provas necessárias, é possível falar do contraditório efetivo?

A parte final do artigo positiva a ideia sobre a qual se tem insistido que o contraditório não deve mais ser compreendido apenas como a obrigatoriedade de informar a parte adversária acerca do ato ou termo processual e de lhe oferecer oportunidade de respondê-lo.

---

[27] BUENO, Cassio Scarpinella. *Manual de direito processual civil*: inteiramente estruturado à luz do novo CPC (LGL\2015\1656), de acordo com a Lei nº 13.256 de 4.2.2016 (LGL\2016\78179). 2. ed. rev., atual. e ampl. São Paulo: Saraiva, 2016, p. 99

Essa concepção, superada pelo CPC 2015, veste-se, em alguma medida, de um anacronismo que remonta o juiz do século XVIII, ainda distante das partes, como mero *la bouche de la loi*.[28]

Nessa linha, ancorado nas lições alemãs sobre o direito de defesa, manifestou-se o STF, pela voz abalizada do Min. Gilmar Mendes, no julgamento do MS 22.693/SP. Após destacar que o direito de defesa não se resume a um "simples direito de manifestação no processo", o ministro demonstrou que a ideia de "pretensão à tutela jurídica" (*Anspruch auf rechtliches Gehör*), semelhante à ideia de contraditório participativo, contempla o i) direito à informação (*Recht auf Information*), o ii) direito de manifestação (*Recht auf Äusserung*) e o iii) direito de ver seus argumentos considerados (*Recht auf Berücksichtigung*).[29]

Manifestação do direito de defesa, o contraditório efetivo pressupõe uma aproximação entre o juiz e as partes ao longo do processo, de tal maneira que não se limita apenas a garantir a observância do contraditório, mas a ele também se submeta rigorosamente, demonstrando sério compromisso e interesse na busca pela resolução mais justa e adequada da lide. Como, com acerto, destaca Humberto Dalla Bernadina Pinho, o contraditório encerra, ao mesmo tempo, um direito das partes e um dever do juiz, que é também convocado à participação.[30]

3.2 Cooperação e boa-fé

Os artigos 5º e 6º do CPC (LGL\2015\1656) 2015, por sua vez, incorporam preceitos éticos importantes ao exigir que os sujeitos do processo se comportem de acordo com a boa-fé (art. 5º) e que cooperem para a obtenção de uma decisão de mérito justa e efetiva em prazo razoável (art. 6º).

Longe de ser um conceito vago, de mera interpretação subjetiva, a boa-fé no bojo do processo possui duas funções precípuas: i) exigir comportamento probo e ético aos diversos sujeitos da disputa judicial; e ii) restringir ou proibir a prática de atos considerados abusivos.

Esse princípio estimula a observância de comportamentos éticos no decorrer do processo e se encontra consagrado por normas ao longo

---

[28] ARRUDA ALVIM, Teresa; DANTAS, Bruno. *Recurso especial, recurso extraordinário e a nova função dos tribunais superiores:* precedentes no direito brasileiro. 5. ed. rev., atual. e ampl. São Paulo: Ed. RT, 2018.
[29] BRASIL, *op. cit*, p. 7.
[30] PINHO, Humberto Dalla Bernardina de. *Manual de direito processual civil contemporâneo*. São Paulo: Saraiva Educação, 2019, p. 87.

de todo o CPC 2015, além de previsões em leis esparsas, com suas respectivas sanções, como a Lei Orgânica da Magistratura, o Estatuto da Ordem dos Advogados do Brasil, a Lei Orgânica do Ministério Público dos Estados, a Lei de Improbidade Administrativa etc.

A boa-fé e a cooperação possuem um íntimo entrelaçamento entre si e com o contraditório. Isso porque a satisfação do dever de cooperação deve passar pela participação das partes e terceiros no processo, que devem construir, juntamente com o juiz, a decisão, e fazê-lo à revelia da boa-fé seria tudo menos cooperar para que a prestação jurisdicional a ser entregue seja a mais justa e o contraditório o mais participativo possível.

Ademais, a exigência de cooperação qualifica o contraditório, exigindo que as partes se portem de maneira leal e colaborativa e se abstenham de formular pretensão ou de apresentar defesa quando cientes de que são destituídas de fundamento (art. 77, inciso II, CPC). Não é porque o contraditório participativo pressupõe o diálogo e o poder de influência sobre a decisão, que se esteja a dar carta branca às ações e alegações temerárias. Estas não se comprometem com o contraditório participativo, senão com oportunismos em face da abertura judicial.

Como bem destaca Paulo Cezar Pinheiro Carneiro, "quanto maior for a participação, e portanto os elementos de informação, maior será a legitimidade democrática da decisão".[31] Essa legitimidade, todavia, pressupõe um contraditório efetivo, no sentido que exorta o art. 7º do CPC 2015, exigindo, além da boa-fé, cooperação com o desenvolvimento do processo.

Convém ressaltar que, com o advento da sociedade de massa, e os problemas que trouxe consigo relacionados à multiplicidade de processos, intensificou-se a importância da colaboração entre os diversos sujeitos que interagem no seio dos mecanismos de solução de conflitos. A releitura das concepções acerca de publicismo e privatismo no processo se impõe como fundamental, construindo uma terceira via denominada modelo cooperativo. Assim, a condução do processo deve se construir a partir da atuação do magistrado, das partes e dos demais sujeitos que integram o ambiente do respectivo método de solução de controvérsia, aperfeiçoando a jurisdição por meio de um envolvimento ativo com o deslinde do processo.

---

[31] CARNEIRO, Paulo Cezar Pinheiro. *Capítulo I...*, *op. cit.*, p. 77.

3.3 Proibição de decisão-surpresa

O artigo 10 do CPC 2015, ao positivar no ordenamento processual brasileiro a proibição da decisão-surpresa, importou para o nosso direito uma tendência que vem sendo incorporada nos principais países de *civil law*, como Alemanha, França, Itália e Portugal.

Essa tendência, consubstanciada na proibição de que o juiz decida com base em fundamento a respeito do qual não tenha dado às partes oportunidade de se manifestar, ainda que se trate de matéria sobre a qual deva decidir de ofício, é que veicula a maior expressão do contraditório participativo, além de revelar a sua essência, que é a construção de uma solução para o conflito a partir do efetivo diálogo travado entre as partes e o juiz dentro do processo.

Isso significa que o juiz não se encontra em papel de superioridade a nenhuma das partes, tendo em vista que deve se limitar a exercer os poderes que o legislador lhe conferiu, devendo, por outro lado, observar dos deveres que lhe são impostos, como o de diálogo,[32] de modo que a solução a ser encontrada não pode surgir furtivamente. Antes, deve passar pelo crivo argumentativo das partes, que terão a oportunidade de reforçá-la ou de infirmá-la.

Distinção útil, e que nem sempre é lembrada, mas que recebe destaque por Fredie Didier Jr., é a distinção entre agir de ofício e agir sem ouvir previamente as partes. Como arremata o autor, "Poder agir de ofício é poder agir sem provocação; não é o mesmo que agir sem ouvir as partes, que não lhe é permitido",[33] constituindo, estas últimas, as decisões-surpresa.

É importante destacar que a perda de oportunidade pelo decurso do prazo, a falta da produção de prova adequada e mesmo de alegações fundadas, por fazerem parte das regras do jogo processual, não importam em violação ao contraditório. Pelo contrário, aqui, a manifestação foi oportunizada, porém, sua execução foi frustrada por livre vontade das partes. Como todas as demais garantias, afinal, o contraditório deve conviver com a necessidade de que o processo tenha fim, não colidindo, portanto, com a preclusão ou a coisa julgada.

Situação diversa seria se o juiz, deparando-se com a falta de interesse do postulante, a ensejar carência da ação, decidisse de plano

---

[32] MEDINA, José Miguel Garcia. *Direito processual civil moderno*. 2. ed. rev. atual. e ampl. São Paulo: Ed. RT, 2016, p. 125.

[33] DIDIER JR., Fredie. *Curso de direito processual civil*: introdução ao direito processual civil, parte geral e processo de conhecimento. 20. ed. Salvador: Ed. JusPodivm, 2018, p. 109.

extinguir o processo sem antes ouvi-lo, ao argumento de se tratar de matéria de ordem pública passível de conhecimento de ofício. Ou, por exemplo, se decidisse o processo com base em fato não trazido aos autos por qualquer das partes, tampouco lhes oferecendo uma oportunidade de se manifestarem a respeito dele. Essa posição viola frontalmente o art. 10 do CPC 2015 e a essência do contraditório participativo. Uma coisa é decidir de ofício, outra, muito distinta, é decidir sem a oitiva das partes.

Tão grave é a decisão que não observa a norma do art. 10 do CPC (LGL\2015\1656) – decisão-surpresa ou "decisão de terceira via",[34] como a prefere chamar a doutrina italiana –, que o ato implica sua nulidade, ainda que não cominada expressamente. Essa penalidade se justifica por sua contrariedade à norma fundamental do processo civil e da Constituição Federal.

3.4 Dever de fundamentação

Acerca da fundamentação das decisões judiciais, aduz Paulo Cezar Pinheiro Carneiro: "As novéis previsões a respeito da motivação das decisões vêm corroborar o que desde há muito já era defendido pela doutrina: a necessária correlação entre contraditório e motivação".

Consectário lógico do fortalecimento do contraditório, sobretudo em sua versão participativa, é a necessidade de se incrementar o controle das decisões judiciais. A legitimidade das decisões não depende apenas de que o magistrado proporcione um contraditório efetivo ao longo do processo, mas, com não menos importância, que as fundamente detalhadamente.

O Código de Processo Civil de 2015 deu ênfase ao reforço do dever de fundamentação, como se pode verificar da leitura dos §§1º e 2º do artigo 489. Veja-se que, ao exigir que o juiz enfrente todos os argumentos deduzidos no processo capazes de, em tese, infirmar a conclusão, a lei permite o controle social da garantia do contraditório participativo.

---

[34] A proibição às decisões *terza via* advém da doutrina italiana. Essa proibição encontra-se expressamente prevista no ordenamento italiano desde a minirreforma realizada pela Lei 69/2009, que incluiu o §2º ao art. 101 do Codice di Procedura Civile. Cf. GRADI, Marco. Il principio del contradittorio e la nullità della sentenza della "terza via". *Rivista di diritto processuale*, Pádua, n. 4, p. 826-848, jul.-ago. 2010, em que afirma que *"laddove non vi sia la possibilità del contraddittorio, non può nemmeno propriamente parlarsi di processo"*.

A motivação das decisões serve de importante garantia das partes e representa um ponto de segurança em face da liberdade que têm os magistrados de decidirem de acordo com o seu livre convencimento. Além disso, permite que a prestação jurisdicional seja controlada pelas próprias partes do processo, terceiros (a sociedade como um todo), órgãos jurisdicionais (corregedorias e tribunais superiores), bem como pelo Conselho Nacional de Justiça.

Ao proferir uma decisão, o juiz, em regra, analisa o conjunto fático que subjaz à lide (que lhe é trazido em razão do contraditório) e, considerando as provas produzidas, resolve o caso concreto esclarecendo qual norma jurídica incide na hipótese. A formação do seu convencimento – assim ressalta Paulo Cezar Pinheiro – resulta na subsunção dos fatos à norma, operação que em nenhuma hipótese pode prescindir de justificava pelo magistrado, e isso tanto no que se refere à escolha das premissas fáticas quanto à eleição da regra jurídica.[35]

De fato, Karl Larenz, desde meados do século passado, já afirmava que "ninguém mais pode afirmar seriamente que a aplicação das leis nada mais envolva do que a inclusão lógica sob conceitos superiores abstratamente formulados".[36] Bem mais que isso, sobretudo em observância ao contraditório participativo, o dever de fundamentação é uma obrigação que deve seguir naturalmente à subsunção dos fatos à norma em toda e qualquer decisão judicial, exigindo-se do magistrado justificativa de todo o suporte legal que serviu de base para o estabelecimento do direito afirmado. É essa a razão que informa o §1º do art. 489.

Hipótese corriqueira na prática forense consiste no uso de ementas de julgados e súmulas irrefletidamente, que, muitas vezes, acabam servindo como âncoras facilitadoras de julgamento. A prática, que se deve atribuir não apenas a magistrados, pois também constitui objeto da estratégia de advogados, implica grave violação ao dever de manutenção da integridade da jurisprudência que decorre do art. 926 do CPC, na medida em que a transcrição de enunciados de súmulas e precedentes, descontextualizada dos casos que lhe deram origem, é frequentemente utilizada de forma a confundir trechos do julgado com a sua *ratio decidendi*.

---

[35] CARNEIRO, Paulo Cezar Pinheiro. *Capítulo I...*, op. cit., p. 86
[36] LARENZ, Karl. *Metodología de la ciencia del derecho*. Trad. Enrique Gimbernat Ordeig. Barcelona: Ediciones Ariel, 1966, p. 154

Com efeito, fere a essência do contraditório participativo, se o lermos à luz do princípio da cooperação e da boa-fé, utilizar-se da mera transcrição de trechos *obiter dicta* de um julgado para, em ação futura dirigida a outro pedido, tentar lhes imprimir aparência de *ratio decidendi*.

O certo, deve-se enfatizar, é que os fundamentos não são enunciados abstratos que podem ser simplesmente pinçados do acórdão. Eles só possuem eficácia transcendental quando, balizados pelo pedido, indicam uma mesma *ratio*. Isso significa que os fundamentos devem ser analisados pelas lentes do pedido e na direção do dispositivo, não autonomamente.

Existe uma conexão íntima entre estes três elementos: pedido, fundamento e dispositivo. O pedido define o destino, o dispositivo define se ele foi atingido ou não, e o fundamento define o itinerário trilhado. Não se pode juntar argumentos esparsos mencionados *obiter dicta* para tentar ampliar a eficácia de um julgado, ao arrepio da lei, pois isso significa usar palavras soltas sem explicar o contexto em que foram usadas. Embora não se desconheça a teoria da transcendência dos motivos determinantes no controle abstrato de constitucionalidade, essa teoria diz respeito à *ratio decidendi*, não a argumentos *obiter dicta* vertidos na fundamentação.[37]

Prática vestida de semelhante deslealdade consiste na valoração da prova no processo sem levar em conta todo o conteúdo probatório produzido, mas apenas uma ou outra prova pinçada aleatoriamente. A atitude, não menos corriqueira que a supracitada, longe de satisfazer os requisitos do dever de fundamentação, busca, na verdade, "legitimar" o conteúdo da decisão lançando mão de um recurso que não serve senão para escamotear o arbítrio que carrega.[38]

---

[37] BRASIL. Tribunal de Contas da União. *Acórdão 2573/2018*, Plenário, Relator Ministro Bruno Dantas, Sessão de 05.05.2010. Disponível em: [https://contas.tcu.gov.br/sagas/Svl VisualizarRelVotoAcRtf?codFiltro=SAGAS-SESSAO-ENCERRADA&seOcultaPagina=S& item0=648003]. Acesso em: 09 jul. 2019.

[38] Insurgindo-se contra tal deslealdade processual, assevera Márcio Carvalho Faria: "Afinal, se todas as provas têm, em tese, o mesmo valor, o mesmo peso, a mesma capacidade de convencimento do julgador, a atitude de se pinçar uma ou outra do conjunto probatório, de modo incontrolável e antidemocrático, revela-se manifestamente ilegítima. Nesse sentido, por exemplo, caso o juiz quisesse, de antemão, favorecer o autor, bastar-lhe-ia simplesmente, quando da fundamentação, valer-se das provas por ele produzidas, ignorando ou menosprezando aquelas levadas a efeito pelo réu, a fim de que sua sentença, formalmente motiva, estivesse, em verdade, servindo de palco para notória ofensa à lealdade e à isonomia" (grifos do autor). Cf. FARIA, Márcio Carvalho. *Op. cit.*, p. 226.

Conclusão

Após a publicação do Código de Processo Civil de 2015, a interpretação dada ao contraditório evolui de modo a ampliar o espaço de discussão do processo. Há muito compreendido como o direito de ser informado e responder às manifestações feitas nos autos (binômio informação-reação), o contraditório passa a ser identificado pelo quadrinômio informação, reação, diálogo e influência, de modo a tornar o juiz também sujeito ativo da relação processual, que deve não apenas assegurar, mas igualmente se submeter à garantia.

Baliza fundamental do CPC (LGL\2015\1656) 2015, o contraditório, na sua acepção participativa, não constitui mero comando normativo a exigir participação mais ativa dos sujeitos do processo. Muito além disso, a garantia passa a contar, como instrumentos vocacionados a lhe imprimir efetividade, com uma série de outras garantias, além de todo o regramento que as acompanha no código: a cooperação e a boa-fé, a proibição de decisão-surpresa e o dever de fundamentação.

A densificação do princípio do contraditório no corpo do CPC de 2015, mediante a introdução de elementos aptos a tornarem-no mais participativo, delimita de forma definitiva uma relação de lealdade e horizontalidade entre todos os sujeitos envolvidos no processo (que, como foi visto, não se limita às partes, envolvendo de igual maneira os magistrados e advogados) e, dessa forma, logra contribuir não apenas para a efetividade do referido princípio, como também acresce valioso vetor interpretativo à teoria do direito processual constitucional.

Referências

ALEXY, Robert. *Teoria dos direitos fundamentais*. Trad. Virgílio Afonso da Silva. São Paulo: Malheiros, 2008.

ARRUDA ALVIM, Teresa; DANTAS, Bruno. *Recurso especial, recurso extraordinário e a nova função dos tribunais superiores:* precedentes no direito brasileiro. 5. ed. rev., atual. e ampl. São Paulo: Ed. RT, 2018.

BUENO, Cassio Scarpinella. *Manual de direito processual civil:* inteiramente estruturado à luz do novo CPC (LGL\2015\1656), de acordo com a Lei n. 13.256 de 4-2-2016 (LGL\2016\78179). 2. ed. rev., atual. e ampl. São Paulo: Saraiva, 2016.

CARNEIRO, Paulo Cezar Pinheiro. *Acesso à justiça:* juizados especiais cíveis e ação civil pública: uma nova sistematização da teoria geral do processo. Rio de Janeiro: Forense, 2007.

CARNEIRO, Paulo Cezar Pinheiro. Capítulo I: Das normas fundamentais do Processo Civil (arts. 1º a 15). In: ALVIM, Teresa Arruda et al. (Coord.). Breves comentários ao Novo Código de Processo Civil. São Paulo: Ed. RT, 2015.

CARNELUTTI, Francesco. Lezioni di diritto processuale civile. Padova: CEDAM, 1933. v. II.

CAVANI, Renzo. Contra as "nulidades-surpresa": o direito fundamental ao contraditório diante da nulidade processual. Revista de Processo, São Paulo, v. 218, p. 65-74, 2013.

DIDIER JR., Fredie. Curso de direito processual civil: introdução ao direito processual civil, parte geral e processo de conhecimento. 20. ed. Salvador: Ed. JusPodivm, 2018.

DINAMARCO, Cândido Rangel. A instrumentalidade do processo. 14. ed. São Paulo: Malheiros, 2009.

DWORKIN, Ronald. O império do direito. Trad. Jefferson Luiz Camargo. São Paulo: Martins Fontes, 1999.

FARIA, Márcio Carvalho. A lealdade processual na prestação jurisdicional: em busca de um modelo de juiz leal. São Paulo: Ed. RT, 2017.

FUX, Luiz. Curso de direito processual civil. Rio de Janeiro: Forense, 2004.

HABERMAS, J. The theory of communicative action: reason and the rationalizalion of society. Boston, Beacon Press, 1984. v. 1.

HÄRBELE, Peter. Hermenêutica constitucional: a sociedade aberta dos intérpretes da Constituição. Porto Alegre: Sergio Antonio Fabris Editor, 2000.

HESSE, Konrad. Elementos de direito constitucional da República Federal da Alemanha. Trad. Luís Afonso Heck. Porto Alegre: Sergio Antonio Fabris Editor, 1998.

KAFKA, Franz. O processo. Trad. Modesto Carone. São Paulo: Companhia das Letras, 2005.

LARENZ, Karl. Metodologia de la ciencia del derecho. Trad. Enrique Gimbernat Ordeig. Barcelona: Ediciones Ariel, 1966.

LIEBMAN, Enrico Tullio. Diritto costituzionale e processo civile. Rivista di diritto processuale, Padova, p. 327, 1952.

MEDINA, José Miguel Garcia. Direito processual civil moderno. 2. ed. rev. atual. e ampl. São Paulo: Ed. RT, 2016.

NERY JUNIOR, Nelson. Princípios do processo civil na Constituição Federal. 13. ed. rev. atual. e ampl. São Paulo: Ed. RT, 2017.

PIAGET, J. A epistemologia genética. São Paulo: Abril Cultural, 1975.

PINHO, Humberto Dalla Bernardina de. Manual de direito processual civil contemporâneo. São Paulo: Saraiva Educação, 2019.

PLATÃO. *A República (ou Da justiça)*. Trad. Edson Bini. 2. ed. 1. reimp. São Paulo: Edipro, 2014.

SAUSSURE, F. de. *Curso de linguística geral*. Organização de Charles Bally e Albert Sechehaye com a colaboração de Albert Riedlinger. 24. ed. São Paulo: Pensamento-Cultrix, 2006.

SÊNECA. *Medeia*. Trad. Ana Alexandra Alves de Sousa. Lisboa: Centro de Estudos Clássicos e Humanísticos da Universidade de Coimbra, 2011.

THEODORO JR., Humberto. *Curso de direito processual civil*. 49. ed. Rio de Janeiro: Forense, 2008.

THEODORO JR., Humberto. Direito processual constitucional. *Estação Científica* (Ed. Especial Direito), Juiz de Fora, v. 1, n. 4, p. 3. out.-nov. 2009.

VITORELLI, Edilson. *O devido processo legal coletivo*: dos direitos aos litígios coletivos. São Paulo: Ed. RT, 2016.

Informação bibliográfica deste texto, conforme a NBR 6023:2018 da Associação Brasileira de Normas Técnicas (ABNT):

DANTAS, Bruno. SANTOS, Caio Victor Ribeiro dos. O contraditório como direito de efetiva participação na construção da decisão judicial. *In*: DANTAS, Bruno. *Tópicos atuais em Processo Civil: individual, coletivo e pluri-individual*. Belo Horizonte: Fórum, 2024. p. 17-36. ISBN 978-65-5518-806-6.

(IN)CONSISTÊNCIA JURISPRUDENCIAL E SEGURANÇA JURÍDICA: O "NOVO" DEVER DOS TRIBUNAIS NO CÓDIGO DE PROCESSO CIVIL

BRUNO DANTAS

Introdução

O Código de Processo Civil brasileiro – Lei nº 13.105 de 2015 – entre vários objetivos, enfrenta um dos problemas que aflige a sociedade brasileira no âmbito jurídico: a inconsistência jurisprudencial.

Em diversos aspectos, evidencia-se verdadeira mitigação do rígido modelo de *civil law* que tradicionalmente conhecemos, aproximando-nos em razoável medida da família do *common law*.

Essa mitigação não deve ser atribuída ao acaso ou a alguma preferência exótica da Comissão de Juristas designada para elaborar o anteprojeto do novo CPC, ou daqueles que posteriormente colaboraram durante debate legislativo. Deveu-se, isso sim, à compreensão sedimentada entre os estudiosos do direito comparado de que também na dicotomia das grandes famílias do direito assiste razão à máxima aristotélica de que *in medio stat virtus*.

A legislação brasileira, antes repleta de conceitos herméticos, taxativos – fruto da tradição positivista que nos orientou por muito tempo¹– viu-se, em especial a partir das duas últimas décadas do século XX, inundada pelas novas técnicas de elaboração legislativa cujo desenvolvimento acompanhou o novo momento pós-positivista de nossa história:² princípios, cláusulas gerais, conceitos vagos etc.³

Se é verdade que as novas técnicas permitem que o ordenamento jurídico permaneça atualizado por mais tempo,⁴ e que o Estado desempenhe com maior efetividade as tarefas advindas da ascensão do *welfare state*,⁵ é igualmente verdade que o papel desenvolvido pelos

---

1   Sobre o ponto, explica Karl Engisch: "Houve um tempo em que tranquilamente se assentou a ideia de que deveria ser possível estabelecer uma clareza e segurança jurídicas absolutas através de normas rigorosamente elaboradas, e especialmente garantir uma absoluta univocidade a todas as decisões judiciais e a todos os actos administrativos. Esse tempo foi o do Iluminismo". (*Introdução ao pensamento jurídico*. 7. ed. Trad. J. Baptista Machado. Lisboa: Fundação Calouste Gulbekian, 1996, p. 206).

2   Para uma abordagem direta e suficiente da crise do positivismo, ver o Capítulo 1 de BUENO, Cassio Scarpinella. *Amicus curiae no processo civil brasileiro*: um terceiro enigmático. 2. ed. São Paulo: Saraiva, 2008. Tratamento mais analítico pode ser encontrado na Parte I de MARINONI, Luiz Guilherme. *Teoria geral do processo*. 3. ed. rev. e atual. São Paulo: Ed. RT, 2008.

3   Tereza Arruda Alvim Wambier (*Recurso especial, recurso extraordinário e ação rescisória*. 2. ed. reform. e atual. São Paulo: Ed. RT, 2008, p. 61 e ss.) traz um roteiro bastante útil da evolução do papel dos princípios e da caracterização do juiz como agente de concretização dos direitos fundamentais.

4   Em 1976, Barbosa Moreira já explicava esse fenômeno: "Para não enrijecer de modo exagerado a disciplina das relações sociais, dificultando a sua indispensável adaptação às mutáveis condições econômicas, políticas, culturais – cujo incessante dinamismo caracteriza as sociedades contemporâneas –, abstêm-se o legislador de descer a minúcias na configuração das hipóteses de incidência, limitando-se a inserir na norma legal alguns dados genéricos ou elementos de referência, que compõem o 'quadro' a ser preenchido pelo aplicador da lei, mediante a utilização de padrões variáveis de acordo com as novas concepções dominantes no ambiente histórico e social. Cresce de frequência o uso das 'cláusulas gerais', dos standards jurídicos, dos conceitos indeterminados; e em igual medida aumenta o vulto da tarefa do órgão judicial, chamado a assentar, caso por caso, por exemplo, se são 'contrários à moral e aos bons costumes' os atos em razão dos quais se quer privar o pai do pátrio poder (CC, art. 395, III); ou se o locatário cumpriu a obrigação de tratar a coisa alugada 'com o mesmo cuidado como se sua fosse' (CC art. 1.192, I, fine); ou se o ato praticado pelo mandatário exorbitou da 'administração ordinária' e por isso dependia de concessão de poderes expressos e especiais no instrumento do mandato (CC, art. 1.295, §1º); ou se o litigante não podia 'razoavelmente desconhecer' a falta de fundamento da pretensão ou da defesa deduzida, para que se haja de afirmar a sua responsabilidade por dano processual (CPC, art. 17, I) etc." (BARBOSA MOREIRA, José Carlos. As bases do direito processual civil. Temas de direito processual. São Paulo: Saraiva, 1977, p. 10).

5   Habermas, dissertando sobre a "crise do Estado de direito", assevera: "O pivô da atual crítica ao direito, num Estado sobrecarregado de tarefas qualitativamente novas e quantitativamente maiores, resume-se a dois pontos: a lei parlamentar perde cada vez mais seu efeito impositivo e o princípio da separação dos poderes corre perigo. Enquanto a administração clássica podia concentrar-se em tarefas de ordenação de uma sociedade econômica, entregue à autorregulação econômica, ela só devia intervir, em princípio, quando a ordem garantida pelo Estado de direito e pelo direito constitucional fosse perturbada. A lei geral e abstrata, que traduz fatos típicos em conceitos jurídicos determinados e os associa a consequências jurídicas claramente definidas, tinha sido concebida em função desses casos; pois o sentido de ordem jurídica consistia em proteger

tribunais adquire relevo antes inimaginável em sistemas de *civil law*. Daí por que, diante da ausência de experiência do Brasil no trato do novo fenômeno, é necessário conhecer soluções dos países que possuem uma construção teórica secular sobre o papel da jurisprudência.

Entre as diretrizes apresentadas, uma exige especial atenção. Trata-se do dispositivo que estabelece "os tribunais devem uniformizar sua jurisprudência e mantê-la estável, íntegra e coerente".

Esses dispositivos remetem a uma questão que tem sido discutida há muito tempo por processualistas nacionais renomados como **Rodolfo de Camargo Mancuso**[6] e **Teresa Arruda Alvim:**[7] a divergência jurisprudencial e os seus efeitos nocivos para os jurisdicionados e para o próprio sistema jurídico. Na doutrina estrangeira, Jürgen Habermas igualmente chama atenção para a preocupação das jurisprudências americana e alemã relativas à chamada "indeterminação do direito".[8]

Esse ponto de discussão tem revelado que a moderna metodologia do direito aponta para questões cada vez mais sofisticadas. Karl Larenz, em meados do século passado, já afirmava que "ninguém mais pode afirmar seriamente que a aplicação das leis nada mais envolva do que a inclusão lógica sob conceitos superiores abstratamente formulados".[9] Sem dúvida, a hermenêutica tem sido um dos campos prediletos dos filósofos do direito desde a segunda metade do século XX.

O jusfilósofo alemão Robert Alexy aponta pelo menos quatro razões para justificar o fato de que, em um grande número de casos, a afirmação normativa singular que expressa um julgamento envolvendo uma questão legal não é meramente a conclusão lógica derivada de formulações de normas pressupostamente válidas, tomadas junto com

---

a liberdade jurídica das pessoas contra intromissões de um aparelho de Estado limitado à manutenção da ordem. Tão logo, porém, a administração do Estado social foi tomada para tarefas de estruturação e de regulação política, a lei em sua forma clássica não era mais suficiente para programar a prática da administração. (...) O leque das formas do direito foi ampliado através de leis relativas a medidas, leis experimentais de caráter temporário e leis de regulação, de prognóstico inseguro; e a inserção de cláusulas gerais, referências em branco e, principalmente, conceitos jurídicos indeterminados na linguagem do legislador, desencadeou a discussão sobre a 'indeterminação do direito', a qual é motivo de inquietação para a jurisprudência americana e alemã" (HABERMAS, Jürgen. *Direito e democracia: entre facticidade e validade*. Trad. Flávio Beno Siebeneichler. Rio de Janeiro: Tempo Brasileiro, 1997. vol. 2, p. 173-174).

[6] MANCUSO, Rodolfo de Camargo. *Divergência jurisprudencial e súmula vinculante*. 2. ed. rev. e atual. São Paulo: Ed. RT, 2001.

[7] ARRUDA ALVIM, Teresa. *Controle das decisões judiciais por meio de recursos de estrito direito e de ação rescisória*. São Paulo: Ed. RT, 2001.

[8] *Op. cit.*, p. 174.

[9] LARENZ, Karl. *Metodología de la ciencia del derecho*. Trad. Enrique Gimbernat Ordeig. Barcelona: Ediciones Ariel, 1966, p. 154.

afirmações de fatos comprovada ou pressupostamente verdadeiros, o que rompe com o esquema clássico da lógica formal: "(1) a imprecisão da linguagem do Direito, (2) a possibilidade de conflitos entre as normas, (3) o fato de que é possível haver casos que requeiram uma regulamentação jurídica, que não cabem sob nenhuma norma válida existente, bem como (4) a possibilidade, em casos especiais, de uma decisão que contraria textualmente um estatuto".[10]

Os problemas interpretativos mencionados por Alexy são potencializados em sistemas de origem romano-germânica, que têm na lei a sua fonte primordial de direitos.[11] Isso em razão da possibilidade de cada juiz dar aos textos legais a interpretação que melhor lhe convenha,[12] embora haja autores a defender, corretamente a nosso ver, que a lei é vocacionada para uma única interpretação correta, dadas as mesmas condições fáticas e o mesmo momento histórico.[13]

No Brasil, especificamente, esse fato, combinado com a riqueza do sistema recursal vigente e a postura contumaz da Fazenda Pública,[14-15]

---

[10] ALEXY, Robert. *Teoria da argumentação jurídica:* a teoria do discurso como teoria da justificação jurídica. Trad. Zilda Hutchinson Schild Silva. São Paulo: Landy, 2001, p. 17.

[11] Vincy Fon e Francesco Parisi, em artigo destinado a fazer análise dinâmica dos precedentes judiciais nos sistemas da *civil law*, observam que *"current theories are unable to explain why, in spite of emphasis on legal certainty and stability, the practice of Civil law systems in certain areas of the law is often characterized by instability and uncertainty. Traditional explanations focus on the lack of stare decisis (Mattei, 1988), different judicial cultures, political instability and different levels of separation of powers (Merryman, 1969)"*. (FON, Vincy e PARISI, Francesco. Judicial precedents in Civil Law Systems: a dynamic analysis. *George Mason University School of Law and Economics Working Paper Series.* Disponível em: [http://ssrn.com/abstract_id=534504]. Acesso em: 30 abr. 2011, p. 4.

[12] Para uma abordagem completa sobre a questão da racionalidade da jurisprudência e o trabalho hermenêutico dos juízes, ver HABERMAS, Jürgen. *Direito e democracia:* entre facticidade e validade. Trad. Flávio Beno Siebneichler. 2. ed. Rio de Janeiro: Tempo Brasileiro, 2003. vol. 1, p. 241-295.

[13] Por todos, ver ARRUDA ALVIM, Teresa. *Os agravos no CPC brasileiro.* 3. ed. rev. atual. e ampl. São Paulo: Ed. RT, 2000, p. 231.

[14] Saulo Ramos, em palestra pronunciada na cerimônia de aniversário do Tribunal de Justiça do Estado de Pernambuco, em 13.08.1999, afirmara: "Não temos nada para impedir a prática da ilegalidade através de decisões em tese, circunstância que fez deste país o paraíso dos economistas e burocratas, grandes legisladores por portarias, fato que multiplica ao infinito as lesões individuais e os consequentes pedidos de socorro ao Judiciário (...) Convenhamos, porém, que a mais terrível realidade brasileira está na resistência da tecnocracia aos pronunciamentos judiciais, sobretudo os da Corte Constitucional. Agentes do governo cometem conscientemente várias inconstitucionalidades, estimulados pelo cálculo cinicamente contábil sobre quantos cidadãos lesados recorrerão ao judiciário e quantos deixarão de recorrer". (RAMOS, Saulo. Efeito vinculante de decisões dos tribunais superiores. *Revista da Esmape*, vol. 4. n. 9. 370-371. jan.-jun. 1999).

[15] Demonstração cabal do que se afirma é o "Relatório 100 maiores litigantes" (disponível em: http://bit.ly/hvUz00), elaborado pelo Departamento de Pesquisas Judiciárias do Conselho Nacional de Justiça e divulgado em março de 2011, que aponta o INSS (22,33%),

tem ensejado o assoberbamento dos tribunais superiores, instados, mediante dezenas de milhares de casos repetitivos,[16] a uniformizar entendimentos de todos os tribunais do país.

1 Estado democrático de direito e o princípio da segurança jurídica

O princípio da segurança jurídica é um dos pilares de sustentação do Estado Democrático de Direito, e seu objetivo é proteger e preservar as justas expectativas das pessoas.[17] Ensina, a propósito, Recasens Siches:

> *Debido al hecho de que el hombre se representa el futuro y se preocupa por éste, las satisfacciones actuales no son suficientes, mientras que se perciba el porvenir como incierto. Ese deseo de seguridad incita a la creación y al desarrollo de técnicas para evitar el daño que los peligros de la Naturaleza puedan producir; para dominar las fuerzas de la Naturaleza con el fin de ponerlas al servicio regular de las necesidades humanas; para garantizar unas buenas condiciones de vida; para prevenir enfermedades y para curarlas etc. Ahora bien, tales deseos de seguridad llevan también – y esto lo que importa subrayar aquí – a buscar el amparo del grupo social mediante normas e instituciones de Derecho positivo. En efecto, el deseo de seguridad es uno de los motivos radicales que lleva el hombre a producir Derecho positivo, gracias al cual pueda, hasta cierto punto, estar cierto y garantizado respecto de la conducta de los otros, y sepa a qué atenerse respecto de lo que uno pueda hacer en relación con ellos, y de lo que ellos puedan hacerle a uno.*[18]

Denninger, citado por Habermas, afirma que os desafios do Estado Social – justificadores, em certa medida, da insuficiente regulamentação da administração do ponto de vista do direito constitucional – fazem com que se transite de "um sistema da segurança jurídica para um sistema de segurança de vantagens jurídicas", o qual modifica e dilui a proteção jurídica dos indivíduos.[19]

---

a CEF (8,50%), a Fazenda Nacional (7,45%), a União Federal (6,97%) e o Banco do Brasil (4,24%) como os 5 maiores litigantes de todo o Poder Judiciário nacional.

[16] Atento ao novo fenômeno, o NCPC descreve e oferece disciplina jurídica para o julgamento dos casos repetitivos.

[17] Conforme anota Roque Carraza no artigo "Segurança jurídica e eficácia temporal das alterações jurisprudenciais: competência dos tribunais superiores para fixá-las".

[18] SICHES, Luis Recaséns. *Introducción al estudio del derecho*. 15. ed. México: Editorial Porrúa, 2006, p. 63

[19] Der Präventious-Staat *apud* HABERMAS, Jürgen, *op. cit.*, p. 177.

Embora a moderna doutrina subdivida o princípio da segurança jurídica em dois vetores,[20] para os fins deste estudo é mais útil trilhar o caminho apontado por Teresa Arruda Alvim e enxergar a expressão no sentido de previsibilidade.[21]

De fato, se a jurisdição tem a função de proteger direitos, especialmente os fundamentais,[22] e se o exercício da jurisdição – que no passado foi lastreado num singelo esquema de lógica formal denominado subsunção – passou modernamente a encerrar operação hermenêutica complexa, devido à gama de princípios constitucionais, cláusulas gerais e conceitos jurídicos indeterminados a serem considerados, a previsibilidade que a sociedade deseja deve brotar menos da lei e mais da atuação dos juízes e tribunais.

Se, por um lado, a divergência judicial concita a dialética e estimula o desenvolvimento do direito e o surgimento de soluções afinadas com a realidade social, por outro, não pode negar seu poder de estimular a litigiosidade no seio da sociedade. Quando a mesma situação fática, num dado momento histórico, é decidida por juízes da mesma localidade de forma diametralmente antagônica, a mensagem enviada à sociedade é de que ambas as partes têm (ou podem ter) razão. Ora, se todos podem ter razão, até mesmo quem, por estar satisfeito com o tratamento jurídico que sua situação vinha recebendo, não havia batido às portas do judiciário, terá forte incentivo a fazê-lo.[23]

---

[20] O vetor objetivo, atinente ao princípio da irretroatividade das leis, à proibição da ofensa ao ato jurídico perfeito, à coisa julgada e ao direito adquirido; e o subjetivo, vinculado com o desenvolvimento teórico do princípio da proteção da confiança.

[21] "Entendemos que, nesse contexto que vimos no referindo, ao longo deste item, um dos valores que não pode ser desprezado é a segurança, tomada esta expressão no sentido de previsibilidade. Trata-se de um fenômeno que produz tranquilidade e serenidade no espírito das pessoas, independentemente daquilo que se garanta como provável de ocorrer como valor significativo. Não se trata, pois, de segurança da expectativa de que tudo deva ficar como está" (ARRUDA ALVIM, Teresa. *Recurso especial... op cit.*, p. 57-58).

[22] Cf. MARINONI, Luiz Guilherme, *op. cit.*, p. 137.

[23] Embora este artigo não seja o local apropriado para maiores digressões, chamamos atenção do leitor para o fato de que economistas há muito estudam a chamada "teoria dos incentivos". Em artigo recente de nossa coautoria, publicado no Jornal Valor, já tivemos oportunidade de ressaltar: "Em 2007, os economistas norte-americanos Leonid Hurwicz, Eric Maskin e Roger Myerson venceram o Prêmio Nobel de Economia por estabelecerem as bases da Teoria de Desenho de Mecanismos que, em linhas gerais, busca entender os incentivos com os quais se defronta um agente no momento de tomar uma decisão que afeta outros agentes e, entendendo esses incentivos, criar regras de alocação de recursos que levem todos os agentes a agirem de forma ótima, de acordo com um critério previamente estabelecido" (DANTAS, Bruno. MENEGUIN, Fernando. Honorários de sucumbência recursal. *Jornal Valor*, Rio de Janeiro, 16.11.2010). Daí ser possível concluir que à luz da teoria dos incentivos a divergência judicial em níveis elevados não é socialmente desejável.

Evidentemente, esse fenômeno é algo normal no exercício da jurisdição em primeiro grau. Anormal é que a divergência judicial perpasse os tribunais, órgãos colegiados concebidos para dar trato mais qualificado às questões julgadas em primeiro grau. Anormal é que a divergência dos juízes de primeiro grau seja fundamentada em acórdãos divergentes de colegiados de um mesmo tribunal, como se não existisse ali órgão uno, mas aglomerado de sobrejuízes com competências individuais autônomas, o que contraria o princípio constitucional da colegialidade dos tribunais.

Vale dizer, normal é a jurisprudência dos tribunais orientar a atuação dos juízes inferiores. Anormal é os tribunais oferecerem o insumo da imprevisibilidade e da insegurança jurídica para os magistrados inferiores e a sociedade em geral.

2 Direito comparado

Os precedentes têm funções distintas nos sistemas do *civil law* e do *common law*.[24] Embora nos sistemas romano-germânicos, como o nosso, possa haver situações em que as decisões vinculam os órgãos jurisdicionais, essa não é a regra do sistema, que tem na lei a sua fonte primária de direito. Ao contrário, no *common law*, não obstante as divergências entre os sistemas inglês e norte-americano, o respeito à eficácia vinculante dos precedentes é a força motriz que dá sustentação ao sistema, em razão da ausência, ainda que não absoluta, de normas jurídicas escritas.

Isso porque sendo a regra do *common law* a *lex non scripta*, se cada magistrado pudesse extrair livremente a sua compreensão em torno dos costumes que cercam determinado caso, o sistema seria absolutamente caótico e imprevisível. Note-se que essa liberdade é possível nas famílias de *civil law* em razão de a lei *per se* trazer segurança jurídica e conter, em si, um conteúdo que os cidadãos podem extrair, independentemente de ir ao Poder Judiciário buscar a tutela para um determinado direito subjetivo que afirmem violado ou ameaçado. Assim, o que traz estabilidade e segurança jurídica aos países de *common law*, vez que a regra não é a lei escrita, é a obediência aos precedentes.[25]

---

[24] Rodolfo de Camargo Mancuso disserta sobre a natureza jurídica da jurisprudência, debruçando-se especialmente sobre o sistema da *civil law* (*Op. cit.*, p. 37-54).

[25] Concorda Cândido Rangel Dinamarco ao asseverar que o efeito vinculante do precedente na *common law* é ditado pela necessidade de estabilidade e segurança do direito, de modo

A doutrina do precedente, adotada com peculiaridades nos Estados Unidos e na Inglaterra, estatui que as decisões de casos anteriores muito semelhantes a novos casos devem ser repetidas nesses últimos.

A regra do precedente, porém, não é simples e automática. Hoje já há nos países anglo-saxões duas correntes que a explicam: a estrita e a atenuada. Ronald Dworkin explica que a corrente estrita "obriga os juízes a seguirem as decisões anteriores de alguns outros tribunais (em geral de tribunais superiores, mas às vezes no mesmo nível de hierarquia dos tribunais de sua jurisdição), mesmo acreditando que essas decisões foram erradas".[26] O professor norte-americano anota que essa corrente da doutrina do precedente varia de lugar para lugar: "é diferente nos Estados Unidos e na Grã-Bretanha, e difere de Estado para Estado nos Estados Unidos".[27]

A corrente atenuada, por sua vez, exige que o juiz de alguma forma leve em consideração as decisões anteriores sobre a mesma controvérsia, estatuindo que ele deve seguir tais decisões a menos que as considere erradas o bastante para suplantar a presunção inicial em seu favor, conforme anota Dworkin.[28]

---

que, onde há direito escrito, é desnecessário e mesmo desaconselhável que os tribunais estratifiquem sua orientação, trancando a dinâmica do direito, pois é legítimo que haja evolução do direito, à vista da mobilidade social, do desenvolvimento e mudanças dos valores que formaram sua interpretação (*A instrumentalidade do processo*. São Paulo: Ed. RT, 1987, p. 153-154).

[26] DWORKIN, Ronald. *O império do direito*. Trad. Jefferson Luiz Camargo. São Paulo: Martins Fontes, 1999, p. 30.

[27] *Ibidem*.

[28] *Idem*, p. 32: "Essa doutrina atenuada pode adotar as decisões anteriores não somente de tribunais acima do juiz, ou no mesmo nível de sua jurisdição, mas também de tribunais de outros estados ou países. Obviamente, depende de quão forte se considere a presunção inicial. Uma vez mais, as opiniões variam entre advogados de diferentes jurisdições, mas também é provável que variem, numa mesma jurisdição, em muito maior grau do que a opinião sobre as dimensões da doutrina estrita. Contudo, é mais provável que qualquer juiz atribua mais importância a decisões anteriores de tribunais superiores de sua própria jurisdição, e a decisões anteriores de todos os tribunais, superiores e inferiores de sua jurisdição, e não de tribunais de outras jurisdições. Ele também pode atribuir mais importância a decisões recentes de qualquer tribunal, e não às anteriores, bem como favorecer as decisões tomadas por juízes famosos, e não por juízes medíocres etc. Há duas décadas, a Câmara dos Lordes declarou que a doutrina estrita do precedente não exige que se adotem as decisões que ela mesma tomou no passado – antes dessa declaração, os juristas britânicos presumiam que a doutrina estrita impunha tal exigência –, mas a Câmara dos Lordes, não obstante, atribui grande importância a suas decisões passadas de instâncias inferiores da hierarquia britânica, e muito mais que as decisões de tribunais norte-americanos".

Tentando fazer uma rudimentar comparação entre a doutrina do precedente dos países da *common law* e a eficácia persuasiva e vinculante da súmula do sistema brasileiro, observamos que a teoria atenuada da doutrina do precedente aponta um meio-termo entre força persuasiva e vinculante da súmula. Interessante notar que o caminho ora trilhado pelo Brasil é diametralmente oposto ao que seguem os Estados Unidos e, mais recentemente, a Inglaterra.

Pode-se afirmar que enquanto a nossa tendência é o enrijecimento dos precedentes através de súmula vinculante e impeditiva de recursos, os norte-americanos e ingleses caminham no sentido de mitigar a eficácia vinculante dos precedentes, em busca de equilíbrio.[29]

Observa-se que há uma tendência mundial de ruptura dos esquemas jurídicos clássicos. Os países da *common law* têm manifestado uma tendência de escrituração de suas leis, tradicionalmente não escritas. Prova disso são as *Rules of Civil Procedure* da Inglaterra e o fenômeno que, nos Estados Unidos, o professor da *Yale Law School* Guido Calabresi chamou de *age of statutes*.[30] Por outro lado, os sistemas da *civil*

---

[29] Esse fato é comprovável pelo que vem sendo chamada de *jurisprudence constante*, que é conceituada por Vincy Fon e Francesco Parisi como *"the doctrine under which a court is required to take past decisions into account only if there is sufficient uniformity in previous case law. No single decision binds a court and no relevance is given to split case law. Once uniform case law develops, courts treat precedents as a persuasive source of law, taking them into account when reaching a decision. The higher the level of uniformity in past precedents, the greater the persuasive force of case law. Considerable authoritative force therefore stems from a consolidated trend of decisions on any given legal issue"*. Sustentam que a doutrina da *jurisprudence constante* vem sendo aplicada na França e na Alemanha e no estado norte-americano da Louisiana (*Op. cit.*, p. 4).

[30] Essa Era dos Estatutos, segundo anotam William N. Eskridge, Jr. e Philip P. Frickey (*Cases and Materials on Legislation*: Statutes and the Creation of Public Policy. Saint Paul: Thomson West, 2004, p. 569), tem feito com que as leis escritas *"have become the primary, dominant source of American law"*, o que chamou atenção de Guido Calabresi (*A Common Law for the Age of Statutes*. Cambridge-London: Harvard University Press, 1982. *passim*) para a necessidade de se garantir aos tribunais norte-americanos maiores poderes para lidar com a nova situação, assegurando-lhes a possibilidade de atualizar as leis escritas. Interessante que a proposta de Guido Calabresi, assim como a súmula vinculante brasileira, encontrou sua maior objeção no princípio da separação dos poderes. Em linhas gerais, a tese de Guido Calabresi é bem explicada por Edward J. Imwinkelried (A more Modest Proposal than "A Common Law for the Age of Statutes": Greater Reliance in Statutory Interpretation on the Concept of Interpretative Intention. Albany Law Review. Disponível em: http://ssrn.com/abstract="684251. Acesso em: 02 maio 2011): *"In this light, Judge Calabresi has advanced his fascinating proposal for a common law for the Age of Statutes. He argues that the courts are competent to decide whether a statute is anachronistic because it has become inconsistent with the modern legal environment, framework, landscape, or topography. The court must determine whether the statute is out-of-date. In Judge Calabresi's view, when a court reaches that determination, the court should be empowered to "update" the statute in order to make it "consistent with a changing world and a changing legal topography"* (p. 6).

law paulatinamente têm adotado a eficácia vinculante dos precedentes, especialmente os das supremas cortes. René David, em seu clássico sobre os grandes sistemas de direito, excursiona por sistemas da *civil law* para demonstrar que, excepcionalmente, é possível fazer-se com que se torne obrigatório para os juízes seguirem precedentes.[31]

Robert Alexy também detectou tal fenômeno, ponderando que modernamente, mesmo na Europa continental, atribui-se importância aos precedentes. Salienta que o objeto de discussão atual é a posição teórica dos precedentes, de modo que a disputa se concentra, sobretudo, na questão sobre se o precedente é ou não fonte de direitos.[32]

Exemplo desse movimento, no Brasil, é a linha jurisprudencial gradualmente adotada pelo STF chamada de "objetivação" ou "abstração" do controle difuso de constitucionalidade. Um dos precursores dessa tendência, o Min. Sepúlveda Pertence, já consignou em voto lançado no AgRg na SE 5.206:

> E a experiência demonstra, a cada dia, que a tendência dominante – especialmente na prática deste Tribunal – é no sentido da crescente contaminação da pureza dos dogmas do controle difuso pelos princípios reitores do método concentrado. Detentor do monopólio do controle

---

[31] DAVID, René. *Os grandes sistemas do direito contemporâneo.* 4. ed. Trad. Hermínio A. Carvalho. São Paulo: Martins Fontes, 2002, p. 160-161: "A autoridade do precedente liga-se, assim, na Alemanha Federal, às decisões do Tribunal Federal de Justiça Constitucional, que são, por esta razão, publicados no jornal oficial federal (Bundesgesetzblatt). Ela se liga, na Argentina e na Colômbia, às decisões do Supremo Tribunal proferidas em matéria constitucional e, na Suíça, os tribunais cantonais estão igualmente vinculados pela decisão do Tribunal Federal, quando este tenha declarado inconstitucional uma lei cantonal. A autoridade do precedente é reconhecida em Portugal às decisões (assentos) proferidas pelo Tribunal Pleno do Supremo Tribunal de Justiça logo que tenham sido publicadas no jornal oficial (Diário da República) e no Boletim do Ministério da Justiça; ela é reconhecida na Argentina às decisões do Supremo Tribunal, quando este é obrigado a pronunciar-se pela via dum recurso extraordinário; ela é igualmente reconhecida, pelo menos no que concerne às jurisdições inferiores, às decisões de unificação que podem proferir, em condições especiais, na Turquia, o Tribunal de Cassação ou o Conselho de Estado. O papel criador do direito da jurisprudência é também reconhecido oficialmente na Espanha com a noção de doctrina legal. Admite-se, em virtude da lei, neste país, um recurso para o Supremo Tribunal, contra uma decisão judiciária, se esta decisão violou a doctrina legal, isto é, a jurisprudência estabelecida por várias decisões do Supremo Tribunal. Uma noção análoga à doctrina legal espanhola é admitida em Honduras e no México, nas matérias que dizem respeito às liberdades públicas (amparo). De modo análogo, considera-se na Alemanha que, quando uma regra tenha sido consagrada por uma jurisprudência constante (ständige Rechtsprechung), ela se transforma numa regra consuetudinária, devendo ser a este título, a partir de então, aplicada pelos juízes. O mesmo não se passa na Suíça, mas as modificações da jurisprudência são, neste país, muito raras depois de o Tribunal Federal se ter pronunciado".

[32] *Op. cit.,* p. 258.

direto e, também, como órgão de cúpula do Judiciário, titular da palavra definitiva sobre a validade das normas no controle incidente, em ambos os papéis, o Supremo Tribunal há de ter em vista o melhor cumprimento da missão precípua de 'guarda da Constituição', que a Lei Fundamental explicitamente lhe confiou. Ainda que a controvérsia lhe chegue pelas vias recursais do controle difuso, expurgar da ordem jurídica a lei inconstitucional ou consagrar-lhe definitivamente a constitucionalidade contestada são tarefas essenciais da Corte, no interesse maior da efetividade da Constituição, cuja realização não se deve subordinar à estrita necessidade, para o julgamento de uma determinada causa, de solver a questão constitucional nela adequadamente contida. Afinal, não é novidade dizer – como, a respeito da cassação, Calamandrei observou em páginas definitivas – que no recurso extraordinário – via por excelência da solução definitiva das questões incidentes de inconstitucionalidade da lei –, a realização da função jurisdicional, para o Supremo Tribunal, é um meio mais que um fim: no sistema de controle incidenter em especial no recurso extraordinário, o interesse particular dos litigantes, como na cassação, é usado 'como elemento propulsor posto a serviço de interesse público', que aqui é a guarda da Constituição, para a qual o Tribunal existe.

Noutra ocasião, em voto proferido na MC no RE 376.852, ao tecer considerações sobre o regime instituído pela Lei 10.259/2001, para o RE interposto contra acórdãos dos juizados especiais federais, o Min. Gilmar Mendes sustentou a mesma tese.[33]

---

[33] "Esse novo modelo legal traduz, sem dúvida, um avanço na concepção vetusta que caracteriza o recurso extraordinário entre nós. Esse instrumento deixa de ter caráter marcadamente subjetivo ou de defesa de interesse das partes, para assumir, de forma decisiva, a função de defesa da ordem constitucional objetiva. Trata-se de orientação que os modernos sistemas de Corte Constitucional vêm conferindo ao recurso de amparo e ao recurso constitucional (*Verfassungsbeschwerde*). Nesse sentido, destaca-se a observação de Häberle segundo a qual 'a função da Constituição na proteção dos direitos individuais (subjectivos) é apenas uma faceta do recurso de amparo', dotado de uma 'dupla função', subjetiva e objetiva, 'consistindo esta última em assegurar o Direito Constitucional objetivo' (HÄBERLE, Peter. O recurso de amparo no sistema germânico, Sub Judice 20/21, 2001, p. 33). (49). Essa orientação há muito se mostra dominante também no direito americano. Já no primeiro quartel do século passado, afirmava Triepel que os processos de controle de normas deveriam ser concebidos como processos objetivos. Assim, sustentava ele, no conhecido Referat sobre 'a natureza e desenvolvimento da jurisdição constitucional', que, quanto mais políticas fossem as questões submetidas à jurisdição constitucional, tanto mais adequada pareceria a adoção de um processo judicial totalmente diferenciado dos processos ordinários. 'Quanto menos se cogitar, nesse processo, de ação (...), de condenação, de cassação de atos estatais – dizia Triepel –, mais facilmente poderão ser resolvidas, sob a forma judicial, as questões políticas, que são, igualmente, questões jurídicas' (TRIEPEL, Heinrich. *Wesen und Entwicklung der Staatsgerichtsbarkeit*. VVDStRL, vol. 5 (1929), p. 26). Triepel acrescentava, então, que 'os americanos haviam desenvolvido o mais objetivo dos processos que se poderia imaginar' (*'die Amerikaner haben für*

Parece-nos indiscutível que, em regra, no direito brasileiro, os precedentes têm autoridade persuasiva. Rodolfo de Camargo Mancuso, tratando do sistema adotado pelo Brasil, anota que nosso modelo político-jurídico tem, como matriz, a lei, que foi eleita como parâmetro para o contraste e a exigibilidade das condutas, por força do princípio constitucional da legalidade.[34] Disso se conclui que "a jurisprudência, mesmo sumulada, não se reveste – de *lege lata* – de força coercitiva, ficando sua eficácia por conta da natural proeminência e respeitabilidade que o Tribunal emissor exerça junto às demais instâncias a ele reportadas".[35]

Ciente das dificuldades impostas pelo *civil law*, mas especialmente convencido da posição que os tribunais superiores ocupam na estrutura judiciária brasileira e das funções que são chamados a exercer, Arruda Alvim sustenta, com veemência, o caráter paradigmático das decisões dessas cortes:

> Conquanto a validade e a eficácia das decisões seja, normalmente, circunscrita às partes, as proferidas pelos Tribunais de cúpula transcendem o ambiente das partes, e com isto, projetam-se o prestígio e a autoridade da decisão nos segmentos, menor da atividade jurídica, de todos quantos lidam com o direito, e, mesmo em espectro maior, para a sociedade toda. (...) As decisões do Superior Tribunal de Justiça configuram o referencial máximo em relação ao entendimento havido como o correto em relação ao direito federal infraconstitucional.[36]

Verfassungsstreitigkeiten das objektivste Verfahren eingeführt, das sich denken lasst') (TRIEPEL. *Op. cit.*, p. 26). Portanto, há muito resta evidente que a Corte Suprema americana não se ocupa da correção de eventuais erros das Cortes ordinárias. Em verdade, com o *Judiciary Act* de 1925 a Corte passou a exercer um pleno domínio sobre as matérias que deve ou não apreciar (cf., a propósito, GRIFFIN, Stephen M. *The age of Marbury, theories of judicial review vs. theories of constitutional interpretation*, 1962-2002, Paper apresentado na reunião anual da American Political Science Assoction, 2002, p. 34). Ou, nas palavras do Chief Justice Vinson, 'para permanecer efetiva, a Suprema Corte deve continuar a decidir apenas os casos que contenham questões cuja resolução haverá de ter importância imediata para além das situações particulares e das partes envolvidas' (*'To remain effective, the Supreme Court must continue to decide only those cases which present questions whose resolutions will have immediate importance far beyond the particular facts and parties involved'*) (GRIFFIN. *Op. cit.*, p. 34)."

[34] Divergência jurisprudencial... *cit.*, p. 375.
[35] *Idem, ibidem.*
[36] *A alta função jurisdicional do Superior Tribunal de Justiça no âmbito do recurso especial e a relevância das questões.* STJ 10 anos: obra comemorativa 1989-1999. Brasília: Superior Tribunal de Justiça, 1999, p. 38.

Nesse contexto, internalizando a obrigatoriedade dos precedentes, o Superior Tribunal de Justiça, em ARESP de nº 634.051/SP, sob relatoria do Min. Rogério Schietti Cruz, reafirma a importância do respeito ao precedente judicial de tal modo que

> a violação à interpretação ofertada pelo Supremo Tribunal Federal e pelo Superior Tribunal de Justiça é uma insubordinação institucional da mais alta gravidade no Estado Constitucional. E isso não só pelo fato de existir uma divisão de trabalho muito clara entre Cortes de Justiça e Cortes de Precedentes, mas fundamentalmente pelo fato de a violação ao precedente encarnar um duplo e duro golpe no Direito – a um só tempo viola-se autoridade da legislação, consubstanciada na interpretação a ela conferida, e viola-se a autoridade do Supremo Tribunal Federal e do Superior Tribunal de Justiça como Cortes Supremas, constitucionalmente encarregadas de dar a última palavra a respeito do significado da Constituição e da legislação infraconstitucional federal.[37]

Já tivemos oportunidade de afirmar que o adequado desempenho da função paradigmática por um tribunal de cúpula pressupõe um requisito essencial: suas decisões devem gozar do respeito da sociedade, dos membros do próprio Poder Judiciário e dos demais órgãos da Administração Pública. Para tanto, concorrem alguns fatores como a honorabilidade dos seus membros, a legitimidade do procedimento perante a Corte, a uniformidade e estabilidade das suas decisões, entre outros. Em suma, devem causar sensação geral de que a justiça foi feita.[38]

3 Criatividade judicial e respeito aos princípios da legalidade e da igualdade

Entre as principais funções dos recursos se encontra a uniformizadora, que se dirige à conformação de uma unidade jurídica e à garantia do respeito aos princípios da legalidade e da igualdade perante a lei. Em outras palavras, busca-se que haja uniformidade na aplicação e interpretação das regras e princípios jurídicos em todo o território submetido à sua vigência.

---

[37] O mencionado voto se fundamenta nos ensinamentos doutrinários de Daniel Mitidiero em Cortes Superiores e Cortes Supremas – do Controle à Interpretação, da Jurisprudência ao Precedente. São Paulo: Revista dos Tribunais, 2013.
[38] DANTAS, Bruno. *Repercussão geral... cit.*, p. 78.

Como, modernamente, o juiz assume o papel de realizar a ordem jurídica, mediante a investigação da solução mais justa e adequada para cada caso, dando concretude a regras e princípios que compõem o ordenamento jurídico, dessa criatividade judicial é natural que decorram interpretações conflitantes. O que não é natural, todavia, é que essas decisões conflitantes se cristalizem, ensejando a quebra do princípio da igualdade perante a lei.

E é a correção de distorções tais que compõe a essência da função uniformizadora dos recursos. Vale dizer, o que se persegue é a consagração de mecanismo hábil a ensejar que, no curso do processo interpretativo que precede a solução de um conflito levado ao Judiciário, haja a "prorrogação" da segurança e da estabilidade geradas no momento da edição da lei.

Veja-se bem: não se trata de afirmar que a literalidade da lei deve prevalecer. O que estamos afirmando é que essa função zela pela prevalência da uniformidade interpretativa, que impede ofensas à igualdade e à legalidade, de modo que a lei, que é vocacionada a ter uma única interpretação correta,[39] deve receber sempre, dadas as mesmas condições fáticas relevantes ao julgamento, a mesma interpretação.

Sem essa função, estaríamos diante da produção de efeitos jurídicos os mais diversos a partir do mesmo suporte fático relevante e da incidência da mesma norma jurídica, o que, se é tolerado hoje pelo sistema, evidentemente não pode ser considerado como a saída mais adequada.[40]

Outro aspecto que se afigura relevante quando a função uniformizadora da jurisprudência é observada de perto é que, ao se falar em preservação do princípio da igualdade perante a lei – e não são poucos os doutrinadores que sustentam essa finalidade,[41] os beneficiários últimos, no caso de uma lide, são as partes processuais. Até porque, se assim não fosse, caberia a indagação: igualdade perante a lei de quem em comparação com quem?

---

[39] "Sabe-se que as noções de certo e errado são, de fato, relativas. Mas isso não deve impedir que numa dada sociedade, em determinada época, haja noções claras do que é certo e do que é errado." ARRUDA ALVIM, Teresa. Cada caso comporta uma única solução correta? *In:* MENDES, Aluisio Gonçalves de Castro; MARINONI, Luiz Guilherme; ARRUDA ALVIM WAMBIER, Teresa. (coord.) *Direito jurisprudencial.* vol. II. São Paulo: Ed. RT, 2014, p. 1220.

[40] É assim que pensa Teresa Arruda Alvim Wambier (*Controle das decisões... cit.,* p. 13, nota de rodapé nº 1), que insistentemente afirma que "não se deve confundir a circunstância de o sistema 'tolerar' decisões tidas por equivocadas com o fato de que, por isso, elas estariam corretas".

[41] Ver SÁNCHEZ, Javier López. *El interés casacional.* Madrid: Civitas, 2002. capítulo I, item 2.

Importa destacar que é essencial para a uniformização interpretativa, no âmbito dos Tribunais, que paralelamente se realize a manutenção da estabilidade, integridade e coerência da jurisprudência, aspectos identificados e expressamente disciplinados no CPC/2015.

Por óbvio, a aplicação do princípio da igualdade perante a lei ao processo de realização do direito no caso concreto importa ter como verdadeiro que a mesma regra jurídica, incidente sobre suportes fáticos suficientemente idênticos, no mesmo momento histórico, deve ensejar a produção dos mesmos efeitos jurídicos. Da mesma forma, suportes fáticos idênticos, levados ao Judiciário no mesmo momento histórico, devem ensejar a aplicação da mesma norma jurídica e, consequentemente, produzir os mesmos efeitos jurídicos.

Isso que destacamos não é novidade alguma. Teresa Arruda Alvim repisa esse tema incessantemente há anos, mencionando diversos exemplos práticos de violação do princípio da legalidade acarretada pela criatividade judicial, quando mal exercida, assim como exemplos de considerável dose de criatividade, quando adequadamente exercida.

Analisando a trajetória da jurisprudência do STF sobre diversos casos complexos, Teresa Arruda Alvim identifica aspectos relevantes da criatividade judicial e ressalta a construção de uma história nacional da criação do direito à luz das normas e dos princípios constitucionais. Sobre esse assunto, assim escreve a mencionada jurista:

> Nos últimos anos, especialmente, o STF tem enfrentado e julgado casos de grande complexidade, com ampla repercussão para toda a sociedade brasileira, construindo, assim, uma história nacional da criação do direito à luz das normas e princípios constitucionais.
>
> (...) Salta aos olhos a necessidade de que estas decisões sejam consideradas as únicas corretas para os casos subjacentes, que podem se repetir entre partes diversas".[42]

Ainda sobre a criatividade judicial e a existência de uma decisão correta, Teresa Arruda Alvim identifica alguns sentidos para a sua afirmação de que cada caso comporta uma só decisão, sendo esse:

> a) Este é o único possível estímulo do juiz: ele tem de estar à procura da decisão correta, única...

---

[42] ARRUDA ALVIM, Teresa. Cada caso comporta uma única solução correta? *In:* MENDES, Aluisio Gonçalves de Castro; MARINONI, Luiz Guilherme; ARRUDA ALVIM, Teresa. (coord.) *Direito jurisprudencial*. vol. II. São Paulo: Ed. RT, 2014, p. 1229 e 1231.

b) Isso, de fato, ocorre na maioria dos casos. Por um lado, poucas decisões são juridicamente equivalentes, dando origem a um "tanto faz". Por outro lado, entre decisões contrárias, uma deverá ser dita como de acordo com o direito e outra não. Note-se que não usei a expressão estará, mas deverá ser tida como, de acordo com o direito.

c) Por uma série de razões, às quais me referi sucintamente acima, a realidade social, política e jurídica dos nossos dias – e me refiro especialmente ao nosso país – é comum o fenômeno da jurisprudência conflitante e até mesmo dispersa – várias decisões sobre uma mesma (idêntica) questão. A necessidade de uniformização aparece, nestes casos, com clareza solar. A necessidade de que se encontre uma única decisão correta para uma mesma questão jurídica torna imprescindíveis métodos, cujo objetivo seja o de se uniformizar a jurisprudência.[43]

Conclusão

Observando o diálogo entre aspectos relacionados à criatividade judicial e o respeito aos princípios da igualdade e da legalidade, assim como convicta de que por vezes é exigível evidenciar o óbvio – que não se vê[44] – para que os operadores do direito se sintam ao menos constrangidos por descumprir o que está explicitamente escrito no texto legal, a Comissão de Juristas que elaborou o anteprojeto do novo CPC houve por bem inserir nas disposições gerais do Título que versa sobre o processo nos tribunais um verdadeiro guia de uniformização e manutenção da estabilidade, integridade e coerência da jurisprudência. Essa ideia se sustentou durante todo o debate legislativo e assim foi estabelecida na redação final do CPC/2015, destacadamente nos arts. 926, 927 e 928:

> Art. 926. Os tribunais devem uniformizar sua jurisprudência e mantê-la estável, íntegra e coerente.
>
> §1º Na forma estabelecida e segundo os pressupostos fixados no regimento interno, os tribunais editarão enunciados de súmula correspondentes a sua jurisprudência dominante.

---

[43] ARRUDA ALVIM, Teresa. Cada caso comporta uma única solução correta? *In:* MENDES, Aluisio Gonçalves de Castro; MARINONI, Luiz Guilherme; ARRUDA ALVIM, Teresa. (coord.) *Direito jurisprudencial.* Vol. II. São Paulo: Ed. RT, 2014, p. 1237 e 1238.

[44] Utilizando uma expressão difundida por Teresa Arruda Alvim Wambier, ao tratar do princípio da fungibilidade no direito processual civil brasileiro que, mesmo não expressamente disposto na legislação, constitui-se essencial. Cfr. ARRUDA ALVIM WAMBIER, Teresa. O óbvio que não se vê: a nova forma do princípio da fungibilidade. *In:* WAMBIER, Luiz Rodrigues; ARRUDA ALVIM WAMBIER, Teresa (coord.). *Princípio e temas gerais do processo civil.* São Paulo. Ed. RT, 2011. Coleção doutrinas essenciais: processo civil; vol. 1).

§2º Ao editar enunciados de súmula, os tribunais devem ater-se às circunstâncias fáticas dos precedentes que motivaram sua criação.

Art. 927. Os juízes e os tribunais observarão:

I – as decisões do Supremo Tribunal Federal em controle concentrado de constitucionalidade;

II – os enunciados de súmula vinculante;

III – os acórdãos em incidente de assunção de competência ou de resolução de demandas repetitivas e em julgamento de recursos extraordinário e especial repetitivos;

IV – os enunciados das súmulas do Supremo Tribunal Federal em matéria constitucional e do Superior Tribunal de Justiça em matéria infraconstitucional;

V – a orientação do plenário ou do órgão especial aos quais estiverem vinculados.

É de se notar o forte caráter pedagógico adotado nesse guia de uniformização e manutenção da estabilidade, integridade e coerência da jurisprudência, ao indicar que os juízes e os tribunais observarão aquelas decisões, enunciados sumulares e demais orientações jurisprudenciais apontadas nos respectivos dispositivos. Enquadram-se naquilo que Norberto Bobbio chama de conselho.[45]

No mesmo diapasão, por reconhecer os efeitos deletérios da alteração do entendimento dominante nos tribunais superiores, e com o fito de exortar as cortes brasileiras a respeitar sua própria jurisprudência, o mencionado art. 927 estipula:

Art. 927 (...)
§1º Os juízes e os tribunais observarão o disposto no art. 10 e no art. 489, §1º, quando decidirem com fundamento neste artigo.

---

[45] "Os imperativos (ou comandos) são aquelas prescrições que têm maior força vinculante. Esta maior força vinculante se exprime dizendo que o comportamento previsto pelo imperativo é obrigatório, ou, em outras palavras, o imperativo gera uma obrigação à pessoa a quem se dirige. Imperativo e obrigação são dois termos correlativos: onde existe um, existe o outro. Pode-se exprimir o imperativo em termos de obrigatoriedade da ação-objeto, assim como se pode exprimir a obrigatoriedade em termos de comando-sujeito. Mas nem todas as prescrições, ou melhor dizendo, nem todas as proposições com as quais tentamos determinar o comportamento alheio implicam em obrigações. Há modos mais brandos ou menos vinculantes de influenciar o comportamento alheio. Aqui examinamos dois tipos que têm particular relevância no mundo do direito: os conselhos e as instâncias" (BOBBIO, Norberto. *Teoria da norma jurídica*. Trad. Fernando Pavan Baptista e Ariani Bueno Sudatti. 4. ed. rev. Bauru: Edipro, 2008, p. 96).

§2º A alteração de tese jurídica adotada em enunciado de súmula ou em julgamento de casos repetitivos poderá ser precedida de audiências públicas e da participação de pessoas, órgãos ou entidades que possam contribuir para a rediscussão da tese.

§3º Na hipótese de alteração de jurisprudência dominante do Supremo Tribunal Federal e dos tribunais superiores ou daquela oriunda de julgamento de casos repetitivos, pode haver modulação dos efeitos da alteração no interesse social e no da segurança jurídica.

§4º A modificação de enunciado de súmula, de jurisprudência pacificada ou de tese adotada em julgamento de casos repetitivos observará a necessidade de fundamentação adequada e específica, considerando os princípios da segurança jurídica, da proteção da confiança e da isonomia.

§5º Os tribunais darão publicidade a seus precedentes, organizando-os por questão jurídica decidida e divulgando-os, preferencialmente, na rede mundial de computadores.

A experiência jurídica é objeto jurídico da jurisprudência, e esta é significativamente variável, devendo refletir a realidade factual. Segundo Giuseppe Lumia, deve "descrever o direito como ele é e como vige efetivamente em uma coletividade determinada, e não prescrever o que o direito deveria ou não ser com base em juízos específicos".[46] Ocorrendo dicotomia entre os fatos e a norma geral (incluindo-se a jurisprudência dominante do STF e dos Tribunais superiores), esta última deve ser modificada, pois perde a sua eficácia se não acompanha o desenvolvimento social.

No entanto, em prol da segurança jurídica, eventual modificação deve ser promovida da maneira menos impactante possível, o que justifica a modulação dos efeitos do novel entendimento. Trata-se, sem dúvida, de um importante período de adaptação para os jurisdicionados, visto que as "as regras do jogo" teriam sido modificadas.

A alteração exige fundamentação específica, assegurando o respeito às relações já concretizadas, protegendo o direito adquirido e a coisa julgada, fazendo com que todos reconheçam o novo entendimento como legitimamente válido. Essa exigência do novo CPC é importante para que se justifique racionalmente a alteração no tecido social ou na compreensão da norma interpretada, evitando-se que a mera composição do tribunal se torne elemento gerador de instabilidade jurídica.

---

[46] LUMIA, Giuseppe. *Elementos de teoria e ideologia do direito*. Trad. Denise Agostinetti. São Paulo: Martins Fontes, 2003, p. 9.

Referências

ALEXY, Robert. *Teoria da argumentação jurídica*: a teoria do discurso como teoria da justificação jurídica. Trad. Zilda Hutchinson Schild Silva. São Paulo: Landy, 2001.

ARRUDA ALVIM. *A alta função jurisdicional do Superior Tribunal de Justiça no âmbito do recurso especial e a relevância das questões*. STJ 10 anos: obra comemorativa 1989-1999. Brasília: Superior Tribunal de Justiça, 1999.

ARRUDA ALVIM WAMBIER, Teresa. *Os agravos no CPC brasileiro*. 3. ed. rev. atual. e ampl. São Paulo: Ed. RT, 2000.

ARRUDA ALVIM WAMBIER, Teresa. *Controle das decisões judiciais por meio de recursos de estrito direito e de ação rescisória*. São Paulo: Ed. RT, 2001.

ARRUDA ALVIM WAMBIER, Teresa. *Recurso especial, recurso extraordinário e ação rescisória*. 2. ed. reform. e atual. São Paulo: Ed. RT, 2008.

ARRUDA ALVIM WAMBIER, Teresa. Cada caso comporta uma única solução correta? *In:* MENDES, Aluisio Gonçalves de Castro; MARINONI, Luiz Guilherme; WAMBIER, Teresa Arruda Alvim. (coord.) *Direito jurisprudencial*. vol. II. São Paulo: Ed. RT, 2014.

ARRUDA ALVIM WAMBIER, Teresa. O óbvio que não se vê: a nova forma do princípio da fungibilidade. *In:* WAMBIER, Luiz Rodrigues; ARRUDA ALVIM WAMBIER, Teresa (coord.). *Princípio e temas gerais do processo civil*. São Paulo: Ed. RT, 2011. Coleção doutrinas essenciais: processo civil; vol. I).

BARBOSA MOREIRA, José Carlos. *As bases do direito processual civil*. Temas de direito processual. São Paulo: Saraiva, 1977.

BOBBIO, Norberto. *Teoria da norma jurídica*. 4. ed. rev. Trad. Fernando Pavan Baptista e Ariani Bueno Sudatti. Bauru: Edipro, 2008.

BRASIL. CNJ. Departamento de Pesquisas Judiciárias. *Relatório 100 maiores litigantes*. Disponível em: http://bit.ly/hvUz00. Acesso em: 27 abr. 2011.

BRASIL. STF, *AgRg na SE 5.206*, rel. Min. Sepúlveda Pertence.

BRASIL. STF, *MC no RE 376.852*, rel. Min. Gilmar Mendes.

BUENO, Cassio Scarpinella. *Amicus curiae no processo civil brasileiro*: um terceiro enigmático. 2. ed. São Paulo: Saraiva, 2008.

CALABRESI, Guido. *A Common Law for the Age of Statutes*. Cambridge-London: Harvard University Press, 1982.

DANTAS, Bruno. *Teoria geral dos recursos repetitivos*. São Paulo: Ed. RT, 2014.

DANTAS, Bruno. *Repercussão geral*: perspectivas histórica, dogmática e de direito comparado – Questões processuais. 2. ed. São Paulo: Ed. RT, 2010.

DANTAS, Bruno; MENEGUIN, Fernando. Honorários de sucumbência recursal. *Jornal Valor*, Rio de Janeiro, 16.11.2010.

DAVID, René. *Os grandes sistemas do direito contemporâneo*. Trad. Hermínio A. Carvalho. São Paulo: Martins Fontes, 2002.

DINAMARCO, Cândido Rangel. *A instrumentalidade do processo*. 4. ed. São Paulo: Ed. RT, 1987.

DWORKIN, Ronald. *O império do direito*. Trad. Jefferson Luiz Camargo. São Paulo: Martins Fontes, 1999.

ENGISCH, Karl. *Introdução ao pensamento jurídico*. 7. ed. Trad. J. Baptista Machado. Lisboa: Fundação Calouste Gulbekian, 1996.

ESKRIDGE, William N.; FRICKEY, Philip P. *Cases and Materials on Legislation*: Statutes and the Creation of Public Policy. Saint Paul: Thomson West, 2004.

FERRAZ JUNIOR, Tercio; CARRAZZA, Roque Antonio; NERY JUNIOR, Nelson. *Efeitos ex nunc e as decisões do STJ*. Barueri: Manole, 2008.

FON, Vincy; PARISI, Francesco. Judicial precedents in Civil Law Systems: a dynamic analysis. *George Mason University School of Law and Economics Working Paper Series*. Disponível em: http://ssrn.com/abstract_id= 534504. Acesso em: 30 abr. 2011.

HABERMAS, Jürgen. *Direito e democracia:* entre facticidade e validade. 2. ed. Trad. Flávio Beno Siebneichler. vol. 1. Rio de Janeiro: Tempo Brasileiro, 2003.

HABERMAS, Jürgen. *Direito e democracia:* entre facticidade e validade. Trad. Flávio Beno Siebeneichler. vol. 2. Rio de Janeiro: Tempo Brasileiro, 1997.

IMWINKELREID, Edward J. *A more Modest Proposal than "A Common Law for the Age of Statutes"*: Greater Reliance in Statutory Interpretation on the Concept of Interpretative Intention. Albany Law Review. Disponível em: http://ssrn.com/abstract="684251. Acesso em: 02 maio 2011.

LARENZ, Karl. *Metodologia de la ciencia del derecho*. Trad. Enrique Gimbernat Ordeig. Barcelona: Ediciones Ariel, 1966.

LUMIA, Giuseppe. *Elementos de teoria e ideologia do direito*. Trad. Denise Agostinetti. São Paulo: Martins Fontes, 2003.

MANCUSO, Rodolfo de Camargo. *Divergência jurisprudencial e súmula vinculante*. 2. ed. rev. e atual. São Paulo: Ed. RT, 2001.

MARINONI, Luiz Guilherme. *Teoria geral do processo*. 3. ed. rev. e atual. São Paulo: Ed. RT, 2008.

RAMOS, Saulo. Efeito vinculante de decisões dos tribunais superiores. *Revista da Esmape*, vol. 4. n. 9. jan.-jun. 1999.

SÁNCHEZ, Javier López. *El interés casacional*. Madrid: Civitas, 2002.

SICHES, Luis Recaséns. *Introducción al estudio del derecho*. 15. ed. México: Editorial Porrúa, 2006.

Informação bibliográfica deste texto, conforme a NBR 6023:2018 da Associação Brasileira de Normas Técnicas (ABNT):

DANTAS, Bruno. (In)consistência jurisprudencial e segurança jurídica: o "novo" dever dos tribunais no Código de Processo Civil. *In*: DANTAS, Bruno. *Tópicos atuais em Processo Civil*: individual, coletivo e pluri-individual. Belo Horizonte: Fórum, 2024. p. 37-57. ISBN 978-65-5518-806-6.

PROCEDIMENTO DE DESCONSIDERAÇÃO DA PERSONALIDADE JURÍDICA NO NOVO CÓDIGO DE PROCESSO CIVIL: UMA ANÁLISE DA INTERAÇÃO ENTRE AS REGRAS PROCESSUAIS E MATERIAIS DO INSTITUTO

BRUNO DANTAS

ALEXANDRE REIS SIQUEIRA FREIRE

LEONARDO ALBUQUERQUE MARQUES

Introdução

Esta obra visa a discorrer sobre os contornos institucionais trazidos pelo Código de Processo Civil recentemente aprovado acerca do procedimento de desconsideração da personalidade jurídica e das suas repercussões nas regras de direito material.

Inicialmente, cabe-nos destacar que, neste trabalho, não serão abordados em caráter específico os regramentos do instituto nos diplomas do Código de Defesa do Consumidor, do Código Civil, da Lei de Crimes e Infrações Administrativas Ambientais (Lei nº 9.605/98) e da Lei de Defesa da Concorrência (Lei nº 12.529/2011). Nesse particular, o CPC é explícito que a decisão sobre o pedido de desconsideração deve se dar à luz da legislação de regência (art. 133, §1º).

O propósito aqui é analisar o que, no novo Código de Processo Civil, é caracterizado como verdadeira inovação, isto é, aquilo a respeito do que não tenhamos experiência institucional anterior, e o que é apenas consolidação legal formal dos entendimentos dos tribunais pátrios a respeito do tema.

Devemos de antemão revelar que, para os fins desta investigação, partimos da concepção de que a categoria incidente é "um momento novo no processo, formado por um ou mais atos não inseridos na cadeia procedimental prevista na lei".[1]

Em tempo, cabe destacar que o incidente de desconsideração da personalidade jurídica foi tratado como modalidade de intervenção de terceiros na relação processual. Isto é, como modalidade pela qual alguém que não participe inicialmente da relação processual seja chamado para dela participar, com possibilidade de ter de se submeter a algum tipo de comando surgido no desenrolar do procedimento.[2]

Na sequência, serão abordados os seguintes tópicos: legitimidade para requerer o incidente, momento para instauração, procedimento a ser seguido e requisitos do requerimento (entendimento do Superior Tribunal de Justiça a respeito, e demonstrado que o Código apenas o consolida num diploma formal). Em seguida, serão analisados os efeitos das decisões que acolhem o incidente da desconsideração da personalidade jurídica sob os planos subjetivo (ativo e passivo), objetivo e temporal, especialmente com vistas a abordar aspectos os quais o CPC se omitiu de apreciar e os desafios projetados para o cenário posterior à sua vigência. Depois, será analisada a pertinência dos provimentos de urgência no incidente da desconsideração da personalidade jurídica e, teoricamente, como o incidente da desconsideração consistirá num mecanismo de incremento marginal de eficiência na alocação de recursos escassos. Ao final, serão apresentadas as conclusões.

Finalmente, informa-se que as referências normativas, quando desacompanha- das da lei a que se referem, são relativas ao novo Código de Processo Civil.

---

[1] FERNANDES, Antonio Scarance. *Incidente processual*. São Paulo: Revista dos Tribunais, 1991, p. 4.

[2] Cf. DIDIER JR., Fredie. *Curso de direito processual civil*. 12. ed. Salvador: JusPodivm, 2010, v. 1, p. 435. Lembrando que, segundo o autor, partindo da tradicional premissa, assentada por Barbosa Moreira, terceiro é aquele que não é parte, quer nunca o tenha sido, quer tenha deixado de sê-lo em momento anterior àquele em que se profira a decisão, "a intervenção de terceiro é fato jurídico processual que implica modificação da relação processual já existente. Trata-se de ato jurídico processual pelo qual um terceiro, autorizado por lei, ingressa em processo pendente, transformando-se em parte".

1 Legitimidade para requerer o incidente

Nos termos do art. 133 do CPC, são legitimados para requerer a instauração do incidente de desconsideração da personalidade jurídica a parte ou o Ministério Público, quando lhe couber intervir no processo.

Quanto à legitimidade das partes para requerer o incidente da desconsideração, não temos nada de novo aqui. O CPC apenas se adapta ao regramento de direito material, uma vez que a desconsideração é instituto que visa a beneficiar o credor lesado por conduta do devedor que se traduza no abuso da personalidade societária.

Assim, nada mais normal que se conferir tal qualidade ao titular do crédito vindicado em Juízo.

No entanto, a legitimidade do Ministério Público para requerê-lo já foi, há alguns anos, objeto de significativa controvérsia jurisprudencial.

No fim do ano de 2003, o Superior Tribunal de Justiça (STJ) julgou recurso especial em sede de ação civil pública promovida pelo Ministério Público do Estado de São Paulo contra as sociedades empresárias recorrentes e seus sócios e administradores (então recorrentes na oportunidade). Na ocasião, buscou-se o ressarcimento dos danos morais e patrimoniais sofridos pelas vítimas de explosão em *shopping center*, em Osasco/SP, ocorrida em junho de 1996.

No caso, assentou-se tanto a legitimidade do Ministério Público para formular o pedido indenizatório como entendeu-se pelo acolhimento do pedido de desconsideração da personalidade jurídica das sociedades empresárias envolvidas na controvérsia. Assim, os seus sócios e administradores passaram a ter seus acervos patrimoniais pessoais atingidos pelo título executivo que então se formara.[3]

Mais recentemente, o STJ reafirmou tal entendimento ao reconhecer a legitimidade ativa do Ministério Público para requerer a instauração de incidente de desconsideração da personalidade jurídica em processo falimentar.[4] Aqui, podemos notar que o STJ também reconhece tal legitimidade ao Ministério Público em matéria empresarial (no caso: falência), e não apenas em demandas de caráter consumerista.

---

[3] REsp 279.273/SP, Rel. Min. Ari Pargendler, Rel. p/ Acórdão Min. Nancy Andrighi, 3ª Turma, julgado em 4-12-2003, DJ 29-3-2004, p. 230.
[4] REsp 1.182.620/SP, Rel. Min. Raul Araújo, 4ª Turma, julgado em 10.12.2013, DJe 4.2.2014. No caso, o STJ deixou assentado que "reconhece-se a legitimidade do Ministério Público para realizar pedido incidental, nos autos da falência, de desconsideração da personalidade jurídica e de indisponibilidade de bens dos envolvidos em ato tido como destinado a prejudicar credores da falida".

Em ocasião anterior, o STJ já havia reconhecido a legitimidade do síndico da massa falida (ainda sob a égide do DL nº 7.661/45) para requerer a instauração do incidente.[5]

Em tempo, como o incidente depende de provocação das partes, tem-se que não pode ser deflagrado *ex officio* pelo magistrado. Em julgado relativamente recente,[6] o STJ já se posicionou nesse sentido. Cabe destacar que esse é o posicionamento do Parecer apresentado em 2014 pela Comissão Especial do Projeto do CPC na Câmara dos Deputados, no qual se assentou que "é desnecessário incluir dispositivo que veda expressamente a desconsideração de ofício porque o projeto já é expresso em dizer que a desconsideração depende de requerimento".[7]

No que se refere à desconsideração inversa da personalidade jurídica,[8] o STJ já reconheceu a legitimidade do companheiro lesado para pleitear tal medida em face do companheiro que tenha se beneficiado da dissimulação patrimonial, lesionando o outro.[9]

---

[5] REsp 228.357/SP, Rel. Min. Castro Filho, 3ª Turma, julgado em 9.12.2003, DJ 2.2.2004, p. 332. No caso, o STJ entendeu que "o síndico da massa falida, respaldado pela Lei de Falências e pela Lei nº 6.024/74, pode pedir ao juiz, com base na teoria da desconsideração da personalidade jurídica, que estenda os efeitos da falência às sociedades do mesmo grupo, sempre que houver evidências de sua utilização com abuso de direito, para fraudar a lei ou prejudicar terceiros". Na mesma oportunidade, também entendeu que o incidente não necessita ser instaurado mediante ação autônoma.

[6] AgRg na MC 19.142/PR, Rel. Min. Castro Meira, 2ª Turma, julgado em 5.6.2012, DJe 14.6.2012. Em sentido contrário: REsp 370.068/GO, Rel. Min. Nancy Andrighi, 3ª Turma, julgado em 16.12.2003, DJ 14.3.2005, p. 318.

[7] BRASIL. Câmara dos Deputados. Comissão Especial destinada a proferir parecer ao Projeto de Lei nº 6.025, de 2005, ao Projeto de Lei nº 8.046, de 2010, ambos do Senado Federal, e outros, que tratam do "Código de Processo Civil" (revogam a Lei nº 5.869, de 1973). Disponível em: http:// www2.camara.leg.br/atividade-legislativa/comissoes/comissoes-temporarias/especiais/54a--legislatura/8046-10-codigo-de-processo-civil/proposicao/pareceres-e-relatorios/parecer-do-rela-tor-geral-paulo-teixeira-08-05-2013. Acesso em: 3 jun. 2014.

[8] Sobre desconsideração inversa, cf. BIANCHI, Pedro Henrique Torres. *Desconsideração da personalidade jurídica no processo civil*. São Paulo: Saraiva, 2011, p. 58-61. No que é mais relevante, confira-se: "essa hipótese diz respeito à responsabilidade das sociedades por dívidas do sócio". Em seguida, o autor ressalva que a forma de operacionalização da desconsideração inversa deve ter em mente a distinção entre as sociedades de pessoas e sociedades de capital, nas quais o escrutínio judicial deve passar por um crivo mais rígido, haja vista que as ações e os dividendos dos sócios/ acionistas podem ser penhorados, neste último caso, sendo necessária, dentre outros, a demonstração de patrimônio líquido negativo. O autor também adverte para a necessidade de participação, em contraditório, dos demais participantes da sociedade. Para um estudo empírico que evidencia que, nada obstante a aplicação do instituto da desconsideração inversa da personalidade jurídica esteja pacificado no STJ, ainda encontramos julgados dissonantes em tribunais de justiça brasileiros, cf. LEÃO, Leandro Castanheira. Desconsideração inversa da personalidade jurídica: critérios para aplicabilidade segundo os Tribunais de Justiça estaduais, *in* PRADO, Viviane Muller; CARMO, Lie Uema do (orgs). *Estudos empíricos sobre temas de direito societário*. São Paulo: Saraiva, 2012, p.241-257.

[9] REsp 1.236.916/RS, Rel. Min. Nancy Andrighi, 3ª Turma, julgado em 22.10.2013, DJe 28.10.2013.

Enfim, podemos ver que não há muitas inovações nesse campo no CPC aprovado.

2 Momento para instauração, procedimento, requerimento e recursos cabíveis

Inicialmente, cabe destacar que, conforme visto acima, pelo menos desde o ano de 2002, o STJ vem entendendo pela desnecessidade de instauração de ação autônoma para que se decrete a desconsideração da personalidade jurídica,[10] bastando que ela se dê mediante incidente suscitado nos próprios autos, seja na fase de conhecimento, seja na fase executória (cumprimento de sentença ou execução extrajudicial).

O Código também encampa entendimento do STJ no sentido de que, embora seja desnecessária a instauração de ação autônoma, é imprescindível o atendimento da garantia constitucional do contraditório para que a desconsideração seja validamente efetivada,[11] onde a relação incidental será angularizada com citação dos sócios já na própria demanda, os quais adquirem a qualidade de parte desde o seu início.

Nesse ponto, no nosso modo de entender, a própria decisão que acolhe o incidente de desconsideração da personalidade já transforma o requerido em parte no processo.[12] Com efeito, apenas é legitimado ativamente para ajuizamento de embargos de terceiro, no que se refere ao incidente de desconsideração, quem sofre constrição judicial de

---

[10] REsp 332.763/SP, Rel. Min. Nancy Andrighi, 3ª Turma, julgado em 30.4.2002, DJ 24.6.2002, p. 297, REsp 331.478/RJ, Rel. Min. Jorge Scartezzini, 4ª Turma, julgado em 24.10.2006, DJ 20.11.2006, p. 310, REsp 881.330/SP, Rel. Min. João Otávio de Noronha, 4ª Turma, julgado em 19.8.2008, DJe 10.11.2008, REsp 693.235/MT, Rel. Min. Luis Felipe Salomão, 4ª Turma, julgado em 17.11.2009, DJe 30.11.2009, AgRg no AREsp 9.925/MG, Rel. Min. Nancy Andrighi, 3ª Turma, julgado em 8.11.2011, DJe 17.11.2011; REsp 1.326.201/RJ, Rel. Min. Nancy Andrighi, 3ª Turma, julgado em 7.5.2013, DJe 16.5.2013; REsp 476.452/GO, Rel. Min. Raul Araújo, Rel. p/ Acórdão Min. Luis Felipe Salomão, 4 Turma, julgado em 5.12.2013, DJe 11.2.2014.

[11] REsp 1.182.620/SP, Rel. Min. Raul Araújo, 4ª Turma, julgado em 10.12.2013, DJe 4.2.2014; RMS 29.697/RS, Rel. Min. Raul Araújo, 4ª Turma, julgado em 23.4.2013, DJe 19.8.2013; REsp 1.096.604/DF, Rel. Min. Luis Felipe Salomão, 4ª Turma, julgado em 2.8.2012, DJe 16.10.2012. Em julgado mais antigo, posicionando-se pela necessidade de citação do sócio após a decisão que acolhe o incidente de desconsideração, onde tal citação não seria suprida pela interposição de recurso contra tal decisão pelo sócio prejudicado: REsp 686.112/RJ, Rel. Min. João Otávio de Noronha, 4ª Turma, julgado em 8.4.2008, DJe 28.4.2008.

[12] Não esqueçamos que o pedido de promoção da citação é ato privativo do requerente na demanda principal, motivo pelo qual não podemos chegar à conclusão diversa no incidente de desconsideração, que lhe é acessório, sendo vedada ao juiz suprir tal pedido *ex officio*, conforme prescreve o art. 240, §2º, do CPC.

seus bens por força de desconsideração da personalidade jurídica, de cujo incidente não fez parte (art. 674, §2º, do CPC), e, além disso, o requerido no incidente é citado para se defender (art. 135). Assim, infere-se que o requerido, no incidente de desconsideração cuja decisão de acolhimento esteja produzindo seus efeitos (ainda que pendente de julgamento recurso sem efeito suspensivo), não é considerado terceiro na relação processual.

O Código apenas reitera o entendimento do STJ no sentido de que o incidente pode dar-se em qualquer fase processual. Apenas ressalva-se, por uma questão de coerência, que, conforme visto acima, caso seja requerida, na própria petição inicial da demanda principal, a citação dos sócios da pessoa jurídica a desconsiderar, é desnecessária instauração do incidente – que, a princípio, suspender-se-ia o curso do processo (art. 134, *caput* e parágrafos). Em hipótese de requerimento de citação na petição inicial, no qual formulado cumulativamente o pedido de desconsideração, o processo tem seu andamento normal, não havendo sentido falar na instauração do incidente de desconsideração.

Cabe destacar, ademais, que o STJ já entendeu que o direito de requerer a desconsideração não caduca nem prescreve, constituindo-se em direito meramente potestativo do interessado.[13] Na ocasião, o STJ asseverou que "a desconsideração da personalidade jurídica, a sua vez, é técnica consistente não na ineficácia ou invalidade de negócios jurídicos celebrados pela empresa, mas na ineficácia relativa da própria pessoa jurídica – *rectius*, ineficácia do contrato ou estatuto social da empresa –, frente a credores cujos direitos não são satisfeitos, mercê da autonomia patrimonial criada pelos atos constitutivos da sociedade", e concluiu, em seguida, que "com efeito, descabe, por ampliação ou analogia, sem qualquer previsão legal, trazer para a desconsideração da personalidade jurídica os prazos decadenciais para o ajuizamento das ações revocatória falimentar e pauliana".

O CPC é peremptório em determinar o incidente de desconsideração da personalidade como única forma para se alcançar tal finalidade, não havendo alternativa processual para que seja possível a desconsideração da personalidade societária (art. 795, §4º), devendo tal procedimento ser aplicado aos processos dos juizados especiais (art. 1.062).

---

[13] REsp 1.180.191/RJ, Rel. Min. Luís Felipe Salomão, 4 Turma, julgado em 5.4.2011, DJe 9.6.2011.

Quanto às formalidades inerentes ao requerimento, o art. 134, §4º, determina que o requerimento deve demonstrar o preenchimento dos pressupostos legais específicos para desconsideração da personalidade jurídica. Isso quer dizer que, a princípio, demonstrar a concretização dos pressupostos da desconsideração constitui-se em ônus probatório do requerente[14] (art. 373), nada obstante a perspectiva de posterior redistribuição (dinâmica) de tal ônus (arts. 373, §§1º e 3º, e 357, III).

O recurso cabível contra a decisão que julga o incidente é o agravo de instrumento, uma vez que se trata de decisão interlocutória que decide questão incidente no processo (arts. 136 e 1.015, IV), normalmente recebido apenas no efeito devolutivo (art. 995), sendo a possibilidade de atribuição de efeito suspensivo condicionada à demonstração de "risco de dano grave, de difícil ou impossível reparação, e ficar demonstrada a probabilidade de provimento do recurso" (arts. 995, parágrafo único, e 1.019, inc. I). Ressalve-se que, no âmbito dos tribunais, no caso de decisão proferida pelo relator (o qual é competente para decidir originariamente o incidente no âmbito dos tribunais, conforme o art. 932, inc. VI), o recurso cabível é o de agravo interno.

Enfim, podemos ver que, como regra geral, o Código em si não inova substancialmente no iter procedimental para a desconsideração da personalidade jurídica da sociedade empresária.

No entanto, os aspectos mais relevantes estão justamente nos pontos em que o novo Código silencia, os quais serão vistos nas próximas linhas. Em algumas situações, ingressaremos em temas que estão na fronteira entre o que seja procedimento e o que seja hipótese de cabimento. Isso se justifica justamente pela circunstância de as formas e os procedimentos servirem à instrumentalização da efetivação do direito material (isto é, das hipóteses de incidência da desconsideração da personalidade).

3 Efeitos da decisão

Para melhor elucidar o ponto, trataremos os efeitos da decisão nos planos subjetivo (ativo e passivo), objetivo e temporal.

---

[14] Nesse sentido: GONÇALVES, Oksandro. A desconsideração da personalidade jurídica e o novo Código de Processo Civil. *In:* BRUSCHI, Gilberto Gomes; COUTO, Mônica Bonetti; SILVA, Ruth Maria Junqueira de Andrade Pereira e; PEREIRA, Thomaz Henrique Junqueira de A. (orgs.). *Direito processual empresarial*. Rio de Janeiro: Elsevier, 2012, p. 603.

3.1 Plano subjetivo ativo

No plano subjetivo ativo, a decisão que acolhe o incidente cria ao requerente (isto é, àquele que ocupa o polo ativo da demanda invocando para si a qualidade de credor do direito postulado em Juízo) a perspectiva de, observados os demais planos efetuais, invadir o patrimônio dos sócios e administradores requeridos, não havendo muita controvérsia quanto a esse ponto.

Se estivermos tratando da desconsideração inversa da personalidade jurídica, isso cria ao requerente a perspectiva de "invadir" o patrimônio das pessoas jurídicas cujo capital social integre, direta ou indiretamente, o acervo patrimonial titularizado pelo requerido.

3.2 Plano subjetivo passivo

Um dos aspectos que ainda suscitam significativa controvérsia no âmbito da aplicação do instituto da desconsideração da personalidade jurídica é o relativo aos efeitos da decisão quanto aos requeridos. Com efeito, embora seja mais fácil vislumbrar a responsabilidade dos sócios e dos administradores da sociedade empresária, o mesmo não ocorre em relação aos sócios que atuem na condição de investidores[15] e que, no caso, não tenham nenhum poder de ingerência quanto à conduta da pessoa jurídica que tenha ensejado à aplicação da suspensão episódica do ato que tenha ensejado a desconsideração da personalidade societária.

Essa advertência também já é feita por Leonardo Toledo da Silva[16] ao tratar do art. 50 do Código Civil. Aqui, o autor destaca que, embora o Código Civil tenha tratado da ineficácia relativa dos efeitos da desconsideração sob a ótica do credor, tal legislação foi omissa no que se refere à ótica do devedor, não sendo clara se aqueles sócios, acionistas ou administradores que não tenham participação na conduta que culminou no acolhimento do pedido de desconsideração devem ou não ser atingidos pelos efeitos de tal decisão.

---

[15] Nesse sentido, cf. BRUSCHI, Gilberto. *Aspectos processuais da desconsideração da personalidade jurídica*. 2. ed. São Paulo: Saraiva, 2009, p. 148-149. Aqui, cabe trazer o posicionamento do autor no sentido da impossibilidade de responsabilização dos sócios e acionistas minoritários cuja atuação tenha se limitado à condição de investidor da sociedade.

[16] SILVA, Leonardo Toledo da. *Abuso da desconsideração da personalidade jurídica*. São Paulo: Saraiva, 2014, p. 82-84.

E, quanto ao ponto, o STJ tem decidido de forma casuística, já tendo afirmado que "a desconsideração da personalidade jurídica é medida de caráter excepcional que somente pode ser decretada após a análise, no caso concreto, da existência de vícios que configurem abuso de direito, desvio de finalidade ou confusão patrimonial.[17]

Em outra oportunidade, o STJ posicionou-se no sentido de que a responsabilidade, no caso do incidente de desconsideração da personalidade, deve recair especificamente sobre os sócios e administradores, não fazendo qualquer distinção quanto à hipótese dos sócios que sejam apenas investidores.[18]

Isso, por sua vez, tem alguns efeitos perniciosos se tivermos em consideração sociedades anônimas de capital aberto com capital disperso. E isso por três fundamentos: 1) a tendência no mercado de valores mobiliários é uma participação cada vez maior de empresas de capital disperso como forma de atrair maior participação do investidor individual, em que fica nítida a separação entre propriedade e controle,[19] sendo este último cada vez mais exercido pelos administradores da empresa, com aumento dos custos de agência – com vistas à neutralização do risco moral[20] para os acionistas em relação ao cenário em

---

[17] REsp 846.331/RS, Rel. Ministro Luís Felipe Salomão, 4ª Turma, julgado em 23.3.2010, Dje 6.4.2010.

[18] REsp 1.169.175/DF, Rel. Ministro Massami Uyeda, 3ª Turma, julgado em 17.2.2011, Dje 4.4.2011. No sentido de responsabilização de sócio majoritário que não exerça atos de administração: REsp 1.315.110/SE, Rel. Ministra Nancy Andrighi, 3ª Turma, julgado em 28.5.2013, DJe 7.6.2013.

[19] Cf. COOTER, Robert D.; ULLEN, Thomas. *Direito & economia*. 5. ed. Trad. Luiz Marcos Sander e Francisco Araújo da Costa. Porto Alegre: Bookman, 2010, p. 155. No dizer dos autores: "a responsabilidade limitada criou uma situação comumente descrita como a separação da propriedade do controle. Esta expressão designa o fato de que muitos acionistas de grandes empresas cujas ações são vendidas em bolsa as monitoram pouco e não têm controle sobre elas. Às vezes, um pequeno número de grandes investidores monitora e controla a empresa. Muitas vezes, porém, nenhum dos proprietários exerce controle sobre a empresa. O controle sobre ela está, antes, nas mãos de sua gerência. A maioria dos investidores quer ganhar dinheiro, desejando, portanto, que os gerentes maximizem os lucros. Os gerentes, entretanto, têm seus próprios objetivos a perseguir. (...) O problema da separação da propriedade e do controle na empresa moderna tem uma forma analítica geral. Os proprietários geralmente colocam seus ativos sob o controle de outra pessoa". (Grifos no original)

[20] Cf. MANKIW, N. Gregory. *Introdução à economia*. Trad. Allan Vidal Hastings. São Paulo: Cengage Learning, 2008, p. 480-481. Como visto acima, os administradores, também têm sua agenda pessoal própria, que não se confunde necessariamente com a dos acionistas da companhia. Nesse cenário, o aumento da dispersão do capital social cria um incentivo para que os acionistas (principais) fiscalizem menos os administradores (agentes), se tomado por base, um cenário, por exemplo, cujo controle se faça presente. Isso aumenta a probabilidade de os agentes não cooperarem na defesa dos interesses dos acionistas e de agirem de forma oportunista, em situações nas quais serão tomadas decisões em

que verificamos a presença de uma entidade controladora;[21] 2) o Brasil não dispõe de arranjos institucionais para lidar com o cenário, no qual até mesmo as medidas adotadas pela Bolsa de Valores de São Paulo para aumentar a transparência na governança corporativa não foram desenhadas para este fim;[22] 3) diante disso, com possibilidade de responsabilização do patrimônio do acionista-indivíduo, teremos mais incentivos para que as pessoas não invistam no mercado financeiro, quando a tendência deveria ser inversa.

Assim, e sem querer fazer qualquer juízo sobre qual solução deve ser apropriada, é inequívoco que tal situação de indefinição persistirá após o início da vigência do novo Código de Processo. Todavia, esse é um tema que merece ser devidamente sistematizado, no qual a ausência de um comprometimento, seja do Poder Judiciário, seja do Poder Legislativo, em efetivamente enfrentá-lo enseja a imposição de custos de transação significativos no setor privado, os quais poderiam (e deveriam) ser minorados quando possível.

Se é possível identificar uma tendência, a qual não teria um caráter cartesiano não prescindindo de uma análise casuística –, ela seria a seguinte: quanto mais disperso o controle do capital social e quanto mais impessoal forem os critérios de participação no capital (o que, num extremo, se dá com o capital disperso onde cada quotista ou acionista tenha uma participação mínima na composição social da empresa), maior a tendência de que a responsabilidade patrimonial no caso de desconsideração se dê perante os administradores. Por outro lado, quanto mais concentrado o controle societário e quanto mais pessoal for o critério de participação (*v.g.*, sociedade limitada em que o controlador – ainda que não seja administrador – tenha 99,9% do capital social, com participação meramente simbólica dos demais), maior a tendência de responsabilização dos sócios, especialmente o controlador.

De qualquer forma, é a decisão que acolhe o incidente que deverá, fundamentadamente, determinar a extensão da responsabilidade

---

que os administradores sejam beneficiados em detrimento da própria companhia, uma vez que os custos de agência (ou de fiscalização) tendem a superar o benefício esperado (administração da companhia mais fiel aos interesses dos acionistas).

[21] CATEB, Alexandre Bueno; OLIVEIRA, Fabrício de Souza. Arbitragem e Poder Judiciário como mecanismos de solução de litígios societários. *Revista de Direito Empresarial* – RDEmp, Belo Horizonte, ano 10, n. 3, p. 11-25, set./dez. 2013. No mesmo sentido, afirmando que, quanto maior a dispersão, maior a influência dos administradores no comando da companhia: CARVALHOSA, Modesto. O desaparecimento do controlador nas companhias com ações dispersas. *In:* VON ADAMEK, Marcelo Vieira (Coord.). *Temas de direito societário e empresarial contemporâneos*. São Paulo: Malheiros, 2011, p. 521.

[22] Nesse sentido: CATEB; OLIVEIRA, 2011.

dos administradores e sócios, não devendo comportar interpretação extensiva para atingir outras pessoas (físicas ou jurídicas) que não estejam expressas em seu dispositivo.

3.3 Plano objetivo

Relembre-se que a proposição legislativa processual classifica o incidente de desconsideração da personalidade jurídica como modalidade de intervenção de terceiros no processo judicial.

Nada obstante a alteração da redação do art. 77[23] do Projeto inicialmente aprovado pelo Senado (mas retirado na Câmara dos Deputados), permanecem intactas as premissas de que o CPC visa a apenas regulamentar o procedimento da desconsideração – isto é, o caminho percorrido entre a apresentação do requerimento e a decisão judicial, tendo em mente que se trata de instituto de direito material com notória repercussão processual.[24]

E, assim, continuam prevalecendo os contornos institucionais atuais do instituto. Enfim, no dizer de Fábio Ulhoa Coelho:

---

[23] O art. 77, na versão aprovada pelo Senado Federal, tinha uma redação mais clara quanto aos efeitos do acolhimento pedido de desconsideração em relação ao CPC sancionado, *verbis*: "Art. 77. Em caso de abuso da personalidade jurídica, caracterizado na forma da lei, o juiz pode, em qualquer processo ou procedimento, decidir, a requerimento da parte ou do Ministério Público, quando lhe couber intervir no processo, que os efeitos de certas e determinadas obrigações sejam estendidos aos bens particulares dos administradores ou dos sócios da pessoa jurídica ou aos bens de empresa do mesmo grupo econômico" (grifos nossos).

[24] BRASIL, 2014. No Parecer da Comissão, consignou-se que "este relatório propõe que o CPC não traga as hipóteses de desconsideração da personalidade jurídica, apenas regulando sua disciplina processual". No mesmo sentido, cf. BUENO, Cassio Scarpinella. Desconsideração da Personalidade Jurídica no Projeto do Código de Processo Civil, *in* BRUSCHI, Gilberto Gomes; COUTO, Mônica Bonetti; SILVA, Ruth Maria Junqueira de Andrade Pereira e; PEREIRA, Thomaz Henrique Junqueira de A. (orgs.). *Direito processual empresarial*. Rio de Janeiro: Elsevier, 2012, p. 117-128. Aqui, destaque-se a advertência do autor: "o tema, de outra parte, permite que seja estabelecido o diálogo que o direito processual civil precisa estabelecer com outras áreas, com vistas a uma maior (e verdadeira, não apenas retórica) aproximação do direito processual ao direito material: o da consciência de que fenômenos processuais são mais bem compreendidos quando analisados à luz das vicissitudes do direito material" (Grifos no original). No mesmo sentido, ainda: THEODORO JÚNIOR, Humberto. Notas sobre o projeto do Novo Código de Processo Civil do Brasil em matéria de execução. *Atualidades Jurídicas - Revista do Conselho Federal da Ordem dos Advogados do Brasil*, Belo Horizonte, ano 1, n. 1, jul./dez. 2011; MARINONI, Luiz Guilherme; MITIDIERO, Daniel. *O projeto do CPC*: crítica e propostas. São Paulo: Revista dos Tribunais, 2010, p. 80.

Em suma, a aplicação da teoria da desconsideração não importa a dissolução ou anulação da sociedade. Apenas no caso específico, em que a autonomia patrimonial foi fraudulentamente utilizada, ela não é levada em conta, é desconsiderada, o que significa a suspensão episódica da eficácia do ato de constituição da sociedade, e não o desfazimento ou a invalidação desse ato. Preserva-se, em decorrência, a autonomia patrimonial da sociedade empresária para todos os demais efeitos de direito.[25] (Grifo nosso)

3.4 Plano temporal

O plano temporal apresenta-se como consectário do plano objetivo. Nesse aspecto, reitere-se que a desconsideração deve se dar em caráter episódico, para atos certos e determinados, o que significa delimitação no tempo. Acolhido o pedido de desconsideração formulado por um dado credor em relação a um dado contrato, a declaração não projeta seus efeitos para contratos futuros. Para esses últimos, o interessado deverá apresentar novos requerimentos, com nova demonstração do preenchimento dos requisitos específicos para o caso, não podendo se valer de decisão "emprestada" anterior. Com efeito, não podemos esquecer que o instituto da desconsideração é uma exceção ao princípio da autonomia patrimonial da sociedade empresária, e como tal deve ser tratado. O atendimento dos seus pressupostos da desconsideração é relacional, incidindo apenas para uma dada relação jurídica delimitada singularmente no tempo e no espaço. Embora nada impeça que a decisão beneficie mais de uma relação jurídica, elas devem estar devidamente individualizadas na petição inicial da demanda principal, no requerimento do incidente e na decisão que o acolhe.

É imprescindível, assim, a demonstração concreta de que houve o atendimento dos pressupostos, em caráter específico, no âmbito de uma dada relação jurídica, ainda que credor e devedor possuam outras relações em que tais papéis sociais se repitam.

---

[25] COELHO, Fábio Ulhoa. *Curso de direito comercial*: direito de empresa. 15. ed. São Paulo: Saraiva, 2011, v. 2, p. 76 (Grifo nosso).

4 O contraditório e a necessidade de provimentos de urgência

Um ponto que merece a devida atenção no estudo do incidente da desconsideração da personalidade jurídica é o relativo aos provimentos de urgência no caso. Segundo Cassio Scarpinella Bueno:

> Questão que não foi expressamente enfrentada pelo Projeto, mas que é resolvida satisfatoriamente a partir do que a tradição costuma chamar de "interpretação sistemática" reside em saber o que fazer naquelas hipóteses em que o "redirecionamento da execução" justifica-se com base em alguma situação de emergência.[26]

Nessa hipótese, o autor sinaliza com a possibilidade de concessão de tutela de urgência no incidente, desde que a parte interessada justifique adequadamente a necessidade de tal providência, a ponto de terem de ser sacrificadas, ainda que momentaneamente, as garantias constitucionais do contraditório e da ampla defesa.[27]

Nesse ponto temos a acrescentar que, nada obstante a pertinência das observações do eminente processualista, a concessão de provimentos de urgência em tais casos pode ser mais comum do que se espera, especificamente se de caráter acautelatório.

Com efeito, após a citação, o requerido no incidente pode ter incentivos a dissipar seu patrimônio e, assim, frustrar a efetividade da prestação jurisdicional em caso de provimento do incidente. Assim, embora não seja o intuito do presente trabalho mensurar empiricamente a frequência da realização de provimentos de urgência no incidente da desconsideração, é de se esperar que medidas como arresto cautelar[28] em caráter *inaudita altera pars* sejam vistas com menor reprovação do que medidas antecipatórias de cunho satisfativo, uma vez que, neste último caso, o *periculum in mora* inverso tenderá a se mostrar mais marcante. Afinal de contas, apenas em situações excepcionalíssimas é possível vislumbrar que o magistrado realize incursões no patrimônio dos sócios e dos administradores da sociedade empresária a ponto de

---

[26] BUENO, 2012, p. 127.
[27] Id. Ibid.
[28] Cf. MARINONI, Luiz Guilherme; MITIDIERO, Daniel. *Código de Processo Civil comentado artigo por artigo*. São Paulo: Revista dos Tribunais, 2008, p. 813. Segundo os autores, trata-se de medida que visa a resguardar temporariamente de um perigo de dano o direito à tutela ressarcitória, seja ela específica, seja pelo equivalente monetário, desde que a medida sirva a futura penhora.

expropriá-los efetivamente, com prejuízo do atendimento das garantias constitucionais em análise.

5 Análise dos impactos da positivação normativa do incidente de desconsideração

Diante de tudo o que foi colocado acima, notadamente em relação a uma série de aspectos que o CPC deixou de contemplar a respeito do incidente, especialmente no que se refere aos efeitos da decisão que acolhe o pedido de desconsideração da personalidade societária, é natural que surja a seguinte indagação: e, afinal de contas, para o que serviu a inserção do incidente ora estudado no Código?

Antes de respondermos à questão, é importante relembrar que os indivíduos em geral, diretamente ou por meio de pessoa jurídica onde exerçam algum tipo de participação (direta ou indireta), entabulam contratos rotineiramente. E a realização de tais contratos normalmente se dá com vistas à prestação de serviços ou à agregação de valor de um bem por meio da transformação de insumos em produtos (que, por sua vez, constituir-se-ão em insumos de novos produtos até a sua chegada ao consumidor final na cadeia de produção), cujos custos para tais contratos são basicamente classificados em custos de produção (energia consumida, mão de obra, matérias-primas etc.) e custos de transação[29] (custos de prospecção de parceiros, custos de investigação das regras jurídicas vigentes para redação de contratos, custos de redação de contratos propriamente ditos e custos de monitoramento de sua execução).

E como se pode ver, para a redação de contratos em geral, é necessário que os potenciais contratantes identifiquem, tanto quanto possível, as regras que podem ter repercussões durante a sua execução, ainda que remotamente. E, para tanto, elas terão de pesquisar não só as leis vigentes no ordenamento, como também outras fontes, como decisões judiciais, opiniões doutrinárias etc.

E tal pesquisa não se cinge apenas às regras de direito material, mas também às de direito processual aplicáveis, uma vez que a forma procedimental adotada terá impacto na avaliação de custos, benefícios

---

[29] Custos de transação, que são os custos incorridos pelos agentes econômicos na aquisição de informação, na negociação com outros agentes, na tomada de decisões sobre realizar ou não uma transação e no monitoramento de seu cumprimento. Para uma síntese sobre tal termo, cf. PINHEIRO, Armando Castelar; SADDI, Jairo. *Direito, economia e mercados*. Rio de Janeiro: Elsevier, 2005, p. 60 e s.

e taxas de desconto de valores presentes em relação a valores futuros.[30]

Nesse cenário, as normas procedimentais definem o horizonte temporal e a perspectiva comportamental do Poder Judiciário de como serão operacionalizadas no plano empírico as regras que podem ser extraídas das fontes acima nominadas acerca do incidente de desconsideração da personalidade jurídica.

Então, conclui-se inicialmente que as normas de direito processual também têm impacto significativo na percepção dos custos de transação acima referidos. Isso colocado, acrescente-se que atualmente o cenário jurisprudencial a respeito do procedimento para a desconsideração da personalidade jurídica é marcado por decisões fragmentárias, nem sempre em coerência sistemática, marcado por vários pontos focais[31] a serem consultados pelos eventuais interessados para a identificação de tais regras e, ainda assim, num cenário marcado por ausência de compromisso forte de sistematização de tais decisões.[32] Por sua vez, o novo provocará uma migração dos pontos focais de identificação das regras relativas ao incidente de desconsideração para um único ponto focal (qual seja, o próprio Código de Processo Civil), onde essa diminuição implica, por definição, uma diminuição nos custos de transação acima referidos, levando a uma alocação mais eficiente de recursos, onde o que passa a ser desonerado será investido em otimização da produção, provocando, ao fim, diminuição dos preços ao consumidor e maior acesso deste ao consumo, maior competitividade e, assim, maior eficiência.

Ainda que, individualmente, os valores *per capita* possam ser diminutos, não podemos esquecer que os ganhos de escala de tal mudança, no nível macro, podem ser significativos.

---

[30] Isto é, terá impacto sobre como os agentes econômicos (fornecedores, intermediários e consumidores) tomarão suas decisões em regime de mercado.

[31] A rigor, o termo "ponto focal" é tomado de empréstimo da teoria dos jogos. Um ponto focal é uma combinação de estratégias em que os jogadores estão propensos a escolher em decorrência das condições culturais, institucionais e ambientais em que se encontram. No caso em questão, lei formal e jurisprudência, como fontes do direito, são pontos focais de identificação de regras. Com efeito, os jogadores (requerentes e requeridos) sabem que seus adversários farão, com maior ênfase, um maior monitoramento desses dois institutos para identificação de teses que lhes favoreçam, e sabem que seus adversários sabem que a estratégia também é recíproca, tudo dentro de um ambiente culturalmente compartilhado. Para maiores informações, cf. BAIRD, Douglas G.; GERTNER, Robert; PICKER, Randal. *Game theory and the law*. Cambridge: Harvard University Press, 1994, p. 39 e s.

[32] Como visto acima, ainda que possamos perceber um entendimento predominante do STJ a respeito de vários aspectos levantados acerca do procedimento para a desconsideração, não raro percebemos a ocorrência de entendimentos de dissonantes em um curto espaço de tempo, especialmente quando tais julgamentos contraditórios deveriam ser evitados.

Outro efeito das inovações trazidas pelo CPC no que tange à desconsideração da personalidade jurídica já é bem mais sutil que os trazidos acima e é provocado pela regra trazida no seu art. 795, §4º, já visto acima. Repisando tal regra, o incidente de desconsideração da personalidade é institucionalizado como única forma para se levantar a autonomia patrimonial societária. Nesse ponto, apesar de, a princípio, as regras de direito material se manterem formalmente intactas, percebemos que, com essa disposição processual, o CPC faz um convite difusa e informalmente elaborado ao operador do direito para a reafirmação de tal autonomia, que vem sendo notória e desproporcionalmente afastada pelos tribunais pátrios. E isso vem criando uma série de efeitos perversos. Embora isso não seja nenhuma novidade, vejamos alguns deles: 1) aumento da dificuldade de recrutamento de diretores e conselheiros, acarretando uma série de consequências indesejadas na condução da vida empresarial[33] (*v.g.*, queda na qualidade dos administradores das empresas, crescente necessidade de contratação de seguros de responsabilidade civil para administradores e aumento do valor necessário para remunerar os administradores pelo risco adicional que essa desconsideração impõe); 2) Aumento de uso de estruturas de fachada (laranjas e ocultação patrimonial), com claro desincentivo ao pequeno empreendedor no Brasil, uma vez que os grandes podem, a pequenos custos, recorrer à estruturação de firmas *offshore* não regidas pelas leis brasileiras para se adaptarem a tal finalidade, o que não é disponível aos primeiros a baixo custo,[34] servindo, inclusive, como barreiras à entrada à competição; 3) Diminuição do investimento, uma vez que o risco adicional provocado por esse cenário faz com que diminua a quantidade de pessoas disposta a arcá-los, não sendo demais reiterar que, em matéria de investimento, os investidores consideram a proporção entre risco e retorno financeiro, regra essa que se aplica ao cenário em estudo.

Enfim, é nesse cenário que o constrangimento provocado por esse sutil reforço institucional da autonomia patrimonial que se espera que os operadores do direito, sobretudo os magistrados, atentem para a necessidade de se tratar a autonomia patrimonial da sociedade empresária como regra, e não como exceção. Afinal de contas tal reforço

---

[33] Cf. SALAMA, Bruno Mayerhof. *O fim da responsabilidade limitada no Brasil*: história, direito e economia. São Paulo: Malheiros, 2014, p. 388.
[34] *Op. cit.*, p. 390.

não tem apenas impacto no procedimento da desconsideração em si – que deverá ser necessariamente obedecido em qualquer hipótese –, mas também no ônus argumentativo das partes interessadas e do agente decisor do incidente de desconsideração para afastar episodicamente a autonomia patrimonial. Com efeito, se não for obedecido esse iter, que deve compreender uma fundamentação substancialmente adequada do pedido formulado no incidente – cujo procedimento se dê com apreciação das considerações fáticas e probatórias sem recursos a discursos de fachada para imposições de solipsismos decisórios –, o próprio incidente de desconsideração da personalidade jurídica – como canal institucional entre a regra da autonomia patrimonial societária e a exceção da ineficácia episódica de tal autonomia para determinadas obrigações societárias – ficará esvaziado a tal ponto que não seria exagero dizer que o julgador estaria fazendo letra morta do próprio arcabouço institucional do novo Código de Processo Civil no que se refere a essa modalidade de intervenção de terceiros na relação processual.

Assim, espera-se que a regra em análise mitigue, pelo menos em teoria, a intensidade das adversidades acima colocadas.

Conclusão

Vimos, ao longo deste trabalho, que, como regra, o novo Código de Processo Civil, no aspecto do procedimento da desconsideração da personalidade jurídica, apenas consolida formalmente o entendimento do STJ em vários de seus aspectos, não havendo nenhuma inovação institucional que implique, *per se*, custos de adaptação a novas regras.

Vimos, também, que tal consolidação, pelo menos em teoria, cria a perspectiva de diminuição de custos de transação para a circulação de bens e serviços, o que é bom em termos de eficiência. Também se vislumbra um reforço simbólico da regra da autonomia patrimonial societária.

Todavia, há uma série de aspectos (quase todos mais próximos das normas de direito material, mas que também possuem características processuais significativas), especialmente relativos à decisão que julga o incidente em si, que ainda carecem de sistematização e tenderão a ser um dos principais desafios do Poder Judiciário nos próximos anos, no que se refere à operacionalização do incidente de desconsideração da personalidade jurídica no âmbito do novo CPC.

Referências

BAIRD, Douglas G.; GERTNER, Robert; PICKER, Randal. *Game theory and the law*. Cambridge: Harvard University Press, 1994.

BIANCHI, Pedro Henrique Torres, *Desconsideração da personalidade jurídica no processo civil*. São Paulo: Saraiva, 2011.

BRASIL. Câmara dos Deputados. *Commission serial* profere parecer ao Projeto de Lei nº 6.025, de 2005, ao Projeto de Lei nº 806, de 2010, ambos do Senado Federal, e outros, que tratam do "Código de Processo Civil" (revogam a Lei nº 5.869, de 1973). Disponível em: http://www2.camara.leg.br/atividade-legislativa/comissoes/-codigo-de-processo-civil/comissoes-temporarias/especiais/54a-legislatura/8046-10- proposicao/pareceres-e-relatorios/parecer-do-relator-geral-paulo-teixeira-08-05-2013>. Acesso em: 3 jun. 2014.

BRUSCHI, Gilberto. *Aspectos processuais da desconsideração da personalidade jurídica*. 2. ed. São Paulo: Saraiva, 2009.

BUENO, Cassio Scarpinella. Desconsideração da personalidade jurídica no projeto do Código de Processo Civil. *In*: BRUSCHI, Gilberto Gomes; COUTO, Mónica Bonetti; SILVA, Ruth Maria Junqueira de Andrade Pereira e; PEREIRA, Thomaz Henrique Junqueira de A. (orgs.). *Direito processual empresarial*. Rio de Janeiro: Elsevier, 2012,

CARVALHOSA, Modesto. O desaparecimento do controlador nas companhias com ações dispersas. *In*: VON ADAMEK, Marcelo Vieira (Coord.). *Temas de direito societário e empresarial contemporâneos*. São Paulo: Malheiros, 2011.

CATEB, Alexandre Bueno; OLIVEIRA, Fabrício de Souza. Arbitragem e Poder Judiciário como mecanismos de solução de litígios societários. *Revista de Direito Empresarial – RDEmp*, Belo Horizonte, ano 10, n. 3, p. 11-25, set./dez. 2013.

COELHO, Fábio Ulhoa. *Curso de direito comercial*: direito de empresa. 15. ed. São Paulo: Saraiva, 2011. v. 2.

COOTER, Robert D.; ULLEN, Thomas. *Direito & economia*. 5. ed. Trad. Luiz Marcos Sander e Francisco Araújo da Costa. Porto Alegre: Bookman, 2010.

DIDIER Jr. Fredie. *Curso de direito processual Civil*. 12. ed. Salvador: JusPodivm, 2010. v. 1.

GONÇALVES, Oksandro. A desconsideração da personalidade jurídica e o novo Código de Processo Civil. *In*: BRUSCHI, Gilberto Gomes; COUTO, Mônica Bonetti; SILVA, Ruth Maria Junqueira de Andrade Pereira e; PEREIRA, Thomaz Henrique Junqueira de A. (orgs.). *Direito processual empresarial*. Rio de Janeiro: Elsevier, 2012.

LEÃO, Leandro Castanheira. Desconsideração inversa da personalidade jurídica: critérios para aplicabilidade segundo os Tribunais de Justiça estaduais. *In*: PRADO, Viviane Muller; CARMO, Lie Uema do (orgs). *Estudos empíricos sobre temas de direito societário*. São Paulo: Saraiva, 2012.

MANKIW, N. Gregory. *Introdução à economia*. Trad. Allan Vidal Hastings. São Paulo: Cengage Learning, 2008.

MARINONI, Luiz Guilherme; MITIDIERO, Daniel. *Código de Processo Civil comentado artigo por artigo*. São Paulo: Revista dos Tribunais, 2008.

MARINONI, Luiz Guilherme; MITIDIERO, Daniel. *O projeto do CPC*: crítica e propostas. São Paulo, Revista dos Tribunais, 2010.

PINHEIRO, Armando Castelar; SADDI, Jairo. *Direito, economia e mercados*. Rio de Janeiro: Elsevier, 2005.

SALAMA, Bruno Mayerhof. *O fim da responsabilidade limitada no Brasil*: história, direito e economia. São Paulo: Malheiros, 2014.

SILVA, Leonardo Toledo da. *Abuso da desconsideração da personalidade jurídica*. São Paulo: Saraiva, 2014.

THEODORO JÚNIOR, Humberto. Notas sobre o projeto do Novo Código de Processo Civil do Brasil em matéria de execução. Atualidades Jurídicas. *Revista do Conselho Federal da Ordem dos Advogados do Brasil*, Belo Horizonte, ano 1, n. 1, jul./dez. 2011. Disponível em: http://www.bidforum.com.br/bid/PDI0006.aspx?pdiCntd=75753. Acesso em: 29 maio 2014.

Informação bibliográfica deste texto, conforme a NBR 6023:2018 da Associação Brasileira de Normas Técnicas (ABNT):

DANTAS, Bruno; FREIRE, Alexandre Reis Siqueira; MARQUES, Leonardo Albuquerque. Procedimento de desconsideração da personalidade jurídica no Novo Código de Processo Civil: uma análise da interação entre as regras processuais e materiais do instituto. *In*: DANTAS, Bruno. *Tópicos atuais em Processo Civil: individual, coletivo e pluri-individual*. Belo Horizonte: Fórum, 2024. p. 59-77. ISBN 978-65-5518-806-6.

FORUM SHOPPING ELETRÔNICO E EXERCÍCIO ABUSIVO DO DIREITO DE ELEIÇÃO DE FORO: A CRISE DA TERRITORIALIDADE NA JURISDIÇÃO VIRTUAL

BRUNO DANTAS

DAVI FILHO

Introdução

No século XIX, uma tempestade destruiu centenas de embarcações na costa europeia. Esse evento catastrófico inspirou Robert Fitzroy a instalar estações meteorológicas em toda a costa, que, via telégrafo, enviavam leituras diárias para uma central. O experimento não obteve sucesso porque, como Lewis Fry Richardson esclareceu cinquenta anos mais tarde, a previsão do tempo exige um cálculo global que, na época, necessitaria do trabalho simultâneo de pelo menos sessenta mil pessoas. Hoje, com computadores de processamento avançado, uma agência consegue calcular quinze trilhões de dados por segundo, com assertividade de até 90% na previsão do tempo.[1]

---

[1] FERNANDES, Tatiana Jorgetti. *Previsão do tempo e comunicação sempre de mãos* dadas. Cienc. Cult. vol.72 n.1 São Paulo Jan./Mar. 2020 Disponível em: http://cienciaecultura.bvs.br/scielo.php?script=sci_arttext&pid=S0009-67252020000100006. Acesso em: 4 nov. 2023.

Fitzroy enfrentou dois problemas principais: a falta de ferramentas para coletar informações e a incapacidade de processar grande volume de dados. O mero ato de registrar e de catalogar documentos não garante eficiência. É uma prática comum há milhares de anos. Yuval Noah Harari nos conta que "os primeiros textos da história não contêm reflexões filosóficas, poesias, lendas, leis ou triunfos reais. São documentos econômicos monótonos". Imagine procurar documentos de papel armazenados há mais de trinta anos dentro de um depósito sem auxílio de um computador. Ou pior, tabuletas de argila. Um dos maiores desafios da organização de sociedades complexas está no armazenamento, catalogação e consulta de dados.[2]

A revolução digital nos deu a capacidade de calcular centenas de milhares de informações, cruzando-as entre plataformas digitais, o que torna possível a obtenção de dados qualificados em segundos, literalmente. Parece que estamos a um passo de superar o desafio de armazenamento, catalogação e consulta, e, em contraponto, apresentam-se novos cenários que desafiam a organização tradicional e convidam a repensar a administração judiciária nesse ambiente desmaterializado.

A virtualização está modificando a maneira como a justiça é administrada e acessada, apresentando um novo paradigma para a jurisdição e suas complexas interações com princípios jurídicos tradicionalmente estabelecidos, como o princípio do juiz natural e os seus desdobramentos práticos na designação da competência.

O Processo Judicial Eletrônico mudou o comportamento dos cidadãos frente ao Poder Judiciário e, em alguns casos, essa mudança tem resultado no congestionamento de tribunais em virtude da acessibilidade irrestrita promovida pela virtualização, fenômeno esse que pode precarizar a alocação eficiente de recursos e, consequentemente, a entrega de uma prestação jurisdicional em tempo razoável.

O presente artigo pretende introduzir um relevante debate sobre a liberdade de escolha na eleição da cláusula de foro e a necessidade de manter um sistema judicial acessível, eficiente e efetivo, apresentando, sucintamente, novas ferramentas de trabalho que contribuem para o bom desenvolvimento dos serviços da justiça, a crise do critério da territorialidade em uma jurisdição desenvolvida em nuvem e, finalmente,

---

[2] "As primeiras mensagens que nossos ancestrais deixaram foram do tipo: '29.086 medidas de cevada 37 meses. Assinado, Kushin'". HARARI, Yuval Noah. *Sapiens* – uma breve história. Trad. Janaína Marcoantonio. Porto Alegre, RS: L&PM, 2018.

uma reflexão acerca da noção de abuso na eleição da cláusula de eleição de foro e da inteligência cristalizada no enunciado de Súmula nº 33 do Superior Tribunal de Justiça.

1 A justiça e o avanço tecnológico

Em "A Quarta Revolução Industrial", Klaus Schwab afirma que estamos presenciando uma revolução digital caracterizada "por uma internet mais ubíqua e móvel, por sensores menores e mais poderosos (...) e pela inteligência artificial e aprendizagem automática". Esse autor convida a refletir a respeito de uma visão compartilhada cuja "complexidade e interconexão entre os setores implicam que todos os *stakeholders* da sociedade global – governos, empresas, universidades e sociedade civil – devem trabalhar juntos para melhor entender as tendências emergentes".[3]

No Brasil, o Conselho Nacional de Justiça (CNJ) exerce um papel crucial na interlocução entre os tribunais do país, além dos demais entes públicos, em favor de uma administração judiciária cooperativa e tecnológica, formulando e fiscalizando políticas judiciárias, em prol de melhorias no acesso à justiça e na efetivação do serviço jurisdicional, inclusive estabelecendo metas com indicadores de produtividade e qualidade para os tribunais do país.[4]

Um dos reflexos dessa busca por tecnologias favoráveis à gestão judiciária se apresenta na implementação do Processo Judicial Eletrônico (PJe), que constitui um avanço sem precedentes na facilitação da consulta e manutenção de processos judiciais. O impacto da plataforma digital é significativo. Segundo o relatório da Justiça em Números, em 2022 tramitaram mais de 215 milhões de processos eletrônicos, sendo que 99% das demandas foram protocoladas eletronicamente.[5]

O processo judicial eletrônico oferece diversas funcionalidades. É possível tomar conhecimento dos andamentos processuais via internet, e, se o jurisdicionado tiver dúvidas acerca de alguma movimentação no

---

[3] SCHWAB, Klaus. *A quarta revolução industrial*. Trad. Daniel Moreira Miranda. São Paulo: Edipro, 2016.
[4] BRASIL. *Emenda Constitucional nº 45*, de 30 de dezembro de 2004.
[5] "Nos 14 anos cobertos pela série histórica, foram protocolados, no Poder Judiciário, 215 milhões de casos novos em formato eletrônico. É notória a curva de crescimento do percentual de casos novos eletrônicos, sendo que no último ano o incremento foi de 1,7 ponto percentual. O percentual de adesão já atinge 99%". (CONSELHO NACIONAL DE JUSTIÇA (CNJ). *Justiça em Números 2023*. Brasília: CNJ, 2023)

processo, poderá esclarecê-las por meio do balcão virtual.[6] Também é possível a realização de audiência por videoconferência,[7] o cumprimento de atos e ordens judiciais.[8] Recentemente, foi criado o Juízo 100% Digital, em que todo procedimento se desenvolve integralmente por meio eletrônico e remoto, via internet,[9] contando com Núcleos de Justiça 4.0 – instalações integralmente virtuais.[10]

Um projeto ainda mais ousado vem se construindo com o objetivo de integrar todas as informações em um só sistema judicial. A Plataforma Digital do Poder Judiciário (PDPJ-br) tem o propósito de unificar as informações de todos os sistemas eletrônicos judiciais em uma única plataforma, acessível pelo cadastro do governo federal, tratando-se de "uma nova política pública" que objetiva "criar o *marketplace* do Poder Judiciário, possibilitando o trabalho colaborativo, comunitário e em rede da justiça".[11]

O cruzamento de dados e automação dos serviços acelera a resposta jurisdicional e permite que os servidores da justiça não se demorem em atividades mecânicas, tornando-os disponíveis para atividades que exigem intelecção humana. A possibilidade de cruzamento de dados entre tribunais permite – e permitirá cada vez melhor – a observação das tendências da jurisprudência nacional em favor da uniformização de entendimento sobre inúmeros casos idênticos e semelhantes, conferindo previsibilidade ao cidadão, uma das características fundamentais de uma justiça segura.

Inobstante os benefícios da tecnologia digital, é relevante refletir a respeito da falta de acesso à internet a todos os cidadãos, bem como em relação à hipossuficiência técnica para adequada compreensão das novas ferramentas disponíveis, especialmente em relação aos mais idosos. Afinal, todos têm direito a um dia na corte, sem exceção, mesmo sem sair de casa. Não passa despercebida, igualmente, a necessária atualização e capacitação dos servidores seja para atender e informar o público, seja para operar as novas ferramentas disponíveis.[12]

---

[6] BRASIL. Resolução nº 372, de 12 de fevereiro de 2021, do Conselho Nacional de Justiça.
[7] BRASIL. Resolução nº 337, de 29 de setembro de 2020, do Conselho Nacional de Justiça.
[8] BRASIL. Resolução nº 354, de 19 nov. 2020, do Conselho Nacional de Justiça.
[9] BRASIL. Resolução nº 345, de 9 de outubro de 2020, do Conselho Nacional de Justiça.
[10] BRASIL. Resolução nº 385, de 6 de abril de 2021, do Conselho Nacional de Justiça.
[11] CONSELHO NACIONAL DE JUSTIÇA. *Relatório final gestão Ministro Luiz Fux: programa Justiça 4.0*. Brasília: CNJ, 2022.
[12] "O fator tempo na tramitação dos processos judiciais trouxe enormes dificuldades no treinamento de equipes para o mundo digital. Ajudar o usuário a entender como funciona

A virtualização dos processos judiciais promete um mundo cada vez mais ágil e inclusivo. No entanto, as novidades tecnológicas implicam novos comportamentos dos jurisdicionados ao interagirem com o Poder Judiciário. É relevante observar essas interações especialmente para prevenir abusos e distorções indevidas de direitos e deveres.

2 Crise do critério da territorialidade em uma jurisdição em nuvem

Em uma justiça sem limites geográficos, é possível ajuizar uma demanda no conforto de casa, acessando a plataforma digital do Poder Judiciário e, com alguns cliques, iniciar um processo que será analisado por um juízo a quilômetros de distância, até mesmo localizado em um estado diferente da federação. A virtualização convida a uma reflexão sobre uma justiça sem fronteiras.

Entende-se que a justiça é uma só, o poder de dizer o direito – *iurisdictio* – é comum a todo juízo constituído. No entanto, seria impossível competir a cada um deles a resolução de toda e qualquer demanda indiscriminadamente, sob pena de prejudicar a entrega de uma solução jurídica adequada. A racionalização do trabalho é uma necessidade prática. O exercício de dizer o direito e pacificar a sociedade, portanto, é dividido entre órgãos de justiça, conferindo a cada um deles competência para resolver uma parcela dos litígios, de acordo com critérios objetivos e previamente estabelecidos.[13]

A distribuição do exercício da justiça é orientada pelo princípio do juiz natural, que impõe competência e imparcialidade.

---

o sistema foi um grande desafio. Isso acentuou-se com a forte pressão do Conselho Nacional de Justiça, na medida em que, hoje, todo o Poder Judiciário é movido por expectativas, todos encorajados a atingir metas e níveis de desempenho e os desafios são incontáveis. E o maior desafio é tentar aplicar os fundamentos para a mesma equipe (formação de uma equipe de alto desempenho), o que se torna difícil alcançar pela grande rotatividade de servidores e estagiários, talvez, pela insatisfação, hoje, com a carreira". (SOUSA, Roberto Rodrigues de. *O impacto da implantação do Processo Judicial Eletrônico nas Unidades Judiciais Cíveis e de Família do Distrito Federal e o Reflexo no ritmo da tramitação processual*. Disponível em www.tjdft.jus.br/institucional/imprensa/campanhas eprodutos/artigosdiscursoseentrevistas/artigos/2018/o-impacto-da-implantacao-do-processo-judicial-eletronico-nas-unidadesjudiciais-civeis-e-de-familia-do-distrito-federal-e-o-reflexo-no-ritmo-da-tramitacao-processual-roberto-rodrigues-de-sousa. Acesso em: 4 nov. 2023)

[13] "Sob o prisma teórico, a jurisdição pode ser entendida como o poder, enquanto a competência é o exercício delimitado daquele. Tecnicamente, portanto, a jurisdição estará sempre presente para o juiz, podendo faltar-lhe, entretanto, a competência". (MENDES, Aluisio Gonçalves de Castro. *Competência cível da justiça federal*. 4. ed. São Paulo: RT, 2012)

A competência refere-se à formalidade, regras gerais e abstratas, estabelecidas antes da propositura da demanda, impedindo qualquer possibilidade de se instaurar um tribunal de exceção – *ad hoc*. Daí decorre a exigência de enumeração expressa da competência de cada órgão julgador (tipicidade) e de intransferibilidade da competência para órgãos diferentes daqueles a quem a Constituição as atribui (indisponibilidade).[14]

Numa perspectiva concreta ou prática, o princípio recorre ao bom senso: é inaceitável ser julgado por um inimigo ou por um terceiro sob ameaça de um inimigo. O resultado seria injusto. Na realidade concreta, examina-se a imparcialidade do julgador, *nemo iudex in causa sua*, se este não guarda qualquer relação de interesse com a demanda recebida. Analisa-se, também, a independência do julgador, se este sofre interferências externas. Por essas razões, o constituinte estabeleceu garantias aos magistrados, bem como autonomia financeira e orçamentária ao Poder Judiciário (art. 92 da CF).[15]

Concretizando os aspectos formais e substanciais do princípio do juiz natural, a distribuição da competência entre os órgãos julgadores fundamenta-se em critérios objetivos (matéria, pessoa e valor da causa), funcional e territorial, conforme sistematização elaborada por Wach e Chiovenda.[16] Os critérios objetivos e o funcional são de competência absoluta, estabelecidos de acordo com um interesse público inegociável e de caráter improrrogável. O territorial é de competência relativa, que, em regra, torna disponível ao cidadão a escolha do foro de acordo com os seus interesses particulares, autorizada a prorrogação.[17]

O critério da territorialidade, porém, foi criado no contexto de uma justiça predominantemente presencial ou física, cuja eleição do foro está naturalmente limitada pelas condições geográficas, que dificultam o acesso aos tribunais espalhados pelo país. No entanto, em uma justiça virtual, a escolha não se restringe por fronteiras geográficas, tornando ilimitada a eleição de foro em virtude do acesso ao processo judicial eletrônico.

---

[14] CANOTILHO, José Joaquim Gomes. *Direito constitucional e teoria da constituição*. 6. ed. Lisboa: Almedina, 2002.

[15] SARLET, Wolfgang. *Curso de direito constitucional*. 7. ed. São Paulo: Saraiva Educação, 2018.

[16] CINTRA, Antonio Carlos de Araújo; GRINOVER, Ada Pellegrini; DINAMARCO, Cândido Rangel. *Teoria geral do processo*. São Paulo: Malheiros.

[17] O critério territorial e de valor da causa podem assumir caráter absoluto ou relativo em certas hipóteses, mas, para os propósitos do estudo, enfatizou-se a competência relativa no critério da territorialidade.

Se a virtualização das demandas é celebrada por facilitar o acesso à justiça, ela traz consigo impactos significativos no comportamento dos jurisdicionados. Nesse sentido, o Tribunal de Justiça do Distrito Federal e dos Territórios (TJDFT) emitiu Nota Técnica nº 08/2022 demonstrando que os jurisdicionados elegem injustificadamente o foro do Distrito Federal para prestar o serviço jurisdicional.[18]

A escolha aleatória do foro do Distrito Federal tem levado a um aumento artificial das demandas, refletindo na taxa de congestionamento, tempo de tramitação dos processos em todos os graus de jurisdição e queda na qualidade jurisdicional. Como demonstração prática, a Nota informa que, nos últimos 5 anos, o Banco do Brasil foi demandado em mais de 11 mil processos em todo Brasil, sendo que mais de 90% desses processos foram distribuídos no foro do Distrito Federal.[19]

Segundo a Nota, a motivação dos jurisdicionados se baseia em três razões principais: fácil acesso via internet, eficiência e baixo custo. O desembargador Diaulas Costa Ribeiro resume que "como consequência da internet e das tecnologias por ela viabilizadas, a noção de território físico, no processo, desapareceu", impactando o TJDFT, que, aos poucos, vem "sendo transformado em 'Tribunal Nacional' graças às facilidades do processo judicial eletrônico e a rapidez na sua prestação jurisdicional".[20]

---

[18] CENTRO DE INTELIGÊNCIA DA JUSTIÇA DO DISTRITO FEDERAL (CIJDF). *Estudo sobre a incompetência territorial nas ações em que não há fatos de ligação entre a causa e o foro local.* Nota Técnica nº 08, do Tribunal de Justiça do Distrito Federal, 2022.

[19] CENTRO DE INTELIGÊNCIA DA JUSTIÇA DO DISTRITO FEDERAL (CIJDF). *Estudo sobre a incompetência territorial nas ações em que não há fatos de ligação entre a causa e o foro local.* Nota Técnica nº 08 de 2022, do Tribunal de Justiça do Distrito Federal.

[20] "Como consequência da Internet e das tecnologias por ela viabilizadas, a noção de território físico, no processo, desapareceu, foi liquefeita. Tudo foi integrado. (...) A partir de estudos feitos pelo Conselho Nacional de Justiça (CNJ), as custas processuais cobradas no Distrito Federal representam um dos valores mais baixos no Brasil, configurando a menor taxa judiciária do território nacional. Essa questão, todavia, não pode servir como parâmetro para nortear a distribuição de processos a este Tribunal, o que prejudica a prestação jurisdicional e dificulta a administração da Justiça, cuja quantidade de Servidores e Magistrados observa preceitos da Lei de Organização Judiciária local e considera estatísticas que incluem números de habitantes das regiões administrativas e não a população nacional. (...) Entretanto, está sendo transformado em 'Tribunal Nacional' graças às facilidades do processo judicial eletrônico e à rapidez na sua prestação jurisdicional, o que justificou o 'Selo Diamante' que lhe foi outorgado pelo CNJ. Esse mérito está comprometido pela enormidade de ações que, como esta, vêm a sua distribuição por critérios absolutamente aleatórios, inclusive conveniência pessoal, prejudicando a prestação jurisdicional devida aos cidadãos locais". (BRASIL. TRIBUNAL DE JUSTIÇA DO DISTRITO FEDERAL E TERRITÓRIOS (TJDFT). *Acórdão* 1246595, 07018066220208070000, Relator: DIAULAS COSTA RIBEIRO, 8ª Turma Cível, data de julgamento: 29 de abril de 2020, publicado no Diário Oficial: 13 de maio de 2020, Página: Sem Página Cadastrada)

Na jurisdição digital o conceito de "território" é redimensionado. A facilidade de acesso à justiça de qualquer lugar coloca em crise o entendimento tradicional acerca do critério da territorialidade, cujo conteúdo prático consubstancia-se na definição da competência a partir da proximidade da causa em relação ao juízo, facilitando a produção de provas e a elaboração da defesa. Na jurisdição digital, porém, a defesa ou as provas podem ser apresentadas virtualmente, o que, em tese, esvazia o conteúdo da territorialidade.

Não se trata de uma mera modificação terminológica ou conceitual. A virtualização dos processos proporciona a flexibilização do território conferindo ao jurisdicionado um leque amplo de alternativas de escolha do foro. No entanto, a escolha aleatória pode levar a uma sobrecarga dos tribunais mais eficientes e à subutilização de outros. O desafio é equacionar a liberdade de escolha do jurisdicionado e a necessidade de manter um sistema judicial coerente, eficiente e eficaz.

3 O juízo natural eficiente: entre a liberdade de escolha e a adequação da competência

Não é raro que as redes de comunicação se congestionem em um estádio de futebol lotado. A capacidade de torres e antenas é limitada e tem dificuldades de lidar com alto fluxo de chamadas, mensagens e tráfego de dados. Quando muitos acessam de uma vez só, os receptores colapsam. O virtual depende da estrutura física que o comporta. Igualmente, a eficiência do serviço virtual da justiça se sujeita à sua estrutura funcional e física.

A Constituição determina que o devido processo se desenvolve perante autoridade competente, vedando de forma categórica o juízo *ad hoc* (art. 5, XXXVII, CF), assegurada a razoável duração da prestação jurisdicional (art. 5, LXVIII, CF). O juízo natural prescreve que a competência será definida a partir de regras gerais e abstratas, previamente estabelecidas, inclusive de natureza negocial, cujo juízo competente será desinteressado no pedido e imune a interferências externas durante o processo decisório.

Mais do que o cumprimento de regras previamente estabelecidas, é rigorosamente necessária uma análise de eficiência do juízo competente. A eficiência representa condições reais de dirimir o conflito em tempo razoável, de atender à necessidade de uma prestação célere e de qualidade que efetivamente resulte na pacificação social. Não basta, apenas, a delimitação formal, mas, de maneira rigorosa e objetiva, é fundamental exercer um controle da competência refletindo um modelo eficiente, pós-burocrático, que se preocupa com a motivação, o controle e a aferição de desempenho.[21]

Nesse contexto, o legislador confere uma ampla gama de oportunidades de flexibilização da competência em favor de uma eficiente prestação jurisdicional. É o que se constata na conexão e na continência, na federalização dos casos, no incidente de demandas repetitivas, na assunção de competência, na cláusula contratual de eleição de foro, assim também na concertação entre juízes cooperantes para prática de citação, produção de provas, efetivação de tutela provisória, centralização de processos repetitivos, entre diversos outros casos.[22]

Assimilando a experiência internacional à luz dos comandos constitucionais e legislativos que pautam o devido processo no ordenamento jurídico brasileiro, parcela notável da doutrina pátria vem sustentando uma necessária releitura do princípio do juízo natural para que se acrescente uma análise concreta de adequação, defendendo que competente é o "melhor juízo" segundo um exame das capacidades institucionais.[23]

O exame das capacidades institucionais avalia aspectos qualitativos e quantitativos de eficiência. Por um lado, o aspecto qualitativo se preocupa com a especialização do juízo segundo as circunstâncias do caso concreto, em busca de uma resolução sensível à realidade experimentada na relação jurídica e técnica segundo o conjunto normativo. Por outro, o aspecto quantitativo exige uma análise de maximização de resultados e minimização dos custos sociais.[24]

A eficiência se apresenta como mais um meio de controle de competência, que exige a adequação do juízo a partir de critérios objetivos e racionais. A promoção da eficiência implica na análise concreta

---

[21] VASCONCELOS, Flavio. *O desafio da criação de um modelo eficiente*. FGV Projetos, maio/2021, ano 05, nº 15.

[22] DIDIER JR., Fredie. *Curso de direito processual civil*: introdução ao direito processual, parte geral e processo de conhecimento. 22. ed. Salvador: Jus Podivm, 2020.

[23] "Se o juiz natural não é infenso a considerações de eficiência, e se o sistema de competências pode ser orientado por princípios, afigura-se correto concluir que o juízo sobre a competência não deve ser puramente definido num exame de legalidade estrita. O enquadramento principiológico do sistema de competências entre eficiência e garantias faz com que, em vez de perguntarmos 'quem decide', devamos investigar "quem decidiria melhor" à luz de todos os princípios envolvidos". CABRAL, Antonio do Passo. *Juiz natural e eficiência processual: flexibilização, delegação e coordenação de competências no processo civil*. Rio de Janeiro: edição do autor, 2017.

[24] HARTMANN, Guilherme Kronemberg. *Controle da competência adequada no processo civil*. Tese (doutorado). Universidade do Rio de Janeiro, 2018.

da proteção aos direitos fundamentais durante o processo, como garantir acesso à justiça, ampla defesa e contraditório participativo, bem como análise objetiva das condições materiais da administração judiciária para gerir a demanda.[25]

Considerando-se a eficiência na prestação jurisdicional, portanto, há a necessidade de ponderação de interesses privados e de interesses públicos na definição da competência, o que, via de consequência, ressoa a necessária colaboração das partes e do juízo, à luz dos deveres de esclarecimento, de diálogo, de prevenção e de auxílio, que consubstanciam a justificação coerente da adequação do juízo.

4 Impactos da jurisdição digital: uma nova perspectiva sobre o abuso na eleição de foro e a necessária revisitação da súmula nº 33 do Superior Tribunal de Justiça

O legislador brasileiro dispõe que *as partes podem modificar a competência em razão do valor e do território, elegendo foro onde será proposta ação oriunda de direitos e obrigações* (art. 63, *caput*, do CPC), cuja eficácia só *produz efeitos quando constar de instrumento escrito e aludir expressamente a determinado negócio jurídico* (art. 63, §1º, do CPC). Dito de outro modo, o legislador confere ao jurisdicionado a possibilidade de modificação da competência, pela via negocial, a partir da previsão expressa de cláusula de eleição de foro.

A autonomia particular na escolha do foro não fere o princípio do juiz natural, pois corresponde à escolha do foro, não do juiz. A demanda será distribuída de maneira aleatória entre juízos concorrentes, dentro dos limites territoriais. Ou seja, preserva-se a exigência de previsibilidade, abstração e generalidade, assim como conserva a imparcialidade do julgador, que somente será conhecido após a distribuição. A liberdade de escolha, na verdade, confere ao jurisdicionado a chance de definir o foro estrategicamente mais favorável.[26]

---

[25] HARTMANN, Guilherme Kronemberg. *Controle da competência adequada no processo civil.* Tese (doutorado). Universidade do Rio de Janeiro, 2018.

[26] JUENGER, Frederich K. *Forum non conveniens – who needs it? Abuse of procedural rights: comparative standards of procedural fairness.* Haia/Londres/Boston: Kluwer Law International, 1998.

Não há liberdade desmedida. O legislador informa que a escolha do foro é limitada pela caracterização de cláusula abusiva, que, antes da citação, poderá ser analisada de ofício pelo juízo competente, e, depois da citação, poderá ser alegada em preliminar de contestação (art. 63, §3º, CPC), sob pena de preclusão e, consequentemente, de prorrogação (art. 65, CPC). O legislador indica momentos processuais específicos para a análise da incompetência territorial, mas, especialmente, autoriza o juiz a analisar a competência relativa de ofício.

No entanto, na experiência brasileira, a jurisprudência consolidou entendimento segundo o qual a abusividade da cláusula de eleição de foro se caracteriza e poderá ser analisada de ofício quando: (a) a cláusula seja aposta em contrato de adesão; (b) o aderente seja reconhecido como pessoa hipossuficiente (de forma técnica, econômica ou jurídica); e (c) acarrete ao aderente dificuldade de acesso à justiça.[27]

Trata-se de exame segundo as circunstâncias do caso concreto, que inspiram segurança aos jurisdicionados de que terão facilidade de acesso ao juízo e que poderão exercer um contraditório participativo. No entanto, a noção de abuso examinada apenas sob a perspectiva dos interesses privados ressoa ao menos três problemas no controle de adequação da competência em uma jurisdição virtual: desprezo aos critérios objetivos e racionais de eficiência, escolhas aleatórias e injustificadas na eleição de foro e, finalmente, prejuízo à cooperação processual.

Os interesses públicos relacionados à administração da justiça desempenham papel crucial na concretização do acesso à justiça eficiente e efetiva. É imperativo não limitar a análise apenas aos interesses das partes. Naturalmente, o abuso não pode ser averiguado tão só quando os interesses privados são violados, mas também quando prejudicam interesses públicos. Torna-se, assim, fundamental uma abordagem mais abrangente da noção de abuso na eleição da cláusula de foro.[28]

---

[27] BRASIL. SUPERIOR TRIBUNAL DE JUSTIÇA. EREsp: 1707526, Relator: Ministro RAUL ARAÚJO, Data de Julgamento: 27.05.2020, S2 – SEGUNDA SEÇÃO, Data de Publicação: DJe 01.06.2020.

[28] Como anotou Remo Caponi, os recursos que o serviço de justiça pode alocar para satisfazer uma pretensão em uma disputa individual devem ser equilibrados não tanto com um interesse público abstrato no bom funcionamento da jurisdição como função estatal, mas com os recursos a serem reservados para a satisfação de outras necessidades igualmente individuais e merecedoras de tutela, que os cidadãos têm como atuais ou potenciais usuários do serviço de justiça. CAPONI, Remo. Prefácio à obra de GONÇALVES, Marcelo Barbi. *Teoria geral da jurisdição*. Salvador: Editora Juspodivm. 2020. No original: *"Tuttavia, le risorse che il servizio della giustizia può destinare al soddifacimento di questa esigenza*

As escolhas e decisões devem ser sempre justificadas, sem exceção, permitindo racionalidade e coerência na evolução do processo. A eleição de foro é igualmente sujeita à justificação. Significa a necessária explicação dos contraentes em relação à escolha, como por exemplo, a proximidade com o domicílio de uma das partes ou o local onde se desenvolve o negócio ou os fatos objeto de apreciação judicial.

Diante disso, a noção de abuso na cláusula de eleição de foro deve contar com um exame do acesso à justiça, da garantia de ampla defesa e de contraditório participativo, mas não só, pois exige uma análise de eficiência na perspectiva da administração judiciária, a partir de critérios objetivos e racionais.

Essa visão mais abrangente acerca da noção de abuso na eleição de foro implica necessariamente a revisitação do entendimento jurisprudencial acerca da liberdade do julgador em examinar a competência relativa, que atualmente é limitada aos interesses privados segundo precedente do Superior Tribunal de Justiça.[29]

No início da década de 1990, consolidou-se na Súmula nº 33 do Superior Tribunal de Justiça que *a incompetência relativa não pode ser declarada de ofício*. A *ratio decidendi* informa que "a possibilidade de o juiz, de ofício, declarar-se incompetente, limita-se aos casos de competência absoluta". Ou seja, é vedado ao juízo examinar a sua própria competência na hipótese de cláusula de eleição de foro em contrato entre particulares.

É certo que precedentes judiciais devem ser respeitados pelos julgadores, promovendo uma ordem jurídica segura, uniformizada, prestigiadora da coerência dos pronunciamentos judiciais. Contudo, a súmula "deve ater-se às circunstâncias fáticas dos precedentes que motivaram sua criação" (art. 926, §2º, CPC). Quando circunstâncias fáticas modificam a dinâmica que um dia lhe serviram de fundamento, é

---

individuale nella singola controvérsia devono essere bilanciate, non tanto com um astratto interesse pubblicistico al buon funzionamento della giurisdizione como funzione statale, bensi com le risorse da riservare al soddisfacimento dele altre esigenze parimenti individual, di cui sono portatori i cittadini come fruitori attuali o potenziali del servizio giustizia".

[29] A vedação à análise de ofício pelo julgador foi totalmente superada pelo legislador ordinário no Código de Processo Civil ao afirmar que "antes da citação, a cláusula de eleição de foro, se abusiva, pode ser reputada ineficaz pelo juiz" (art. 63, §3º do CPC). Porém, a jurisprudência – especialmente do TJDFT – tem limitado a possibilidade de análise de ofício somente aos casos consumeristas, em consonância com a jurisprudência do STJ. Diante disso, mais do que falar sobre a superação por modificação literal da disposição normativa, demonstramos aqui a inutilidade – senão o prejuízo – da preservação do entendimento segundo o qual é vedado ao juiz analisar, de ofício, a competência relativa.

relevante distinguir (*distinguish*) as situações atuais daquelas amparadas pela súmula, e, também, superar (*overrule*) a solução sumulada para que se renove o entendimento segundo as exigências da atualidade.[30]

A proibição do magistrado de examinar a competência relativa, especialmente o exame da cláusula de eleição de foro, foi, obviamente, pensada antes da existência do processo judicial eletrônico e das consequências da virtualização, como se constata em relação ao redimensionamento da territorialidade por meio de plataformas digitais. No mesmo sentido, a vedação desconsidera a necessária ponderação de eficiência prevista pelo constituinte e autorizada pelo legislador ordinário na hipótese de modificação de competência por conveniência dos particulares.

O entendimento sumulado destoa da dinâmica virtual, bem como despreza a autorização expressa de possibilidade de exame da competência relativa na hipótese de reconhecida abusividade na cláusula de eleição de foro (art. 63, §3º, CPC).

Na prática, em respeito aos precedentes vinculantes, convém aos julgadores a aplicação da técnica de *distinguishing* no exame da cláusula de eleição de foro, de ofício, se abusiva, concretizando a eficiência desejada pelo constituinte e pelo legislador. Também se faz essencial a superação do entendimento pela Corte de Precedentes atualizando-o para fazer frente aos novos desafios apresentados pela virtualização da jurisdição brasileira.[31]

Considerações finais

O avanço tecnológico promoveu mudanças significativas na forma de interagir com o Poder Judiciário. A virtualização dos processos judiciais oferece benefícios de acesso à justiça e de aceleração na resposta

---

[30] "Nos incisos IV e V estão as situações em que a obrigatoriedade é média. É normal e desejável que esses parâmetros sejam respeitados e, se houver afastamento deles, a decisão pode ser corrigida (ou não) pela via recursal. É que há súmulas antigas, contraditórias, superadas... Quanto às decisões do plenário e do órgão especial, de fato, desrespeitá-las é não entender o sentido da estrutura de um tribunal". (ALVIM, Teresa Arruda; DANTAS, Bruno. *Recurso especial, recurso extraordinário e a nova função dos tribunais superiores no direito brasileiro*. 4. ed. rev., atual. e ampl. São Paulo: Editora Revista dos Tribunais, 2017, p. 521.

[31] É de se destacar que o legislador está atento aos fenômenos sociais que a virtualização processual fizer emergir. O Projeto de Lei nº 1.083 de 2023 propõe alterar o §1º e acrescer o §5º ao art. 63 do Código de Processo Civil, fazendo constar que a eleição de foro deve "guardar pertinência com o domicílio de uma das partes ou com o local da obrigação" e que "considera-se prática abusiva o ajuizamento de ação em juízo aleatório, sem vinculação com o domicílio das partes ou com o negócio jurídico discutido na demanda".

jurisdicional, mas também apresenta desafio na releitura de princípios fundamentais como o do juiz natural e os seus desdobramentos na distribuição de competências.

A virtualização dos processos levanta questões cruciais a respeito do critério da territorialidade e na escolha de foro pelos jurisdicionados. A facilidade de acesso à internet e a autonomia na escolha de foro tem resultado no congestionamento de alguns tribunais em relação a outros, tendo em vista a disponibilidade irrestrita por meio do processo judicial eletrônico.

A Constituição e a legislação ordinária exigem que a escolha de modificação da competência, via contrato, esteja amparada por critérios objetivos e racionais de eficiência, o que significa a possibilidade de exame de ofício da competência relativa, a renovação acerca do conceito de abusividade na cláusula de eleição de foro e a necessária revisitação da Súmula nº 33 do Superior Tribunal de Justiça.

Não bastam ferramentas tecnológicas aptas a resolver grandes dilemas da nossa administração pública, se não houver uma mentalidade de transformação e de crescimento sustentável na gestão dos recursos, o que só pode ser promovido a partir do diálogo e da reforma consciente dos conceitos que pautam nosso ordenamento jurídico rumo a uma justiça adequada, célere e efetiva.

Referências

ALVIM, Teresa Arruda; DANTAS, Bruno. *Recurso especial, recurso extraordinário e a nova função dos tribunais superiores no direito brasileiro*. 4. ed. rev., atual. e ampl. São Paulo: Editora Revista dos Tribunais, 2017.

BRAGA, Paula Sarno. Competência adequada. *Revista de Processo*, vol. 219, p.13-14, maio, 2023.

BRASIL. Emenda Constitucional nº 45, de 30 de dezembro de 2004.

BRASIL. *Resolução nº 337*, de 29 de setembro de 2020, do Conselho Nacional de Justiça.

BRASIL. *Resolução nº 345*, de 9 de outubro de 2020, do Conselho Nacional de Justiça.

BRASIL. *Resolução nº 354*, de 19 de novembro de 2020, do Conselho Nacional de Justiça.

BRASIL. *Resolução nº 372*, de 12 de fevereiro de 2021, do Conselho Nacional de Justiça.

BRASIL. *Resolução nº 385*, de 6 de abril de 2021, do Conselho Nacional de Justiça.

BRASIL. SUPERIOR TRIBUNAL DE JUSTIÇA. *EREsp: 1707526*, Relator: Ministro RAUL ARAÚJO, Data de Julgamento: 27.05.2020, S2 – Segunda Seção, Data de Publicação: DJe 01.06.2020.

BRASIL. TRIBUNAL DE JUSTIÇA DO DISTRITO FEDERAL E TERRITÓRIOS (TJDFT). *Acórdão 1246595*, 07018066220208070000, Relator: DIAULAS COSTA RIBEIRO, 8ª Turma Cível, data de julgamento: 29.04.2020, publicado no Diário Oficial: 13.052020, Página: Sem Página Cadastrada.

CABRAL, Antonio do Passo. *Juiz natural e eficiência processual*: flexibilização, delegação e coordenação de competências no processo civil. Rio de Janeiro: edição do autor, 2017.

CANOTILHO, José Joaquim Gomes. *Direito constitucional e teoria da constituição*. 6. ed. Lisboa: Almedina, 2002.

CENTRO DE INTELIGÊNCIA DA JUSTIÇA DO DISTRITO FEDERAL (CIJDF). *Estudo sobre a incompetência territorial nas ações em que não há fatos de ligação entre a causa e o foro local*. Nota Técnica nº 08, do Tribunal de Justiça do Distrito Federal, 2022.

CINTRA, Antonio Carlos de Araújo; GRINOVER, Ada Pellegrini; DINAMARCO, Cândido Rangel. *Teoria geral do processo*. São Paulo: Malheiros.

FERNANDES, Tatiana Jorgetti. *Previsão do tempo e comunicação sempre de mãos dadas*. Cienc. Cult. vol.72 no.1 São Paulo Jan./Mar. 2020. Disponível em: http://cienciaecultura.bvs.br/scielo.php?script=sci_arttext&pid=S0009-67252020000100006. Acesso em: 4 nov. 2023.

HARARI, Yuval Noah. *Sapiens* – uma breve história. Trad. Janaína Marcoantonio. Porto Alegre, RS: L&PM, 2018.

HARTMANN, Guilherme Kronemberg. *Controle da competência adequada no processo civil*. Tese (doutorado). Universidade do Rio de Janeiro, 2018.

JUENGER, Frederich K. *Forum non conveniens – who needs it?* Abuse of procedural rights: comparative standards of procedural fairness. Haia/Londres/Boston: Kluwer Law International, 1998.

MENDES, Aluisio Gonçalves de Castro. *Competência cível da justiça federal*. 4. ed. São Paulo: RT, 2012.

SARLET, Wolfgang. *Curso de direito constitucional*. 7. ed. São Paulo: Saraiva Educação, 2018.

SCHWAB, Klaus. *A quarta revolução industrial*. Trad. Daniel Moreira Miranda. São Paulo: Edipro, 2016.

SOUSA, Roberto Rodrigues de. *O impacto da implantação do Processo Judicial Eletrônico nas Unidades Judiciais Cíveis e de Família do Distrito Federal e o Reflexo no ritmo da tramitação processual*. Disponível em www.tjdft.jus.br/institucional/imprensa/campanhaseprodutos/artigosdiscursoseentrevistas/artigos/2018/o-impacto-da-implantacao-do-processo-judicial-eletronico-nas-unidadesjudiciais-civeis-e-de-familia-dodistrito-federal-e-o-reflexo-no-ritmo-da-tramitacao-processual-roberto-rodrigues-de-sousa.

VASCONCELOS, Flavio. O desafio da criação de um modelo eficiente. *FGV Projetos*, maio/2021, ano 05, nº 15.

Informação bibliográfica deste texto, conforme a NBR 6023:2018 da Associação Brasileira de Normas Técnicas (ABNT):

DANTAS, Bruno; FILHO, Davi. *Forum shopping* eletrônico e exercício abusivo do direito de eleição de foro: a crise da territorialidade na jurisdição virtual. In: DANTAS, Bruno. *Tópicos atuais em Processo Civil: individual, coletivo e pluri-individual*. Belo Horizonte: Fórum, 2024. p. 79-94. ISBN 978-65-5518-806-6.

BELLWETHER TRIALS À BRASILEIRA? ESTATÍSTICAS, DANOS EM MASSA, DEFINIÇÃO POR AMOSTRAGEM DE CATEGORIAS INDENIZATÓRIAS E O ART. 69, §2º, VI, DO CPC

BRUNO DANTAS

CAIO VICTOR RIBEIRO DOS SANTOS

Introdução

Como resolver, com eficiência, centenas ou milhares de ações indenizatórias oriundas de uma mesma circunstância fática (como, *v.g.*, um desastre ambiental ou aéreo, o uso de um fármaco defeituoso, a exposição a uma substância química) em que cada vítima tenha sofrido lesões de valor considerável em dimensões distintas das demais?

O filme *Worth*, dirigido por Max Borenstein e Sara Colangego, retrata os bastidores do modelo de compensação (*September 11th Compensation Fund*), instituído pelo Congresso Nacional dos Estados Unidos, para indenização das milhares de vítimas do atentado terrorista de 11 de setembro de 2001 ao *World Trade Center*.

Logo no início do filme, há uma passagem interessante de um professor – que representa Kenneth Feinberg – lecionando sobre responsabilidade civil a alunos de um curso de direito, explicando que, no direito, diferentemente da filosofia, o valor da vida precisa se encaminhar para a obtenção de um número concreto, um valor pecuniário.

"Quanto vale a vida?" é a pergunta que Feinberg faz aos seus alunos, engajando-os em uma difícil e ainda inacabada discussão sobre qual o valor indenizatório justo que o direito deve atribuir à violação a certos bens jurídicos em determinados contextos.

O valor de um bem da vida – seja ele a própria vida, a saúde ou a dignidade – é questão que projeta filósofos e juristas em rotas investigativas com rumos completamente diversos. No direito, todavia, ela exige que se precise uma cifra justa e uma resposta em tempo razoável. Essa questão, se já é tormentosa em um litígio individual pela inevitável dificuldade de precificar bens tão preciosos – daí a expressão de Frank Ackerman e Liza Heinzerling *"princing the priceless"*[1] –, torna-se ainda mais dura em litígios cuja complexidade, dimensão e repetitividade conduzem-nos a cogitar da utilização de prova por estatística para precificar o dano, de modo a compatibilizar o direito da vítima a uma indenização justa com os recursos finitos do sistema de justiça para a prestação jurisdicional, evitando a necessidade de se examinar, uma a uma, a fim de se chegar ao resultado desejado, as milhares, ou milhões, de lesões individuais.

Juntos, esses dois elementos (precificação de bens jurídicos sensíveis e ausência de demonstração de uma causalidade direta) colocam a prova estatística numa posição difícil, ou no mínimo curiosa, dentro do processo civil: a fim de estimar a dimensão do dano, a técnica pode dispensar a necessidade de comprovação individualizada de cada caso – cujo exame particular, caso a caso, a depender do espectro lesivo do evento, pode inviabilizar a atividade judicial. No entanto, ela jamais será tão exata quanto a produção probatória individual tradicional, condicionada à demonstração direta e individualizada do dano, o que pode expor o causador do dano a condenações altas, estatisticamente mais aproximadas da extensão real do dano, mas que, provavelmente, seriam menores se tivesse sido adotada a forma tradicional de se comprovar o dano no processo judicial.

Essas circunstâncias podem levantar dúvidas quanto à legalidade e constitucionalidade da utilização da prova por estatística no processo civil, o que, apesar da relevância do tema, não são questões examinadas neste trabalho.

---

[1] ACKERMAN, Frank; HEINZERLING, Liza. Princing the priceless: Cost-Benefit Analysis of Evironmental Protection. *University of Pennsylvania Law Review* 15-(5): 1553-1584, May 2002.

Este trabalho tem o objetivo de apresentar o pensamento de Frederick Schauer a respeito da utilização de prova por estatística no processo judicial e demonstrar como, no sistema processual brasileiro, seria possível se valer da previsão normativa do art. 69, §2º, VI, do Código de Processo Civil para, a partir de inferências estatísticas, viabilizar uma otimização da quantificação dos danos sofridos por vítimas de eventos danosos que provoquem lesões repetitivas em dimensões fáticas variadas.

Para tanto, adotamos os seguintes passos: (i) apresentamos o pensamento de Frederick Schauer a respeito da utilização de prova por estatística no processo judicial; (ii) demonstramos como os EUA já utilizaram inferências estatísticas para otimizar a definição do valor dos prejuízos sofridos por vítimas de eventos danosos que provoquem lesões repetitivas em dimensões fáticas variadas (*bellwether trials*); (iii) tecemos considerações de devido processo legal que autorizariam a utilização dessas inferências em certos contextos; e, por fim, (iv) demonstramos como seria possível se valer da previsão normativa do art. 69, §2º, VI, do Código de Processo Civil para criar uma ferramenta semelhante no Brasil.

1 O pensamento de Schauer acerca da prova por estatística

Este tópico consiste em uma resenha da parte inicial do capítulo 4 (*How to Tell the Truth with Statistics*) da obra "*The Proof – uses of Evidence in Law, Politics and Everywhere Else*",[2] de Frederick Schauer.

É possível, no âmbito do processo judicial, utilizar estatística de população – dados estatísticos sobre algum grupo de coisas – como prova sobre um membro específico desse grupo, ou de algo que esse membro em particular possa ter feito? Formulando a questão de outra maneira, o que sabemos sobre um grupo pode servir de prova para algo que queremos saber sobre algum dos indivíduos que compõe esse grupo?

De acordo com Schauer, embora as estatísticas sejam simples números a respeito de algo – *v.g.* a população atual estimada do Distrito Federal é de 3.010.881 pessoas, enquanto, nos anos dois mil, era

---

[2] SCHAUER, Frederik. *The Proof:* uses of Evidence in Law, Politics and Everywhere Else, 2022.

de 2.051.000 –, sua relevância para a instrução probatória radica na possibilidade de sua utilização em raciocínios de inferência estatística.

O autor dá o exemplo do Subaru. Suponha que eu queira vender meu Subaru, e que você esteja interessado em comprá-lo. Você me pergunta se o carro é confiável, e eu digo que sim. As revistas especializadas dizem que não apenas a maioria dos Subarus são confiáveis, mas que o histórico de confiabilidade do veículo é superior ao que veículos de outras marcas apresentam. A questão em jogo é saber se o que as revistas dizem sobre a categoria dos Subarus – em termos estatísticos, a população de Subarus – constitui prova da confiança desse Subaru em particular que eu pretendo vender. Essa questão – se os dados que existem sobre a confiabilidade dos Subarus em geral constituem prova da confiança de um Subaru em particular – é uma questão de inferência estatística.

O problema de se utilizar prova por estatística para provar fatos em casos particulares é antigo entre juristas e filósofos e, nos Estados Unidos, pode ser rastreado até uma decisão polêmica, na década de 1960, de uma Corte da Califórnia.

Malcolm Collins e sua esposa, Janet Collins, foram acusados de roubo. Janet teria agredido uma mulher, roubado sua bolsa e fugido do local com Malcolm, que a estava esperando em um veículo nas proximidades. A identificação que a vítima forneceu de Janet era incerta, no entanto, ela estava confiante de que havia sido atacada por uma mulher caucasiana com cabelos loiros escuros amarrados em um rabo de cavalo. E embora a vítima não tenha visto Malcolm, uma testemunha que não presenciou o roubo testemunhou que teria visto uma mulher branca com um rabo de cavalo loiro entrar em um conversível amarelo dirigido por um homem afro-americano com barba e bigode, logo após o momento em que teria ocorrido o suposto roubo, e a menos de um quarteirão do local do suposto crime. Malcolm Collins, marido de Janet, era afro-americano, possuía um conversível amarelo e frequentemente usava barba e bigode.

O advogado da causa, a fim de fornecer prova mais robusta de que Malcolm e Janet eram responsáveis pelo crime, requereu o testemunho de um professor de estatística de uma faculdade local. O professor recebeu uma série de dados estatísticos sobre o percentual de mulheres que teriam rabo de cavalo, de casamentos inter-raciais, de carros amarelos, de norte-americanos com barbas e bigode, e foi exigido que, a partir deles, estimasse a probabilidade de que os réus fossem autores daquele delito. E assim o fez, produzindo um resultado provável extremamente baixo de que outras pessoas, que não os réus, teriam cometido o crime. O júri se convenceu disso, e o casal foi condenado.

Mais tarde, a Suprema Corte da Califórnia reverteu a decisão, absolvendo os réus, o que Schauer entende ter sido um julgamento correto.

Depois dessa decisão, o debate acadêmico em torno do tema floresceu, trazendo à tona uma série de casos hipotéticos para testar se o uso isolado de estatísticas pode servir de prova a justificar uma condenação judicial. Um deles é o problema do Ônibus Azul.

Imagine que um carro é empurrado para fora de uma rodovia por um ônibus durante uma noite escura e chuvosa, e tudo que as vítimas conseguem ver é que o ônibus tinha cor azul. Além disso, que, de todos os ônibus azuis na cidade, 80% são operados pela Companhia Metropolitana de Trânsito, e 20%, pelo Companhia do Serviço Público.

Partindo do pressuposto de que o motorista do ônibus dirigia de forma negligente, e que essa conduta foi responsável pelo dano provocado às vítimas do carro, podem os últimos ajuizar ação contra a Companhia Metropolitana de Trânsito, pretendendo se desincumbir do ônus da prova com base apenas em uma preponderância dela? Nesse caso, aparentemente, há uma chance de 80% de que a prova esteja correta.

A maior parte das pessoas resiste em responder positivamente a essa pergunta, posição partilhada pela Suprema Corte de Massachussets, em um caso real equivalente, ao decidir que sem uma prova "direta" de que a Companhia Metropolitana de Trânsito esteve envolvida no ilícito não seria possível afirmar a sua responsabilidade.

Observe-se que, em casos como esses, apesar da alta probabilidade, a prova é insuficiente e deve levar ao resultado de improcedência por insuficiência da prova. Esse é, precisamente, o desafio que se coloca para a prova por estatística no processo civil, tendo em vista que ela viabiliza inferências estatísticas, cujo produto não resulta de uma demonstração de uma prova concreta e direta entre uma conduta e um resultado.

O autor dá outros exemplos para elucidar o mesmo ponto, embora considere o problema do ônibus azul o mais claro entre eles.[3] Esse caso

---

[3] Outros exemplos são o Paradoxo dos Penetras e o caso dos 25 prisioneiros no pátio da prisão. Em relação ao primeiro, assim Schauer coloca a questão: "*One thousand spectators are counted in the seats, but there is evidence that only 499 people paid admission. Therefore,*

é interessante porque sinaliza uma divergência entre nossas intuições e o resultado indicado pelas estatísticas. A estatística fornece uma prova – uma preponderância dela –, mas a intuição parece exigir algo mais "individualizado" para possibilitar um juízo de responsabilização.

Para o autor, uma coisa é o Direito reconhecer algo como prova, outra coisa é essa prova ser suficiente para produzir algum tipo de consequência. Certa prova pode servir para iniciar uma investigação, mas não para justificar uma condenação, por exemplo.

Schauer, apesar disso, passa a demonstrar que, em última instância, todo tipo de prova – mesmo aquelas que forneceriam uma evidência "direta" – é baseada em probabilidades, e que a percepção dessa natureza probabilística das provas em geral tornaria mais tênue a aversão que intuitivamente se tem em relação à prova estatística.[4]

Se alguém tivesse alegado ter visto o nome "Companhia Metropolitana" no ônibus azul, poder-se-ia ter, aí, uma evidência direta para o nexo causal. Todavia, essa ainda seria uma prova probabilística, baseada em uma observação feita numa noite escura e chuvosa.

Curiosamente, a mesma prova que, em certos contextos, é resistida, em outros, admite-se. Na medicina, inúmeros tratamentos e prescrições são feitos como base em probabilidades estatísticas, levando em consideração as características de um grupo de pacientes. Toda a epidemiologia, por exemplo, é baseada em estatísticas, e, ainda, não se viu, nesse campo, o mesmo tipo de resistência que se coloca no caso do ônibus azul.

Isso, para Schauer, sugere que nosso ceticismo quanto à utilização da prova estatística no contexto jurídico não tenha nada a ver com

---

501 people entered fraudulently. And then suppose the rodeo organizer sues —again civilly— one of the 1,000 spectators, alleging that that spectator entered fraudulently. Even with no other evidence, there appears to be a 501 / 1000 probability that this randomly selected spectator entered fraudulently, and thus it would seem, by a (bare) preponderance of the evidence, that this person should be held liable. Cohen, like many others, finds this outcome objectionable, and seeks to explain why what seems statistically impeccable is nevertheless unacceptable." Sobre o caso dos prisioneiros, assim o autor descreve o problema: "The prisoners crowd around a guard and kill him, but one has run away and hidden before the killing takes place. One of the twenty-five is prosecuted for murder. The prosecutor can prove the events just described but cannot prove that the defendant was not the one who broke away from the group and was thus innocent. The prosecutor can consequently only prove that there is a 24/25 chance that the defendant was a murderer. Is this sufficient for a conviction? And, if not, then why not?" In: SCHAUER, Op. Cit. p. 64-65.

[4] Como destaca o autor: "But the strong preference for individualized evidence seems to be even more a function of the widespread and systematic underestimation of the probabilistic nature of allegedly individualized evidence, along with an equally widespread and systematic overvaluation" Ibid., p. 67.

a estatística ou a prova em si, mas com as nossas noções a respeito do que o sistema legal pode fazer com as pessoas.

E, em casos como o julgamento do caso do ônibus azul, nossas intuições parecem apontar no sentido de que o sistema jurídico não deve permitir uma condenação com base exclusivamente em um elemento que tem alguma chance de estar errado, exigindo-se que quem quer que queira produzir esse resultado venha a juízo com algo melhor.

No entanto, anota o autor, num ponto que já foi objeto de considerações doutrinárias no Brasil,[5] não decidir não é uma opção – afinal, é vedado o *non liquet*. Desse modo, se as estatísticas não forem utilizadas, ainda assim o processo deverá gerar um resultado. Se as estatísticas não puderem ser usadas, por exemplo, para embasar um julgamento contra a Companhia Metropolitana de Trânsito, o processo resultaria em julgamento de improcedência pela ausência de provas, o que significaria deixar as vítimas sem compensação pelos danos sofridos, e a empresa impune pelos danos causados.

Por esse ângulo, o problema, assume uma nova feição: o que é pior, o erro de condenar civilmente a pessoa errada, ou o erro de não indenizar ninguém?

No caso do ônibus azul, só havia dois responsáveis possíveis, e nenhum deles foi condenado, uma vez que não se podia afirmar com certeza qual deles agiu. A pergunta é – e esta somos nós quem formulamos: se a prova estatística reduz, de forma suficientemente segura, o espectro da autoria do dano, sobre quem deve ser depositado o risco da margem de erro da demonstração estatística? Sobre as vítimas (julgamento de improcedência) ou sobre os possíveis causadores do dano (julgamento de procedência)?

Aqueles que se opõem à utilização da prova por estatística precisam estar cientes de que a não utilização desse meio de prova produzirá absolvições equivocadas (o que pode não ser tão ruim) e impedirá indenizações devidas a vítimas que não tiveram culpa nenhuma no resultado danoso (o que pode, talvez, como pensa o autor, ser muito pior).

Dessa consideração concluímos ser possível divisar dois grandes campos distintos que, embora permeáveis à utilização da prova estatística, recebem-na de formas diversas: no âmbito do direito

---

[5] VITORELLI, Edilson. Decisão judicial por métodos estatísticos: novos horizontes para as causas repetitivas? *Revista de Processo: RePro*, São Paulo, v. 44, n. 298, p. 387-414, dez. 2019, p. 402.

criminal, aparentemente, ela deveria ser descartada, pois é melhor absolver alguém do que condená-lo sem uma prova direta do delito; mas no campo do direito privado, sua utilização seria admissível, embora ainda discutível, e isso depende, em essência, da resposta sobre quem deve suportar o risco da margem de erro da prova estatística, se os prováveis causadores do dano ou as vítimas dele – alocação que, a nosso ver, seria mais adequada pela via das instâncias legislativas do que pelas judiciais.

2 A utilização de inferências estatísticas no julgamento de ações repetitivas de reparação de danos sofridos em dimensões variadas

Em se tratando de prova por estatística, portanto, duas questões se colocam. Primeiro, a de saber se o juiz pode embasar sua decisão apenas em evidências estatísticas – e isso é o que Schauer examina, e traz certos parâmetros, no capítulo acima resenhado. Segundo, a de saber se o montante indenizatório pode ser definido não em virtude das provas concretas produzidas a respeito do dano, mas a partir de uma inferência estatística que o estime, ainda que, na prática, a extensão dele possa ter sido maior ou menor.[6]

A primeira dúvida é uma questão cuja resposta se espera que seja oferecida pela doutrina civilista, pois, no fundo, o que se quer saber é se seria lícito, e sob quais condições, substituir o nexo causal tradicional por um nexo causal estatístico, e isso demanda considerações teóricas complexas no âmbito da teoria da responsabilidade civil.[7] A segunda, por sua vez, embora possa se manifestar em processos individuais cotidianos, ganha um grau elevado de complexidade quando se manifesta naqueles casos em que um evento comum produz um dano de alto espectro lesivo, lesando milhares – certos casos, até milhões – de vítimas em dimensões diferentes. Se forem muitas, quando essas pessoas acionam o causador do dano para obter reparação pelos prejuízos sofridos, o exame de cada lesão em sua dimensão individual, com ampla dilação probatória pelos meios tradicionais, impõe um custo extremamente elevado sobre o Poder Judiciário.

---

[6] Ibid., p. 388.
[7] Na Universidade de São Paulo, na linha de Direito Civil, há uma dissertação de Mestrado sendo escrita sobre a matéria por Natasha Reis de Carvalho Cardoso.

Exemplo disso foram os litígios que surgiram logo após o rompimento das barragens de Mariana e de Brumadinho. Como compensar as vítimas definindo de forma eficiente os prejuízos sofridos por cada uma delas? Certamente, o exame das provas e a quantificação individualizada dos danos poderia levar a um dispêndio de recursos públicos que superariam o valor total do prejuízo, como observou Vitorelli.[8]

Nos litígios que se voltavam contra o dano da falta de água na região, o Tribunal de Justiça do Espírito Santo instaurou um IRDR e tarifou o dano moral em R$ 1 mil. Essa solução é questionável, pois para verificar o valor indenizatório justo devido a cada pessoa seria necessário examinar elementos fáticos,[9] e o IRDR se presta apenas à definição de questões de direito.[10] Esse é um caso permeável à utilização da prova por estatística. Seria admissível quantificar o dano utilizando extrapolações estatísticas?

Os Estados Unidos testaram essa hipótese em variados contextos utilizando os *bellwether trials*. Essa ferramenta lembra o nosso IRDR, mas é utilizada não para fixação de teses jurídicas, mas para a resolução de casos com repetitividade fática variada, isto é, casos que buscam reparação para os danos sofridos em dimensões variadas.

2.1 *Bellwether trials*

Segundo a conceituação expressa por um dos autores deste trabalho em outra oportunidade,[11] os *bellwether trials* consistem em

---

[8] VITORELLI, Edilson, *op. cit.*, p. 394.
[9] Como destaca Délio Mota de Oliveira Júnior, "é possível a instauração do incidente para fixar: (I) se a responsabilidade civil da mineradora é objetiva ou subjetiva em relação aos prejuízos causados às vítimas desse acidente ambiental (questão de direito material); e (II) se os Juizados Especiais Cíveis teriam competência para processar e julgar essas ações indenizatórias, diante de eventual alegação da imprescindibilidade de produção de prova pericial complexa454 (questão de direito processual)." Estas são questões realmente de direito. A definição do montante indenizatório, contudo, passa, necessariamente, pela análise das circunstâncias fáticas que deram origem ao dano, o que levanta dúvidas sobre a legalidade da solução dada no IRDR aludido acima. Cf. JÚNIOR, Délio Mota de Oliveira. *Participação e representatividade adequada nos procedimentos de litigiosidade repetitiva*. 2022. Tese (Doutorado) - Programa de Pós-graduação em Direito, Universidade Federal de Minas Gerais. p. 161.
[10] DANTAS, Bruno. *Teoria dos recursos repetitivos*: tutela pluri-individual nos recursos dirigidos ao STF e ao STJ (arts. 543-B e 543-C do CPC). São Paulo: Editora Revista dos Tribunais, 2015, p. 124.
[11] SANTOS, Caio Victor Ribeiro dos. *Bellwether trials*: a experiência norte-americana com os julgamentos por amostragem. *Revista de Processo*. vol. 328. ano 47. São Paulo: Ed. RT, junho 2022, p. 233.

uma técnica de julgamento que, dentro de um universo de demandas repetitivas pleiteando compensação por danos em dimensões variadas, permite que o magistrado selecione parte delas para julgamento por amostragem, com o objetivo de resolver-lhes uma ou algumas questões específicas de fato e de direito e, a partir do acervo de informações produzido com esses julgamentos, sobretudo quanto ao montante indenizatório devido em cada categoria de dano identificada nos casos selecionados, aproveitar seus resultados para otimizar a resolução dos casos pendentes ou facilitar a celebração de acordos individuais e coletivos.

A principal contribuição dessa ferramenta é oferecer uma alternativa à quantificação do dano pelos métodos tradicionais em casos como os acima descritos. Para ilustrar a dinâmica, tome-se como exemplo o caso *Cimino vs. Raymark Industries*, que foi a experiência piloto da ferramenta, por obra do juiz federal Robert M. Parker.

Na década de 1990, o juiz Robert M. Parker tinha, sozinho, sob sua alçada, aproximadamente 3 mil ações pleiteando indenização por exposição ao amianto, mineral altamente cancerígeno utilizado, ao longo do século XX, pela indústria de construção civil, que lesou milhões de pessoas, as quais começaram a buscar reparação civil a partir da década de 1960 para os ilícitos. O caso *Cimino vs. Raymark Industries* foi uma *class action* certificada pela Corte do Texas que congregava parte desses indivíduos.[12]

Diversamente do que ocorreu em outras experiências com acordos coletivos, a companhia, nos casos sob a alçada do juiz Parker, adotou uma estratégia peculiar: pressionar o juízo por julgamentos individuais em todas as ações e contestar vigorosamente todas as questões controvertidas, ainda que a maioria delas fosse comum aos casos e envolvesse os mesmos produtos, a mesma negligência na comunicação do risco e as mesmas condutas da companhia.[13] A companhia, portanto, levou ao limite o exercício do direito a um dia na Corte, ao contraditório e à ampla defesa.

A Corte estimou que, ainda que pudesse concluir 30 casos por mês, levaria mais de seis anos para resolver todos eles, e, se o fluxo de

---

[12] A descrição narrada conjuga as descrições feitas por Alexandra Lahav em *Bellwether trials*. 76 *Geo. Wash. L. Rev.* 576 (2008) e SAKS, Michael J.; BLANCK, Peter David, em Justice Improved: The Unrecognized Benefits of Aggregation and Sampling in the Trial of Mass Torts. 44 *Stan. L. REV.* 815 (1992).

[13] SAKS, Michael J.; BLANCK, Peter David, *op. cit.*, p. 820.

propositura permanecesse naquele passo, mais de 5 mil casos ainda restariam pendentes de julgamento quando se chegasse lá. Vendo, portanto, que seria impraticável resolver individualmente todas as ações em tempo razoável, certo de que a porta dos acordos coletivos já estava demasiada estreita para passar (o próprio Parker teve um acordo coletivo contra a companhia *Fibreboard* anulado meses antes pela Corte de Apelações do 5º Circuito) e cético quanto à solução pela via legislativa,[14] o juiz federal deu o que foi considerado o seu "mais ousado passo procedimental":[15] julgamentos por amostragem vinculantes (*binding bellwether trials*).

E ele o fez aprovando um plano de julgamento que seria processado em três fases, não no bojo de cada ação individual, mas no bojo da *class action* acima referida, cujo escopo poderia abranger todos os envolvidos. A primeira fase buscou resolver todas as questões comuns, determinando quais produtos continham amianto, em que medida eram perigosos, quão negligentes foram as companhias na comunicação dos riscos de saúde causados pelo amianto aos trabalhadores e quão adequadas eram as defesas quanto ao suposto estado incipiente da literatura científica a respeito disso.[16] A segunda fase, que também concentrou uma produção comum de provas, buscou aferir onde, quando e em que medida houve a exposição ao amianto e quais tipos de profissionais tiveram contato com ele. A terceira fase, por sua vez, sendo essa a que nos interessa aqui, destinava-se à fixação do montante indenizatório para cada categoria de lesão sofrida.

Quando estruturou esse procedimento, Parker tinha, pendentes de seu julgamento, exatamente 2.298 ações pleiteando indenizações por exposição ao mineral. Todos os titulares dessas ações concordaram em

---

[14] Como ele registra em sua decisão, fazendo apelo à necessidade de resolver o problema: "*It is not enough to Chronicle the existence of this problem and to lamente congressional inaction. The litigants and the public rightfully expect the courts to be problem solvers*". Ver *Cimino v. Raymark Indus., Inc.* 751 F. Supp. 649, 653 (E.D. Tex. 1990), rev'd, 151 F.3d 297 (5th Cir. 1998). Disponível em: law.justia.com/cases/federal/district-courts/FSupp/751/649/1744177/. Acesso em: 01 jun. 2021.

[15] Cf. NAGAREDA, Richard; BONE, Robert G; BURCH, Elizabeth Chamblee; SILVER, Charles; WOOLLEY, Patrick. The Law of Class Actions and Other Aggregate Litigation. University Casebook Series. 2. ed. St. Paul: Foundation Press, 2013. p. 128: "*It is important to bear in mind that the Amchem settlement class action arose only after other attempts over many years failed to deal with the avalanche of asbestos litigation. Judge Robert Parker, at the time a federal district judge in the Eastern District of Texas, was responsible for many of these efforts. After the Fifth Circuit reversed his lump sum damages plan in In re Fibreboard Corp., 893 F.2d 706 (5º Cir. 1990), he took what was perhaps his boldest procedural step: the use of statistical sampling;* (...)".

[16] Também houve, nessa fase, decisões do júri quanto aos *punitive damages* devidos.

renunciar ao direito a um julgamento individual e assentiram com os seguintes passos para a terceira fase do julgamento.

Primeiro, os 2.298 casos foram divididos em cinco categorias de doenças: *(i) mesotelioma; (ii) câncer de pulmão; (iii) outros cânceres; (iv) asbestose; e (v) doenças pulmonares.* De cada categoria foram colhidas aleatoriamente uma certa quantidade de amostras,[17] o que totalizou 160 casos para julgamento por amostragem.

Em seguida, as amostras foram a julgamento. Uma vez julgadas, as indenizações obtidas em cada uma delas foram submetidas ao exame de um júri, recebendo efetivamente um julgamento individual completo, com ampla instrução probatória. Trinta e cinco casos tiveram suas indenizações reduzidas em *remittitur*,[18] e em 12 casos os réus não foram condenados.

Feito isso, o juízo computou a média das indenizações obtidas em cada uma das cinco categorias (o que, naturalmente, compreendia as mais altas indenizações, bem como o resultado zero dos 12 casos sem condenação) e obteve os seguintes valores médios: (i) mesotelioma: $ 1.224,333 dólares; (ii) câncer de pulmão: $ 545,200 dólares; (iii) outros cânceres: $ 917,785 dólares; (iv) asbestose: $ 543,783 dólares; e (v) doenças pulmonares: $ 558,900 dólares.

Por último, o juiz realizou audiências e alocou todos os 2.138 casos pendentes às suas respectivas categorias (ou seja, alocou cada ação individual dentro de uma das cinco categorias) e, em seguida, *decidiu cada um deles aplicando a média indenizatória da respectiva categoria em que foi inserido.* Ou seja, estendeu a média indenizatória das categorias de lesão para cada caso conforme seu enquadramento naquelas, evitando, portanto, a necessidade de realizar uma instrução individual *"tailor-made"* para cada caso a fim de definir o *quantum debeatur*, o que seria impraticável em tempo razoável, e que só poderia ser feito a custas de um dispêndio enorme de recursos judiciais.

Ocorre que essa exploração estatística se deu de forma vinculante para aqueles que não tiveram seus casos apreciados individualmente,

---

[17] A distribuição foi a seguinte: (i) mesotelioma: 15 casos; (ii) câncer de pulmão: 25 casos; (iii) outros cânceres: 20 casos; (iv) asbestose: 50 casos; e (v) doenças pulmonares: 50 casos.

[18] Alexandra Lahav explica da seguinte maneira o que é o *remittitur*: *"The doctrine of remittitur permits a judge to go a step further and evaluate the jury's award. If the judge finds the verdict to be excessive, she can give the plaintiff a choice: accept a lesser amount determined by the court or elect to try the case again. 239 The legal standard for remittitur is whether the jury award 'shocks the conscience'"*. (LAHAV, Alexandra. Bellwether trials. 76 Geo. Wash. L. Rev. 576 (2008), p. 629).

e a Corte de Apelações do 5º Circuito, alguns meses depois, declarou a inconstitucionalidade da prática.

A princípio, pode causar estranheza a um jurista brasileiro o fato de a inconstitucionalidade de que padecia o procedimento no caso *Cimino vs. Raymark Industries Inc.* ter sido arguida não pelos autores, mas pelos réus.

Como se viu, a extensão da média do montante indenizatório apurado no julgamento das amostras para os casos pendentes tende a gerar para titulares de pretensões de alto valor uma indenização menor do que a que receberiam se os seus casos fossem apreciados individualmente, enquanto gera para titulares de pretensões de baixo valor um resultado maior do que teriam na via individual. As duas pontas não têm, através do expediente coletivo, a exatidão de um julgamento individual ideal.

Ora, não ter seu caso apreciado individualmente e, além disso, receber uma indenização inferior à que se teria se o direito a um dia na Corte fosse, de fato, observado, é uma razão suficientemente forte para aconselhar qualquer titular de direito, nessas circunstâncias, a impugnar o procedimento.[19]

Mas por que não o fazem? Isso por uma razão simples, bem destacada por Alexandra Lahav: "na ausência do procedimento utilizado pela Corte [no caso *Cimino vs. Raymark*], é quase certo que os autores neste caso jamais teriam tido seu dia na Corte".[20]

Isso confirma a advertência de Schauer: quem quer que se oponha à utilização de estatísticas no processo judicial deve ter ciência de que sua negativa pode impedir indenizações devidas a vítimas que não tiveram culpa nenhuma no resultado danoso, e isso, talvez, seja mais grave do que a impunidade do causador do dano. Mais uma vez: o que é pior, o erro de uma indenização inexata, ou o erro de indenização nenhuma?

Como Parker registrou em sua decisão na experiência piloto, os réus

---

[19] É o que observa Robert G. Bone, ao anotar "*a sampling procedure that virtually guaranteed a level of recovery for high-damage plaintiffs far below their entitlements would be unacceptable even if it made committee participation possible for everyone*". (BONE, Robert. G. Statistical Adjudication: Rights, Justice, and Utility in a World of Process Scarcity. 46 VAND. L. REV. 561, 650, 1993, p. 637).

[20] No original: "*In the absence of the procedure utilized by the court, it is almost certain that the plaintiffs in this case would never have received a day in Court.*" LAHAV, Alexandra, op. cit. p. 588.

(...) reivindicam um direito a julgamentos individuais em cada caso e o direito a impugnar repetidamente em cada caso toda questão contestável envolvendo os mesmos produtos, as mesmas advertências e a mesma conduta. A estratégia é boa; os réus sabem que se o procedimento no caso Cimino não for mantido [pelo 5º Circuito] esses casos nunca serão julgados.[21]

Isso explica a razão pela qual os titulares do direito, que teriam suficientes razões de devido processo legal para impugnar a técnica, não o fazem.[22] Talvez seja melhor uma justiça coletiva imperfeita do que uma justiça individual impossível.

Sobre esse ponto, é a precisa observação de Alexandra Lahav:[23]

> Tipicidade de grupo (*group typicality*), como esses exemplos ilustram, não é uma justiça perfeita. A maioria dos titulares de direito não podem participar diretamente. A definição do grupo pode ser imprecisa, incluindo pessoas que características significativamente diferentes. Além

---

[21] No original, inteiro: "*A new strategy has now been adopted. Pittsburgh-Corning, Fibreboard and Celotex have adopted a 'fortress mentality' and are attempting to avoid liability by obstructing the Court's ability to provide a forum in these cases. It is a strategy that is not unique to East Texas, but is one that is being utilized all across the country. They assert a right to individual trials in each case and assert the right to repeatedly contest in each case every contestable issue involving the same products, the same warnings, and the same conduct. The strategy is a sound one; the defendants know that if the procedure in Cimino is not affirmed, these cases will never be tried*". Ver acórdão do caso *Cimino v. Raymark Indus., Inc.*, 751 F. Supp. 649, 653 (E.D. Tex. 1990), rev'd, 151 F.3d 297 (5th Cir. 1998). Disponível em: law.justia.com/cases/federal/district-courts/FSupp/751/649/1744177/.

[22] É extremamente relevante para futuros estudos a pergunta que NAGAREDA; BONE; BURCH; SILVER; WOOLLEY fazem acerca deste ponto na página 607 de sua obra: "Those plaintiffs in the cases that were not chosen for the sample might complain about being denied their day in court. *But how much weight should be given to this argument when providing them with a day in court would generate delays that significantly impair the recovery of Other plaintiffs*?" (Grifos nossos). Reformulo a pergunta nos seguintes termos: se algum desses autores contestasse o procedimento adotado apontando eventual déficit garantístico – como o simples fato de não ter tido a mesma sorte de um julgamento individualizado, "*tailor-made*", como os casos paradigmas tiveram –, que peso deveria ter essa impugnação se se levar em consideração o fato de que para satisfazer à pretensão deste único indivíduo, declarando a inconstitucionalidade da técnica, o resultado não seria outro senão uma solene negativa de justiça a todos os demais?

[23] No original: "*Group typicality, as these examples illustrate, is not perfect justice. Most of the individual plaintiffs cannot participate directly. The definition of the group may be inaccurate, such as by including persons with significantly different characteristics. It is furthermore certain that the average award this procedure provides to extrapolation plaintiffs will differ from what they would have received in an individual jury trial. The averaging process redistributes money from the highest-value claims to the lower-value claims, even within a group of similarly situated individuals. 90 But bellwether trials are a far more palatable method for resolving mass litigation than the alternatives standing on the sidelines waiting to be heard or settling en mass*". LAHAV, Alexandra, *op. cit.*, p. 588.

disso, é certo que a indenização média que esse procedimento fornece para os titulares das demais ações será diferente daquela que cada um receberia se tivesse um julgamento individual pelo júri. O cálculo da média distribui dinheiro das pretensões de maior valor para as pretensões de menor valor, mesmo dentro de um grupo de indivíduos em circunstâncias similares. Mas os *bellwether trials* são um método muito mais palatável para resolver litígios de massa do que as alternativas que estão sobre a mesa, esperando para serem ouvidas ou resolvidas em massa. (Tradução literal).

Isso também explica por que os maiores rivais dos *bellwether trials* são os réus: pelo simples fato de saberem que, na ausência da técnica, desembolsariam bem menos pelo dano causado. Centenas ou milhares de casos levariam anos para ser julgados; há quem não tenha condições de custear uma disputa judicial que se arraste por vários anos; outros, cansados pela morosidade ou desesperados com a letalidade do dano e premidos pela necessidade de custear tratamentos, ficam mais dispostos a celebrar acordos por valores muito aquém do devido. O cansaço do sistema judicial faria muitas vítimas. A inferência estatística dos *bellwether trials*, por outro lado, gera resultados assustadoramente precisos (precisos do ponto de vista global, embora relativamente imprecisos do ponto de vista individual) e em tempo razoável. E isso custa muito para um *mass wrongdoer*.

Neste caso, porém, mais do que razões de cunho meramente econômico, os réus possuem fortes argumentos jurídicos em desfavor da constitucionalidade da técnica, que são aqueles que se dirigem ao nexo causal estatístico: *bellwether trials* vinculantes violam o devido processo legal por privar-lhes do direito a um julgamento individual quanto à responsabilidade pelo dano e à apuração do valor indenizatório devido em cada caso.

Essa foi, em síntese, a tese acatada pela Corte de Apelações do 5º Circuito e representa também o principal argumento em desfavor dos *bellwether trials*. Outros argumentos também foram suscitados, como o fato de técnica privar os titulares dos casos pendentes do direito constitucional ao julgamento pelo júri. Mas o cerceamento de defesa (na perspectiva individual e tradicional de um devido processo legal) pela substituição da comprovação probatória concreta pela instrução probatória baseada em inferências estatísticas é, sem dúvidas, a mais forte ressalva à ferramenta.

2.2 Devido processo legal e inferências estatísticas

Curioso notar que, em outro caso (caso *Hilao v. Estate of Marcos*), o mesmo procedimento que alguns anos antes a Corte de Apelações do 5º Circuito julgou inconstitucional, foi considerado constitucional pela Corte de Apelações do 9º Circuito,[24] o que expressa a inexistência de um consenso entre os magistrados acerca da compatibilização das inferências estatísticas com o devido processo legal.[25]

Uma dúvida fica: o dispêndio excessivo de recursos judiciais (em alguns casos, o custo da resolução dos litígios superaria o valor total do dano),[26] o congestionamento das Cortes, a certeza do ilícito (já apurado em outros processos) e o risco de que a instrução probatória tradicional resulte em julgamentos de improcedência em desfavor de vítimas que litigam contra réus nitidamente culpados do ponto de vista civil, seria um argumento válido para legitimar a utilização de inferências estatísticas que, em última instância, parecem reduzir o direito à ampla defesa?

Seria aconselhável, nesses casos, admitir que a visão clássica do devido processo legal, com todo o peso garantístico que ela representa, devesse dar espaço a uma visão mais econômica da garantia, a fim compatibilizá-la à complexidade desses casos, que são verdadeiros *hard cases* processuais?

Quer nos parecer que, nesses casos, talvez deva prevalecer a lição de Remo Caponi,[27] no sentido de que os recursos que o serviço

---

[24] A vinculatividade dos precedentes nos Estados Unidos também obedece aos limites da jurisdição de cada Corte e Circuito. Cf. COLE, Charles D. Precedente judicial: a experiência americana. *Revista de Processo*, v. 92, out./1998. p. 2.

[25] Há decisões que atestam a compatibilidade do procedimento com o devido processo legal. Há outras que não. Citamos exemplos dos dois lados. No caso *In Re Estate of Marcos Human Rights Litigation*, 910 F. Supp. 1460, 1467 (D. Haw. 1995), um dos juízes anotou: "*[inferential] statistics with random sampling produces an aceptable due process solution to the troublesome area os mass tort litigation*". Já no caso *In Re Chevron U.S.A., Inc.* 109 F. 3d. 1016 (5th Cir. 1997), por sua vez, o Juiz Edith Jones foi categórico em expressar sua discordância da "ousadia procedimental" de Parker com os *bellwether trials*: "*Essential to due process for litigants, including both the plaintiffs and Chevron in this non-class action context, is their right to the opportunity for na individual assessment of liability and damages in each case*". E conclui, asseverando: "*In sum, I simply do not share Judge Parker's confidence that bellwether trials can be used to resolve mass tort controversies*".

[26] VITORELLI, Edilson. *Op. cit.*, p. 394.

[27] CAPONI, Remo. Prefácio à obra de GONÇALVES, Marcelo Barbi. *Teoria geral da jurisdição*. Salvador: Editora Juspodivm, 2020. No original: "*Tuttavia, le risorse che il servizio della giustizia può destinare al soddifacimento di questa esigenza individuale nella singola controvérsia devono essere bilanciate, non tanto com um astratto interesse pubblicistico al buon funzionamento*

de justiça pode alocar para satisfazer uma pretensão em uma disputa individual devem ser equilibrados não tanto com um interesse público abstrato no bom funcionamento da jurisdição como função estatal, mas com os recursos a serem reservados para a satisfação de outras necessidades igualmente individuais e merecedoras de tutela, que os cidadãos têm como atuais ou potenciais usuários do serviço de justiça. Isso faz com que para que a maior parte das vítimas tenham direito a um valor indenizatório justo, o sistema justiça deixe de trabalhar a meta da Justiça perfeita – que jamais existiu, pois mesmo em casos individuais, mesmo na mais simples apreciação de um dano moral, imperam raciocínio probabilísticos.

O que se sugere é que, se o atendimento à tradicional forma de se garantir o devido processo legal for gerar resultados catastróficos – no caso em questão, aqueles já aludidos sobre as vítimas do dano e sobre o sistema judicial, decorrentes da possibilidade de o réu contestar individualmente as provas concretas produzidas em cada um dos casos –, talvez não fosse um absurdo se lhe dar uma interpretação mais econômica, a fim de se encontrar a solução que de forma mais isonômica distribua os recursos do sistema de justiça entre todos aqueles que mereçam tutela, ainda que a solução factível não seja a ideal, como a utilização das inferências estatísticas para mensurar o dano.

2.3 O valor informativo dos julgamentos das amostras: parâmetros mais adequados para mensurar o valor do dano nas demais causas

Apesar da declaração de inconstitucionalidade da solução do caso *Cimino*, isso não significa que os EUA tenham descartado a ferramenta. Para além do caso *Hilao v. Estate of Marcos*, que aceitou o emprego da técnica em sua versão vinculante, surgiu, depois disso, uma versão não vinculante da ferramenta, que tem sido mais bem recepcionada pelas Cortes, e que, a nosso ver, parece ser mais palatável às garantias processuais.

A *ratio* da decisão do 5º Circuito não se opõe ao procedimento como um todo, mas apenas à extensão obrigatória, nos casos pendentes, dos resultados obtidos no julgamento das amostras. Em

della giurisdizione come funzione statale, bensì con le risorse da riservare al soddisfaciamento delle altre esigenze parimenti individual, di cui sono portatori i cittadini come fruitori attuali o potenziali del servizio giustizia".

momento algum a Corte considerou os julgamentos por amostragem, em si, incompatíveis com o devido processo legal. O objeto da discussão judicial – e da majoritária crítica doutrinária – diz respeito exclusivamente à extensão *vinculante* da decisão dos casos paradigmas aos casos pendentes e à imposição aos réus de uma condenação total calculada por estatística, que os priva de uma apuração caso a caso, em julgamentos individuais, como ocorre tradicionalmente.

Curiosamente, a prática processual que sucedeu a experiência piloto não tardou a perceber que não seriam necessários julgamentos vinculantes para se chegar a uma solução mais célere e segura da controvérsia. Apesar de as decisões proferidas nos casos selecionados como paradigmas, obviamente, serem vinculantes para esses casos, seus resultados não precisam ser obrigatórios para os casos pendentes a fim de que produzam relevantes benefícios. Basta o conteúdo dos resultados. A informação que eles geram é de extrema relevância, seja para a solução adjudicada ou consensual de casos similares.

Os *bellwether trials* têm a virtude de produzirem o que a doutrina chama de "*trial packages*" ou "pacotes de julgamento", que nada mais são do que o conjunto consolidado de informações sobre o mérito da causa (aqui inseridas não só as questões de direito, mas também as de fato) produzido no julgamento dos casos paradigmas.[28]

Esse conjunto consolidado das informações é útil pela prévia testagem da força das teses de ambos os polos da demanda – ou seja, o julgamento das amostras revela as fraquezas e forças de cada posição, o que ajuda a precipitar a celebração de acordos[29] – mas, sobretudo, pela sua capacidade de estabelecer o valor indenizatório devido para cada categoria de dano, que é constituída a partir de ampla instrução probatória das amostras julgadas, e servirá de referência para a quantificação do dano nas demais demandas.

---

[28] Cf. SANTOS, *op. cit.*: "O conhecimento obtido com a resolução não se perde, se transforma em um 'pacote de julgamento', que fica à disposição de todos. Ali, por exemplo, os autores poderão consultar quais teses se mostraram mais robustas, quais foram falhas, quais provas foram contestadas vigorosamente pelos réus, quais não foram valoradas como se esperava pelo juiz ou pelo júri; os réus, por sua vez, poderão ver quais provas os autores foram capazes de produzir e quais não, o que as testemunhas costumavam alegar, qual foi o valor da condenação em cada categoria de dano, e aí por diante. Como escrevem Fallon, Grabil e Wyne, 'idealmente, todo esse material será bem-organizado e consolidado em arquivos que podem ser consultados eletronicamente'". (FALLON, Eldon E; GRABILL, Jeremy T.; WYNNE, Robert Pitard. *Bellwether trials in Multidistrict Litigation*. 82 Tul. L. Rev. 2323, 2008. p. 2339)

[29] FALLON, Eldon E; GRABILL, Jeremy T.; WYNNE, Robert Pitard. *Op. cit.*, p. 2.342.

Ou seja, na versão não vinculante, os resultados dos julgamentos por amostragem não são extrapolados para os casos pendentes de forma vinculante. Eles valem pelos pacotes de julgamentos que consolidam. A informação sobre a média indenizatória mais justa para cada categoria serve de referência para os juízes que devem julgar os demais casos concretos e, a partir disso, otimiza-se a quantificação do dano. Essa é qualidade *bellwether* do procedimento: a de indicar a direção, como a ovelha que carrega um sino no pescoço e, com isso, conduz o rebanho, do que se tirou o nome para a técnica.[30]

Não desconhecemos que essa solução ainda seria questionável. A dimensão do dano ainda assim não estará sendo apurada de forma realmente individualizada, poderiam alegar os réus. No entanto, se se considerar a realidade prática de como são definidos os danos morais, talvez torne-se menos relevante essa possível alegação. No Brasil, por exemplo, é comum que a atribuição do valor do dano moral se dê com base na quantificação feita em casos semelhantes anteriores, e não propriamente à luz de uma análise particular e individualizada de cada caso. Schauer, nessa linha, chega a afirmar que a forte preferência por provas individualizadas parece ser efeito de uma subestimação generalizada da natureza probabilística da suposta prova individualizada.[31] Juízos probabilísticos são mais comuns do que se imagina na atividade judicante cotidiana.

Assim, parece-nos que o sistema toleraria a utilização referencial daqueles dados, pois, em última instância, a decisão final da lide será individual e, sem a aplicação vinculante dos resultados das amostras, as partes dos casos pendentes, se ficarem insatisfeitos com o montante indenizatório arbitrado para o seu caso, estarão livres para insistir pela via recursal reivindicando valores que lhes pareçam mais justos.

---

[30] Cf. SANTOS, Caio Victor Ribeiro dos. *Op. cit.*, p. 227: "O termo deriva do inglês médio *bellewether* e se refere à prática de colocar um sino ao redor do pescoço de um carneiro castrado (um *wether*) que conduz o rebanho de ovelhas. Assim, o pastor poderia notar a direção do rebanho ao ouvir o sino, mesmo que não pudesse vê-lo. A técnica tem esse nome porque seu objetivo é precisamente apontar uma direção de julgamento: dentro de um universo de centenas ou milhares de demandas, os *bellwether trials*, ao viabilizar o julgamento integral de algumas delas como paradigmas, cria uma espécie de amostra do todo com um importante subsídio informacional que permite às partes, advogados e juízes de casos semelhantes ou iguais vislumbrarem uma tendência de julgamento. Os resultados dos julgamentos são valiosos, sobretudo, pela média indenizatória definida para cada categoria de dano sofrido, sendo importante que os casos escolhidos como amostras reflitam com o máximo de exatidão a variedade de subgrupos com graus distintos de lesões existentes no litígio. Isso porque, como veremos, a ferramenta trabalha com a ciência da inferência estatística."

[31] SCHAUER, Frederick. *Op. cit.*, p. 67.

Dito isso, se a experiência norte-americana com os *bellwether trials* puder nos ser útil de alguma forma para a resolução de casos dessa natureza, certamente o será em virtude da versão não vinculante da ferramenta.

3 *Bellwether trials* à brasileira? Como operacionalizar algo semelhante no Brasil a partir da previsão do art. 69, §2º, VI, do CPC

Seria possível reproduzir dinâmica semelhante no Brasil? Se sim, de que maneira?

Pensamos que a previsão normativa do art. 69, §2º, VI, CPC, permitiria fazê-lo. O dispositivo prevê o seguinte:

> Art. 69. O pedido de cooperação jurisdicional deve ser prontamente atendido, prescinde de forma específica e pode ser executado como:
> §2º Os atos concertados entre os juízes cooperantes poderão consistir, além de outros, no estabelecimento de procedimento para:
> VI – a centralização de processos repetitivos;

A doutrina já admite que, com fundamento nesse dispositivo, o juízo possa promover a centralização de processos repetitivos para resolver questões de fato.[32]

Ao falar da possibilidade de utilização do 69, §2º, VI, CPC para a resolução de questões de fato, a doutrina normalmente o faz argumentando que essa previsão normativa integraria o sistema de resolução de casos repetitivos, colmatando a lacuna deixada pelo IRDR, que se presta apenas à resolução de questões de direito. Desse modo, há quem sugira, por exemplo, que a centralização de processos para a resolução de processos repetitivos deva se desenvolver em um procedimento análogo ao do IRDR[33] (colhendo-se paradigmas para julgamento

---

[32] CABRAL, Antonio do Passo. *Juiz natural e eficiência processual:* flexibilização, delegação e coordenação de competências no processo civil. Tese apresentada no concurso de provas e títulos para provimento do cargo de Professor Titular. Faculdade de Direito da Universidade do Estado do Rio de Janeiro. Rio de Janeiro: edição do autor, 2017, p. 682-684.

[33] SILVA, Ricardo Menezes da. *Tratamento adequado de demandas repetitivas no primeiro grau:* uma análise a partir do novo Código de Processo Civil. Dissertação apresentada como requisito parcial para conclusão do Curso de Mestrado do Programa de Pós-Graduação em Direito da Universidade Federal do Paraná, na Linha de Pesquisa em Direito das

a partir de um universo de casos reunidos) e de forma semelhante ao *multidistrict litigation* norte-americano.[34]

Curioso notar que os *bellwether trials*, nos EUA, costumam ser deflagrados a partir da centralização de processos promovida pelo *multidistrict litigation*.[35]

Esse dado é importante para a sugestão que pretendemos propor. No Brasil, é possível simular as primeiras etapas de um *bellwether trial* a partir da previsão normativa do 69, §2º, VI, reunindo em um mesmo juízo processos repetitivos que apresentam repetitividade fática variada quanto à dimensão do dano sofrido.

A diferença aqui, em relação às propostas tradicionais envolvendo a resolução de questões de fato a partir da aludida previsão normativa, é que a segunda etapa – a de julgamento – não se limitaria a eventual produção das provas comuns, mas a um julgamento efetivo e integral de algumas dessas causas por amostragem. Ao invés de uma única produção probatória, aqui seria necessário viabilizar uma ampla instrução probatória em todos os processos escolhidos para serem julgados como amostras.

O objetivo não é apenas otimizar a produção da prova. Em casos envolvendo repetitividade fática variada, pouca utilidade teria a centralização do processo para a obtenção de uma prova comum se as dimensões sofridas pelas vítimas são tão variadas. A prova adequada a uma das categorias do dano não servirá para mensurar a dimensão do dano sofrido por todos os outros. Isso reclama um julgamento por amostragem dos casos reunidos, que permita a identificação de categorias diferentes e a atribuição de faixas indenizatórias adequadas para cada uma delas, e que serão fixadas a partir de uma ampla instrução probatória dos casos colhidos como amostras do todo.

Relações Sociais, sob a Área de Concentração em Direito Processual Civil. Curitiba: edição do autor, 2019, p. 164.

[34] FERREIRA, Gabriela Macedo. O ato concertado entre juízes cooperantes: esboço de uma teoria para o Direito brasileiro. *Civil Procedure Review*, v.10, n. 3: set.-dez. 2019, p. 24.

[35] LAHAV, Alexandra. *Op. cit.*, p. 592. Além disso, vale esclarecer que o *multidistrict litigation*, segundo Zaroni, é um painel composto por sete juízes federais "cuja competência é tomar decisões relativas à formação do *multidistrict litigation* e determinar a transferência para um único juízo das referidas ações envolvendo questões comuns de fato que estão tramitando perante diferentes Cortes Federais" (Multidistrict litigation: a experiência norte-americana na tutela dos interesses de massa. *Revista Magister de Direito Civil e Processual Civil*, ano X, n. 55, jul.-ago., 2013. p. 84). É possível também realizar essa agregação em um foro único por meio de uma *class action*, como ocorreu em *Hilao vs. Estate of Marcos*, com a diferença de que neste caso o que há é uma agregação "virtual" das pretensões por representação.

Não se propõe nada novo quanto à primeira fase da centralização de processos, apenas uma adequação quanto à sua segunda fase, voltada à resolução da causa em si.

Como já dissemos, não se deve cometer o equívoco de estender o resultado das amostras para os demais casos. Essa prática confere às inferências estatísticas um resultado vinculante que possui sérios problemas de devido processo legal, como observado pela Corte de Apelações do 5º Circuito nos Estados Unidos, ao derrubar a experiência piloto desenvolvida pelo juiz Parker. A expectativa é que o julgamento completo dessas amostras (o que envolve tanto as questões de fato, quanto as questões de direito, sem prejuízo de utilização *complementar* do IRDR para a resolução das questões de direito), produza pacotes de julgamentos nos quais se poderão colher parâmetros mais seguros e, provavelmente, mais justos, da média indenizatória devida a cada categoria de vítimas do dano. Parece-nos que essa solução seja, por exemplo, superior àquela encontrada pelo TJES, ao tarifar em R$ 1 mil, para todos, o valor do dano moral decorrente da falta de abastecimento de água após o desastre do Rio Doce.

Ou seja, a ideia da segunda fase do julgamento seria aproveitar a força persuasiva das informações produzidas nos julgamentos paradigmas a fim de que os mesmos padrões sejam observados nos julgamentos individuais, sem uma aplicação vinculante.

Isso permitiria que a quantificação do dano fosse otimizada nas demais causas semelhantes, bastando ao juiz – no que poderia ser considerado uma terceira etapa do procedimento – a alocação da causa dentro de um dos *"grids"*, atribuindo-lhe, como indenização, o valor médio que as amostras daquela categoria obtiveram.

Nada impede que circunstâncias excepcionais justifiquem uma adequação desse montante à luz das especificidades do caso concreto, se ela se mostrar realmente necessária, ou mesmo um arbitramento específico e novo para aquelas causas que não se inseriram adequadamente em nenhuma das categorias já definidas, o que, a depender da quantidade, poderia justificar uma centralização à parte apenas para as suas soluções.

Assim, novamente, parece-nos que o sistema toleraria a utilização referencial dos resultados das amostras, pois, em última instância, a decisão final das lides nos demais casos será individual e, sem a aplicação vinculante dos resultados das amostras, as partes, se ficarem insatisfeitas com o montante indenizatório arbitrado para o seu caso, estarão livres para insistir pela via recursal reivindicando valores que lhes pareçam mais justos.

Por fim, o ideal seria que o procedimento fosse deflagrado em segunda instância, a fim de que o "pacote de julgamento" das amostras julgadas pelo Tribunal pudesse servir de referência dentro de todo o Estado, dando-lhe, portanto, maior amplitude.

Referências

ACKERMAN, Frank; HEINZERLING, Liza. Princing the priceless: Cost-Benefit Analysis of Evironmental Protection. *University of Pennsylvania Law Review* 15-(5): 1553-1584, May 2002

BONE, Robert. G. *Statistical adjudication*: rights, justice, and utility in a world of process scarcity. 46 VAND. L. REV. 561, 650, 1993.

CABRAL, Antonio do Passo. *Juiz natural e eficiência processual:* flexibilização, delegação e coordenação de competências no processo civil. Tese apresentada no concurso de provas e títulos para provimento do cargo de Professor Titular. Faculdade de Direito da Universidade do Estado do Rio de Janeiro. Rio de Janeiro: edição do autor, 2017.

CAPONI, Remo. Prefácio à obra de GONÇALVES, Marcelo Barbi. *Teoria geral da jurisdição*. Salvador: Editora Juspodivm, 2020.

COLE, Charles D. Precedente judicial: a experiência americana. *Revista de Processo*, v. 92, out./1998.

DANTAS, Bruno. *Teoria dos recursos repetitivos*: tutela pluri-individual nos recursos dirigidos ao STF e ao STJ (arts. 543-B e 543-C do CPC). São Paulo: Editora Revista dos Tribunais, 2015.

FALLON, Eldon E; GRABILL, Jeremy T.; WYNNE, Robert Pitard. *Bellwether trials in Multidistrict Litigation*. 82 Tul. L. Rev. 2323, 2008.

FERREIRA, Gabriela Macedo. O ato concertado entre juízes cooperantes: esboço de uma teoria para o Direito brasileiro. *Civil Procedure Review*. v.10, n.3: set.-dez. 2019.

LAHAV, Alexandra. *Bellwether trials*. 76 Geo. Wash. L. Rev. 576, 2008.

JÚNIOR, Délio Mota de Oliveira. *Participação e representatividade adequada nos procedimentos de litigiosidade repetitiva*. 2022. Tese (Doutorado) – Programa de Pós-graduação em Direito, Universidade Federal de Minas Gerais.

NAGAREDA, Richard; BONE, Robert G; BURCH, Elizabeth Chamblee; SILVER, Charles; WOOLLEY, Patrick. *The Law of Class Actions and Other Aggregate Litigation*. University Casebook Series. 2. ed. St. Paul: Foundation Press, 2013.

SAKS, Michael J.; BLANCK, Peter David. *Justice improved*: the unrecognized benefits of aggregation and sampling in the trial of mass torts. 44 Stan. L. REV. 815, 1992.

SANTOS, Caio Victor Ribeiro dos. Bellwether trials: a experiência norte-americana com os julgamentos por amostragem. *Revista de Processo*, vol. 328. ano 47. São Paulo: Ed. RT, junho 2022.

SCHAUER, Frederik. *The proof* – uses of evidence in law, Politics and Everywhere Else, 2022.

SILVA, Ricardo Menezes da. *Tratamento adequado de demandas repetitivas no primeiro grau: uma análise a partir do novo Código de Processo Civil.* Dissertação apresentada como requisito parcial para conclusão do Curso de Mestrado do Programa de Pós-Graduação em Direito da Universidade Federal do Paraná, na Linha de Pesquisa em Direito das Relações Sociais, sob a Área de Concentração em Direito Processual Civil. Curitiba: edição do autor, 2019.

VITORELLI, Edilson. Decisão judicial por métodos estatísticos: novos horizontes para as causas repetitivas? *Revista de Processo*: RePro, São Paulo, v. 44, n. 298, p. 387-414, dez. 2019.

ZARONI, Bruno Marzullo. Multidistrict litigation: a experiência norte-americana na tutela dos interesses de massa. *Revista Magister de Direito Civil e Processual Civil*, ano X, n. 55, jul.-ago., 2013.

Informação bibliográfica deste texto, conforme a NBR 6023:2018 da Associação Brasileira de Normas Técnicas (ABNT):

DANTAS, Bruno; SANTOS, Caio Victor Ribeiro dos. *Bellwether trials* à brasileira? Estatísticas, danos em massa, definição por amostragem de categorias indenizatórias e o art. 69, §2º, VI, do CPC. In: DANTAS, Bruno. *Tópicos atuais em Processo Civil: individual, coletivo e pluri-individual*. Belo Horizonte: Fórum, 2024. p. 95-118. ISBN 978-65-5518-806-6.

ONE SIZE DOESN'T FIT ALL: A PRESERVAÇÃO DA AUTONOMIA INDIVIDUAL COMO FUNDAMENTO IMPLÍCITO DO IRDR

BRUNO DANTAS

CAIO VICTOR RIBEIRO DOS SANTOS

Introdução

A lei traz, e a doutrina invoca, dois fundamentos para explicar a criação do Incidente de Resolução de Demandas Repetitivas: isonomia e segurança jurídica.

O primeiro porque, se duas situações jurídicas idênticas, levadas ao Poder Judiciário no mesmo período histórico, recebem soluções diversas, dessa disparidade nasce uma violação ao princípio constitucional da isonomia. O segundo porque a existência de soluções diversas para casos iguais dificulta a interpretação de um caminho seguro para o futuro, do que decorre a violação à segurança jurídica.

Este ensaio – que não revisará exaustivamente o tema – pretende explorar a hipótese de que o IRDR tem outro fundamento que não apenas a isonomia e segurança jurídica, e que esse fundamento lhe é implícito: a preservação da autonomia individual.

O artigo trabalha com a ideia de que a tutela pluri-individual é uma reação a certas experiências fracassadas da tutela coletiva norte-americana; que, do outro lado do Atlântico, tendo observado a crescente documentação dos problemas de devido processo legal atrelados à *class actions for damages*, a Europa seguiu um caminho alternativo, consciente do coletivismo que pretendia evitar; e que aí se inserem o *Musterverfahren* e a *Group Litigation Order*, que serviram de inspiração para o IRDR no Brasil.

O modelo procedimental desses mecanismos é concebido para evitar, ou no mínimo mitigar, o problema do *"one size fits all"*.[1] Na tutela pluri-individual não se veda a ninguém a oportunidade de ajuizar sua demanda individual, com a sua respectiva definição particular e individualizada dos argumentos jurídicos e pedidos, além da escolha do seu próprio representante legal, o que, em regra, gera um nível maior de controle do processo. Tais técnicas, sendo esse também o caso do IRDR, possuem uma arquitetura procedimental que busca preservar a individualidade em meio à massa, aliando economia de escala ao direito de ação e ao devido processo legal.

Ao final, sustenta-se que a virtude do IRDR de buscar preservar a autonomia individual na tutela de massa traz consigo implicações sobre ideias tradicionais defendidas pela doutrina quanto à sua relação com as ações coletivas.

Nessa altura, defende-se que, quando estão em jogo pretensões de alto valor (aquelas suficientemente expressivas a justificar economicamente o exercício do direito de ação por seu titular), a preservação da autonomia individual recomenda que o IRDR, e não ação coletiva para a tutela de direitos individuais homogêneos, seja a rota procedimental preferencial a ser adotada para a resolução de tais lides.

1 O surgimento dos "procedimentos modelo" e "casos-piloto" como técnicas voltadas a prestigiar a autonomia da vontade em meio à massificação

A adoção, pelo Código de Processo Civil de 2015, da ferramenta do Incidente de Resolução de Demandas Repetitivas representa um grande passo em favor da adequação da técnica processual de massa em relação às particularidades dos direitos individuais.

---

[1] EDISH, Martin H.; KARABA, Julie M. One size doesn't fit all: multidistrict litigation, due process, and the dangers of procedural collectivism. *Boston University Law Review*, v. 95, 2015. Disponível em: www.bu.edu/bulawreview/files/2015/02/REDISH.pdf. Acesso em: 01 fev. 2022. Trata-se do que Bruno Dantas denominou de "ideologia coletivizante". Cf. DANTAS, Bruno. Jurisdição coletiva, ideologia coletivizante e direitos fundamentais. *Revista de Processo*, v. 251, p. 341-358, 2016.

Nas contribuições doutrinárias que vêm sendo feitas desde antes da promulgação da versão final do Código, um aspecto específico do procedimento parece ter absorvido a atenção dos estudiosos: a relação desse novo mecanismo com a aproximação entre o *civil law* e o *common law*, do que decorreria uma alteração das noções tradicionais de fonte do direito que o primeiro há muito concebia, e isso estaria expresso no art. 927 do CPC.

Não nos cabe aqui descer a fundo na discussão. Basta consignar que entendemos não dispor o CPC de um verdadeiro sistema de precedentes – como tem o *common law* –, senão de "precedentes à brasileira".[2] A eficácia vinculante das decisões do art. 927 do CPC não significa necessária transmutação do sistema de *civil law*. O *common law* também tem demonstrado apreço pela escrituração de regras sem que isso signifique um necessário amálgama com o *civil law*. A recíproca é verdadeira, mas para confirmar que por detrás da mutualidade o que há é uma necessidade de racionalizar o direito com técnicas que se provaram úteis,[3] e não uma sobreposição de culturas.

Particularidade que, a nosso ver, pareceu sobreposta pelo entusiasmo generalizado com a doutrina dos precedentes foi a experiência das *class actions* no que toca à tutela massificada de direitos individuais e sua influência na adoção dos mecanismos de tutela pluri-individual, não só no Brasil, mas no mundo.

No que toca o objeto deste artigo, devemos salientar que o surgimento desse tipo de tutela é resultado de uma necessidade de conferir melhor adequação da tutela processual à particularidade dos direitos individuais em contextos de lides massificadas.

No Brasil, para dar cabo a um problema generalizado de litigiosidade de massa, adotamos como inspiração técnicas processuais que foram criadas para solucionar situações específicas de litigiosidade de

---

[2] ARRUDA ALVIM, Teresa; DANTAS, Bruno. *Recurso especial, recurso extraordinário e a nova função dos tribunais superiores*. 6. ed. São Paulo: Revista dos Tribunais, 2019, p. 273.

[3] Cf. FUX, Luiz. O novo processo civil. *Rev. TST*, Brasília, v. 80, n. 4, out./dez. 2014, p. 276: "Ademais, com o decorrer do tempo veio a acontecer o que Chiovenda preanunciara no primeiro quartel do século passado, vale dizer, a evolução do processo civil restaria por unir as famílias do *civil law* e da *common law*, permitindo uma interação capaz de institutos de um sistema serem úteis ao outro. Aliás, ao longo das últimas décadas, os sistemas romano-germânico e anglo-saxônico vêm emprestando um ao outro a sua experiência. Assim é que o Brasil, país de tradição legalista, vem se curvando à força dos precedentes judiciais tão íntimos do sistema anglo-saxônico, fórmula apta a fazer justiça igual para cidadãos que estão na mesma situação jurídica; ao passo que a Inglaterra, desde 1999, país de tradição dos precedentes, adotou um complexo Código de Processo Civil (*Rules of Civil Procedure*)".

massa (*Musterverfahren* e *Group Litigation Order*). No entanto, pouco nos perguntamos por que razão o direito alemão e o direito inglês, nos quais buscamos a inspiração de nossa técnica, não se valeram de suas respectivas ações coletivas, ou demais mecanismos de tutela coletivizada, para solucionar as milhares de demandas que justificaram a criação daqueles procedimentos.

Arriscamos o seguinte: tais ferramentas – tanto o *Musterverfahren* quanto a *Group Litigation Order* – são uma resposta direta à dificuldade das *class actions* de oferecerem uma solução massificada capaz de atender a necessidades garantísticas atreladas à autonomia individual na tutela massificada dos direitos individuais homogêneos.

Tendo, do outro lado do Atlântico, observado os crescentes fracassos documentados da tutela coletiva norte-americana após a segunda metade do século XX, a doutrina alemã e inglesa procurou caminhos alternativos, e a tutela pluri-individual, com todas as suas ferramentas, é o produto ainda não acabado resultante desse esforço.

Os fracassos aos quais nos referimos ficaram evidentes na experiência dos EUA com as *class actions* indenizatórias,[4] das quais passaremos a nos ocupar brevemente.

2 Coletivismo e supressão da autonomia da vontade nas *class actions*

A história recente das *class actions* tem como marco divisor um julgamento da Suprema Corte norte-americana de 1999: o caso *Anchem Products, Inc. v. Windsor*.[5]

Já tivemos a oportunidade de dissertar com maior vagar sobre o tema em outra ocasião, mas, basicamente, o que se debateu ali foi a adequação de uma *settlement class action* aos requisitos estabulados pela *Rule 23* das *Federal Rules of Civil Procedure*, tendo por pano de fundo um dano infligido a milhões de trabalhadores da indústria norte-americana pelo mineral amianto, o que atraía a responsabilidade de dezenas de empresas.

Na década de 1960, esses trabalhadores começaram a demandar individualmente no Judiciário reclamando indenizações de alto valor

---

[4] Aqui nos referimos tanto à *class action* for damages quanto à *settlement class action*.
[5] Relevante para esse cenário, assim como o *Anchem Products, Inc. v. Windsor*, foi também o caso *Ortiz v. Fibreboard Corp*, decidido em 1998 e que também versava sobre o problema do amianto. No entanto, fazemos opção por não explorá-lo aqui. Basta o registro de que aponta para as mesmas conclusões.

pela exposição ao mineral, que era altamente cancerígeno. Falamos de um grupo potencial de 13 a 21 milhões de pessoas.

Naturalmente, o Judiciário norte-americano teve de cogitar alternativas para solucionar o fluxo inesgotável de demandas que ingressavam diariamente nas Cortes. A aposta inicial foram as ações coletivas: modificou-se a *Rule 23* das *Federal Rules of Civil Procedure*, passando a se admitir a figura das *class actions for damages* (uma espécie de ação coletiva indenizatória, que antes não era possível, já que as *class actions* eram declarativas, constitutivas ou mandamentais) e o mecanismo do *opt-out* (que vincula à decisão coletiva aqueles que não optarem por se excluir do processo, mecanismo que, por sua vez, trabalha com a inércia, aumentando a extensão da classe exponencialmente em relação a classes *opt-in*).[6]

Uma alternativa eram as *settlement class actions*, uma espécie de *class action* que busca a homologação de um acordo coletivo, muito utilizada para as indenizações de massa. Outros mecanismos foram criados, como o *multidistrict litigation* (MDL) e os *bellwether trials*.[7] No entanto, pelo menos nesse primeiro momento, o carro-chefe do combate à litigiosidade eram as *class actions* indenizatórias.

Não tardou para que sérios problemas começassem a surgir, dos quais nos ocuparemos apenas de um:[8] os problemas de representação na tutela coletiva.

Pendentes as milhares de ações coletivas, por todo Estados Unidos, pleiteando reparação pelos danos sofridos, foi instaurado um MDL para fins de consolidação das múltiplas ações em juízo único.

---

[6] Cf. DODSON, Scott. An opt-in Option for Class Actions. *Michigan Law Review*, v. 115, issue 2, 2016, p. 184: "*Opt-out classes, which include all members who do not opt out, tend to be more inclusive than opt-in classes, which include only members who affirmatively opt in. Because of inertia, an opt-in regime would result in 'drastically reduce[d]' numbers of class members. An older empirical study from 1974 suggested that an opt-in mechanism would result in class sizes from around 40–70% smaller than opt-out classes. More recent studies have confirmed that an overwhelming percentage of class members— near 99%—follows the default in opt-out classes, often making for very large classes. Size matters for all kinds of reasons. The economies of scale are greater in large classes, making smaller-value claims more viable and saving all parties and the courts from duplicative litigation*".

[7] SANTOS, Caio Victor Ribeiro. *Bellwether trials*: a experiência norte-americana com os julgamentos por amostragem. *Revista de Processo*, v. 328, 202

[8] Para uma análise completa, ver MULLENIX, Linda S. Ending Class Actions as We Know Them: Rethinking the American Class Action (June 21, 2014). *64 Emory Law Journal 399* (2014); U of Texas Law, Public Law Research Paper n. 565. Disponível em: ssrn.com/abstract=2457429. Acesso em: 26 abr. 2021. Esse artigo possui uma versão em português traduzida pelos autores deste artigo: MULLENIX, Linda. O fim do processo coletivo tal como o conhecemos: repensando a *class action* norte-americana. Trad. Bruno Dantas. *Revista dos Tribunais*, São Paulo, v. 283, ano 43, set./2018

Uma vez consolidadas as ações, deu-se início às tratativas para se tentar chegar a um acordo global (*global settlement*, que é um acordo destinado a pôr um fim definitivo à responsabilidade do réu). As negociações foram conduzidas pelas partes e advogados nomeados como representantes do descomunal, em extensão, grupo de lesados, tanto em nome daqueles que já tinham ajuizado ações quanto daqueles em quem os efeitos do amianto ainda não tinham se evidenciado e, portanto, sequer haviam procurado o Judiciário.

Das tratativas resultou um esquema indenizatório, submetido à apreciação do Judiciário por meio de uma *settlement class action*, que dividia os elegíveis para reparação em quatro categorias: (i) pessoas que adquiriram mesotelioma; (ii) pessoas que adquiriram câncer de pulmão; (iii) pessoas que adquiriram outros tipos de câncer (como câncer de esôfago, estômago etc.); e (iv) pessoas que adquiriram *"non-malignant condition"* (como asbestose).

Também integrava os termos do acordo que: (i) pessoas que eventualmente ainda não tivessem desenvolvido qualquer doença poderiam se habilitar dentro das quatro categorias quando ela viesse a se manifestar; que (ii) o fundo criado para a indenização dos prejudicados ficaria disponível por 10 anos e não seria atualizado conforme a inflação; e que (iii) aqueles que não se inserissem nas quatro categorias iriam receber um valor prefixado.[9]

Em primeira instância, a Corte chancelou o acordo e certificou a demanda coletiva, ao argumento de que ela satisfazia os requisitos da Rule 23, muito embora tenha sofrido inúmeras objeções, que alegavam a existência de um conflito de interesse entre os membros do grupo, notadamente entre aqueles em que os efeitos do amianto já haviam se manifestado e aqueles em que os efeitos ainda não haviam se manifestado.

A Corte de Apelações, por sua vez, entendeu que os interesses dos membros ausentes (aqueles que não haviam ainda ajuizado suas ações e aqueles que, embora o tivessem feito, não foram devidamente

---

[9] KLONOFF, Robert; H; BILICH, Edward K.M; MALVEAUX, Suzette M. Class actions and other multi-party litigation: cases and materials. American casebook series. 2. ed. Thomson West: 2006, p. 675: "*The stipulation descibes four categories of compensable disease: mesothelioma; lung câncer; certain 'other cancers' (colon-rectal, laryngeal, esophageal, and stomach cancer); and 'mon-malignant conditions' (abestosis and bi-lateral pleural thickening). Persons with 'exceptional' medical claims – claims that do not fall within the four described diagnostic categories – may in some instances qualify for compensation, but the settlement caps the number of 'exceptional' claims CCR must cover*".

considerados na negociação) não foram adequadamente representados, não atendendo ao requisito da *adequacy* da *Rule 23*, negando certificação à *class action*, que havia sido concedida em primeiro grau.

Levada a questão à apreciação da Suprema Corte, esta confirmou a decisão da Corte de Apelações argumentando, em síntese, que *"The settling parties, in sum, achieved a global compromisse with no structural assurance of fair and adequate representation for the diverse groups and individuals affected"*.[10] E reconheceu que a *class action* não conseguiu satisfazer os requisitos de predominância da questão comum (*predominance*) e da representação adequada (*adequacy of representation*), pois o grupo possuía inúmeras particularidades em virtude dos tipos de efeitos colaterais sofridos, do que decorriam múltiplas pretensões com interesses divergentes, como era o caso daqueles que já haviam sido afetados negativamente pelo amianto (*currently injured claimants*) e aqueles em que os efeitos ainda não haviam se evidenciado (*exposure-only claimaints*).

Ora, o primeiro grupo, mal ou bem ouvido pelos representantes que negociaram os acordos, naturalmente desejava obter as indenizações mais generosas possíveis; o segundo grupo, sem voz alguma, desejava que essa indenização fosse a mais justa possível[11] (pois era inevitável a alocação de custos que terminaria por retirar deles justas indenizações no futuro), ou que o fundo ficasse disponível por mais tempo, ou que fosse, no mínimo, corrigido monetariamente, ou que o valor prefixado para quem não se inserisse nas categorias indicadas pudesse ser melhor avaliado conforme cada caso.

Fato é que os negociadores do acordo coletivo entabulado na *class action*, praticamente, escolheram um time.[12] E, ao fazê-lo, ignoraram inúmeras particularidades de outras pretensões individuais que teriam direito de ser mais bem consideradas se não fossem coletivizadas. Não obstante, ainda que a ação coletiva fosse a julgamento, como se fosse uma *class action for damage*s pura, a sentença dificilmente conseguiria endereçar em totalidade, sem supressões, a diversidade de pretensões

---

[10] KLONOFF, Robert. *Op. cit.*, p. 681.
[11] Idem: *"In significant respects, the interests of those within the single class are not aligned. Most saliently, for the currently injured, the critical goal is generous immediate payments. That goal tugs against the intereset of exposure-only plantiffs in ensuring na ample, inflation-protected fund for the future"*.
[12] KLONOFF, Robert. *Op. cit.*, p. 681: *"As the Third Circuit pointed out, named parties with diverse medical conditions sought to act on behalf of a single giant class rather than on behalf of discrete subclassses. In significant respects, the interests of those within the single class are not aligned."*

envolvidas em um grupo tão extenso como o que se tinha ali. Qualquer delimitação de categorias – conquanto busque prestigiar as subclasses – corre o risco de deixar alguém de fora, ou de que seja induzida por representantes que não tenham suficiente unidade de interesses com as subclasses a legitimar a submissão destas últimas às suas decisões,[13] como foi o caso do esquema reparatório do caso em questão. E ainda que se cogitasse atribuir um representante adequado para cada subclasse, disso poderia resultar uma "subclassificação" tão extensa quanto as peculiaridades de cada pretensão. Como escreve Jack Weinstein, "pode haver um custo em criar mais subgrupos, cada qual com seu representante", isso porque "quanto mais subclasses são criadas, mais sérios conflitos despontam para superfície e obstaculizam os acordos".[14] Nessas circunstâncias, quanto mais segmentado em subgrupos, cada qual com seus defensores, mais distante se estaria de um consenso comum. A ação coletiva simplesmente não é a ferramenta processual adequada para tais casos.

Esse julgamento, que resultou na anulação de um acordo avaliado em 1.3 bilhões de dólares, que recompensaria imediatamente mais de 100 mil pessoas, enviou uma mensagem bem clara para o mundo: o Estado não está autorizado a fazer política judiciária ceifando direitos individuais, e as ações coletivas, quando destinadas à tutela de direitos individuais homogêneos, criam sérios riscos de que isso aconteça. Não à toa, mais tarde, Linda Mullenix vai propor a extinção da *class action for damages*.[15]

Não são poucos os que escrevem acerca da tutela jurisdicional no mundo após *Anchem Products, Inc. v. Windsor*.[16] Em reação a esse julgamento é que a Europa passou a adotar um modelo diferente para a tutela de direitos individuais homogêneos:[17] os "procedimentos

---

[13] Idem: "*The adequacy inquiry under Rule 23 (a)(4) serves to uncover conflicts of interest between named parties and the class they seek to represent. '[A] class representative must be part of the class and 'possess the same interest and suffer the same injury' as the class members.*"

[14] NAGAREDA, Richard A; BONE, Robert G. BURCH, Elizabeth Chamblee; SILVER, Charles; WOOLLEY, Patrick. *The law of class action and other aggregate litigation*. 2. ed. Foundation Press, 2008, p. 126

[15] MULLENIX, Linda. O fim do processo coletivo tal como o conhecemos: repensando a *class action* norte-americana. Trad. Bruno Dantas. *Revista dos Tribunais*, São Paulo, v. 283, ano 43, set./ 2018.

[16] Cf. HENSLER, Deborah. As Time Goes By: Asbestos Litigation After Amchem and Ortiz. *Texas Law Review*, Austin, v. 80, Ed. 7, (Jun 2002): 1899-1924; ISSACHAROFF, Samuel. Shocked: Mass Torts and Aggregate Asbestos Litigation after Amchem and Ortiz. *80 TEX. L. REV.* 1925 (2002).

[17] Comentando a reação do sistema Europeu, Samuel Issacharoff e Geoffrey P. Miller relatam: (Will aggregate litigation come to Europe? Law & Economics Research Papers

modelo" ou "causa-piloto", espécie do que chamamos de tutela pluri-individual, dos quais são expoentes o *Musterverfahren* alemão e a GLO inglesa.

Devemos destacar que os próprios Estados Unidos – e este é um ponto pouco explorado pelos estudiosos no Brasil –, depois desse julgamento, passaram a utilizar com mais frequência técnicas de tutela pluri-individual para a solução dos *mass torts*, a partir de uma solução que conjuga o *Multidistrict litigation* e os *Bellwether trials*.[18]

O modelo procedimental desses mecanismos é concebido para evitar, ou no mínimo mitigar, os problemas que as ações coletivas atraem. Na tutela pluri-individual, não se veda a ninguém a oportunidade de ajuizar sua demanda individual, com a sua respectiva definição particular e individualizada dos argumentos jurídicos e pedidos. A arquitetura procedimental dessas técnicas preserva a individualidade em meio à massa, aliando economia de escala ao direito de ação e ao devido processo legal. Em suma: em meio à tentação do coletivismo, preservam a autonomia do indivíduo.

O *"one size fits all"* – solução simples, rápida e tentadora para problemas tão complexos como os postos pelos litígios de massa que envolvem pretensões de alto valor e danos significativamente díspares – é incompatível com a dose saudável de individualismo sobre a qual o devido processo legal se ergueu e que ainda preserva.

Series. Working paper n. 08-46. Nov. 2008): *"And, yet, one need spend only a few minutes in conversations with European reformers before the proverbial 'but' enters the discourse: 'But, of course, we shall not have American-style class actions'"*. Rachel Mulheron, professora da Universidade de Londres, a esse respeito, anota: *"Two reasons contributed to the implementation of group litigation order as the principal means by which to handle multi-party litigation in England, rather than the class action device. First, class action regimes are perceived to lack utility and flexibility. Secondly, unfavourable comments have repeatedly been made in respect of the US class action regime"* (Grifos nossos). MULHERON, Rachel. *The class action in common law legal systems*: a comparative perspective. Oxford-Porland: Hart Publishing, 2004, p. 68.

[18] A terceira edição de uma das principais obras de Linda Mullenix (Mass Tort Litigation: Cases and Materials (3. ed.), base da disciplina que leciona na Universidade do Texas, reflete essas mudanças. Cf.: *"This third edition of Mass Tort Litigation is revised to reflect developments in mass tort litigation in the decade since the second edition. The revised text addresses mass tort class litigation in a post-Amchem/Ortiz world. New materials have been added concerning expanded use of MDL auspices, bellwether trials, non-class aggregate settlements, the quasi-class action, the aggregate settlement rule, and the ethical duties of attorneys with clients in MDL and non-class proceedings"*. Disponível em: law.utexas.edu/faculty/publications/2017-Mass-Tort-Litigation-Cases-and-Materials (Grifamos).

3 O incidente de resolução de demandas repetitivas como técnica processual voltada à preservação da autonomia individual na resolução dos litígios de massa

O Código de Processo Civil de 2015, ao adotar mecanismo inspirado no *Musterverfahren* alemão e na GLO inglesa, coloca-se na esteira de uma tendência vanguardista[19] que aprendeu com a experiência da tutela coletiva e que pretende não incorrer nos mesmos erros. Trata-se, o incidente de resolução de demandas repetitivas – conquanto ainda lhe possam ser feitas certas críticas[20] –, de uma ferramenta sofisticada, capaz de conferir à tutela massificada dos direitos individuais homogêneos uma aderência ao direito material superior à oferecida pelas ações coletivas que perseguem o mesmo fim, pois no IRDR quem define os contornos da ação são os próprios indivíduos prejudicados, e não algum representante coletivo, que nem sempre conhece bem ou sequer concorda com os interesses daqueles que representa.[21]

Tradicionalmente, existiam apenas duas formas de tutelar os direitos individuais homogêneos em juízo: ou permitir que eles fossem pleiteados pessoalmente por seus titulares, mediante ações individuais, ou por um agente a que a lei outorgasse legitimidade para realizar essa representação. Essa é, ainda, a realidade da tutela coletiva no Brasil, que fez opção pelo último modelo, guiado por um representante.

No entanto, o fato de o primeiro modelo ser impraticável não faz do segundo o modelo ideal. Inúmeros problemas de representação são apontados pela doutrina.[22]

---

[19] MENDES, Aluísio Gonçalves de Castro. *Incidente de resolução de demandas repetitivas*: sistematização, análise, e interpretação do novo instituto processual. Rio de Janeiro: Forense, 2017, p. 27-37

[20] ABBOUD, Georges; CAVALCANTI, Marcos de Araújo. Inconstitucionalidades do Incidente de Resolução de Demandas Repetitivas (IRDR) e os riscos ao sistema decisório. *Revista de Processo*, vol. 240, p. 221-242, 2015.

[21] ANDREWS, Neil. *Multi-party proceedings in England*: representative and group actions. Duke journal of Comparative and International Law 11, 2001, p. 260: "*Therefore, group actions involve positive opting-in, or at least a positive decision to litigate. This contrasts with representative proceedings where no such positive decision is necessary. Representative proceedings can effectively take place behind the backs of class members without their knowledge, participation, or control*".

[22] ARENHART, Sérgio Cruz. Processo multipolar, participação e representação de interesses concorrentes. *In:* ARENHART, Sérgio Cruz; JOBIM, Marco Félix (Org.). *Processos estruturais*. Salvador: Juspodivm, 2017, p. 426. VITORELLI, Edilson. *O devido processo legal*

Por ter adotado um modelo *ope legis* de controle da representação ao invés do *ope iudicis* norte-americano, a legislação brasileira não exige que o representante coletivo, ao propor uma ação coletiva para a tutela de direitos individuais homogêneos, demonstre concretamente sua capacidade para adequadamente representar o grupo, sendo esta presumida quando a ação coletiva preenche as – pouco rigorosas – condições legais. Isso faz o nosso controle de representação ser bem menos rigoroso do que o norte-americano, assimetria que se justifica pelo fato de as *class actions*, nos EUA, terem o condão de fazer coisa julgada *pro et contra* (a favor ou contra as partes processuais), o que não ocorre no Brasil, pois optou-se, aqui, pelo modelo de coisa julgada *secundum eventum litis*, isto é, em que a coisa julgada não se forma em desfavor dos autores se julgada improcedente a ação.

Naturalmente, nosso modelo abre espaço para representações inábeis e defeituosas, ou, o que é pior, por atores que, ainda que habilmente postulando em juízo, não consultam os interesses daqueles que serão atingidos pelos efeitos da decisão. Disso resulta que uma sentença de procedência proferida em uma ação coletiva pode, sim, prejudicar os indivíduos a que se destina. Basta que não reflita seus reais interesses. Barbosa Moreira já percebia e destacava esse problema na década de 1980.[23]

Evidentemente, o IRDR não sana os problemas de representação da tutela coletiva – nem está, ele próprio, de todo isento de críticas quanto à representatividade –, mas cria uma nova alternativa à tutela dos direitos individuais homogêneos, uma vez que prestigia a natureza heterogênea das pretensões individuais e a análise das especificidades de cada demanda,[24] já que a coletivização que promove não ocorre antes do exercício do direito de ação pelos indivíduos – como ocorre nas ações coletivas –, mas depois, de forma incidental[25] e apenas para a definição da questão comum de direito.

---

coletivo: dos direitos aos litígios coletivos. São Paulo: Editora Revista dos Tribunais, 2016, p. 330

[23] BARBOSA MOREIRA, José Carlos. *Temas de direito processual civil*: terceira série. São Paulo: Editora Saraiva, 1984, p. 190.

[24] "A divisão da cognição, que o incidente [*Musterverfahren*] viabiliza, mitiga os problemas de análise das especificidades de cada demanda e viabiliza um melhor julgamento dos aspectos 'idênticos' das ações seriais. Tal exemplo não deve ser obviamente transportado ao direito brasileiro sem maiores reflexões, mas representa um exemplo de busca de dimensionamento do problema das ações repetitivas sem negligenciar as garantias processuais do modelo constitucional de processo". NUNES, *op. cit.*, p. 48.

[25] PINHO, Humberto Dalla Bernadina de; PORTO, José Roberto Mello. *Manual de tutela coletiva*. São Paulo: Saraiva, 2021.

Poder-se-ia dizer que entre a tutela individual e a tutela coletiva, o IRDR segue o caminho do meio, propondo uma solução que preserva a autonomia na definição dos contornos do processo pelos próprios titulares do direito e, ao mesmo tempo, viabilizando uma resolução massificada com a definição abstrata da questão comum de direito. Nisso está uma das grandes contribuições do CPC de 2015 para o sistema de justiça.

Com isso, dilata-se a caixa de ferramentas da tutela dos direitos individuais homogêneos. Se, tradicionalmente, dispunha-se apenas dos dois caminhos procedimentais retromencionados, o CPC de 2015 aí inseriu mais um: o do IRDR, que tem o mérito de reunir a habilidade de prover uma alternativa eficiente à impraticável resolução caso por caso das demandas repetitivas – promessa não (ou mal) cumprida pelas ações coletivas – sem, no entanto, incorrer no problema de homogeneização artificial dos direitos individuais, que macula a tutela jurisdicional, ainda que bem-intencionada, promovida pela ação coletiva para a tutela de direitos individuais homogêneos.

4 Dois pesos, duas medidas: pretensões de alto valor X pretensões de baixo valor e sua relação com a preservação da autonomia da vontade na tutela pluri-individual

Sustentar que o IRDR possui a virtude – um tanto inexplorada – de preservar a individualidade em meio à massa traz consigo algumas implicações para ideias tradicionais que outrora a doutrina já defendeu sobre sua relação com as ações coletivas.

Tradicionalmente, sustenta-se que a relação entre o IRDR e a ação coletiva para a tutela dos direitos individuais homogêneos é de complementariedade.[26]

Entendemos que essa complementariedade existe no que tange à tutela de direitos individuais homogêneos que envolvam pretensões de baixo valor (*negative value claims*).[27] Isso porque tais pretensões esbarram

---

[26] MENDES, Aluisio Gonçalves de Castro; SILVA, Larissa Clare Pochmann da. *Op. cit.*, p. 158.

[27] *Negative value claims* e *positive value claims* é uma nomenclatura muito utilizada pela doutrina do direito processual coletivo norte-americana, já mais habituada com essa diferenciação. Para um estudo completo, ver HYLTON, Keith. N. Deterrence and Aggregate Litigation. *Law and Economics Research Paper* n. 17-45, Boston Univ. School of Law: "*Usefully, class action lawsuits have been put into two categories: those consisting of negative expected value*

em barreiras organizacionais[28] que levam seus titulares, em um juízo de custo-benefício, a entenderem não valer a pena ajuizar uma ação para perseguir seus direitos em juízo.[29] Nesse aspecto, as ações coletivas exercem um formidável papel que o IRDR não poderia de forma alguma exercer, já que a tutela pluri-individual é incidental e pressupõe, por essa razão, o exercício do direito de ação.

No que diz respeito à tutela de direitos individuais homogêneos em que estejam em questão pretensões de expressivo valor (*positive value claims*), no entanto, entendemos haver, em favor do IRDR, uma superioridade em relação à ação coletiva que persiga o mesmo objeto. Razões relacionadas à autonomia da vontade assim aconselham.

Em se tratando de pretensões de valor suficientemente expressivo a justificar o exercício do direito de ação, o IRDR, mais do que técnica complementar, é, na verdade, o procedimento mais adequado de tutela, já que resguarda a esfera de autonomia individual dos titulares do direito violado onde a representação coletiva já provou atrair sérios riscos de supressão. E o faz porque permite que cada titular busque seu próprio representante legal e promova uma ação judicial confeccionada conforme as particularidades do seu caso, de modo que o destino de sua ação possa estar nas suas próprias mãos, e não nas de um representante legal coletivo que lhe seja desconhecido e cujas percepções sobre o litígio possam destoar dos seus reais interesses

Onde existem pretensões de alto valor existe, em regra, um forte interesse de seus titulares em reivindicá-las em juízo. Isso é o que nos prova, por exemplo, o grande dilema dos litígios de massa nos EUA

---

claims, where the expected individual recovery would be less than the claimant's cost of litigation (for example, consumer claims), and those consisting of positive expected value claims (for example, securities claims)".

[28] Falando em "obstáculo organizacional", Cappelletti (O acesso à justiça e a função do jurista em nossa época. *Revista de Processo*, vol. 61, jan. 1991, p. 149): "O consumidor que tenha sofrido um leve dano por causa de um produto defeituoso ou por um defeito de confecção ou de embalagens do produto adquirido, normalmente não tenha suficiente motivação, informação, força econômica para levar a Juízo o poderoso produtor, o '*mass-wrongdoer*'; e, ainda que o fizesse, o resultado de sua vitória seria irrisório e certamente não teria a eficácia decorrente da representatividade que pudesse impedir o produtor de continuar tranqüilamente com suas atividades. (...) No plano individual, este tipo de interesse resta, praticamente, privado de tutela eficaz. A exigência tem sido aquela de se 'organizar' tais interesses, de dar um 'autor' – um 'ator ideológico' (*ideological plaintiff*) a estes interesses".

[29] Como explica Judith Resnik, a *class action* é um mecanismo criado pelo Estado para subsidiar a judicialização de pretensões que, do contrário, não encontrariam incentivos econômicos suficientes para serem levadas ao Judiciário (Money matters: judicial Market interventions creating subsidies and awarding fees and costs in individual and aggregate litigation. *University of Pennsylvania Law Review*, v. 148, p. 2191).

envolvendo o amianto. O que se tinha ali eram múltiplas lesões que infligiram danos suficientemente expressivos a justificar que cada parte expressasse um alto nível de preocupação com a condução da ação coletiva. Uma representação defeituosa significaria uma indenização injusta. Daí toda a ênfase dada ao tema da representação adequada nesses litígios. Onde o dano é elevado, o interesse na ação também o é, e, na mesma linha, igual relevância se deve dar à autonomia individual. Isso explica a insistência norte-americana com a representação adequada e com o *opt-out*: trata-se de mecanismos que permitem a individualidade se impor sobre a massificação.

Nesses casos, o interesse do titular do direito no controle dos rumos do processo é mais saliente devido à aptidão que o caso tem que repercutir de forma impactante sobre sua vida, do que decorre sua necessidade de maior engajamento no caso, que, de forma ideal, concretiza-se na propositura de sua própria ação individual ou, no bojo de uma ação coletiva, realiza-se na efetiva consideração de sua voz pelo legitimado coletivo.

Onde existem pretensões de baixo valor, porém, o que se nota, em regra, é um baixo interesse de seus titulares em reivindicá-los em juízo. O caso *Nienaber v. Citibank* (Dakota do Sul, 2007), por exemplo, envolvia uma ação coletiva de consumo cuja classe era formada por mais de um milhão de consumidores. Na fase de cumprimento de sentença, nem sequer um deles apareceu em juízo para reclamar os valores depositados em juízo. O motivo? O dano sofrido por cada consumidor individualmente era extremamente baixo. Entre ir à justiça por centavos e a inércia, esta prevaleceu. Daí terem os norte-americanos desenvolvido os *cy pres settlement*: acordos que direcionam os valores obtidos em juízo a instituições de sociais ou caridade cujo perfil se aproximem daquele da classe da ação coletiva, quando as indenizações não são suficientemente expressivas a justificarem uma distribuição individualizada.[30] Lógica semelhante subjaz o *fluid recovery* do art. 100 do Código de Defesa do Consumidor.

---

[30] THE AMERICAN LAW INSTITUTE. *Princípios do direito*: processo agregado. Trad. Bruno Dantas. São Paulo: Editora Revista dos Tribunais, 2017, p. 273: "(...) somente permite a utilização da tutela *cy pres* quando uma distribuição direta aos membros da classe não for factível – seja porque seus membros não podem ser razoavelmente identificados, seja porque os pagamentos envolveriam quantias tão pequenas que, por conta dos custos de transação envolvidos, sua distribuição não seria economicamente viável. Em tais circunstâncias, deve haver uma obrigação de entregar os fundos remanescentes a uma instituição cujos interesses se assemelhem, tanto na composição quanto no objetivo, àqueles perseguidos pela classe".

Nesses casos, o interesse do titular do direito no controle dos rumos do processo é diminuto. Isso devido à baixa repercussão que o caso exerce sobre sua vida.

Tendo isso em vista, entendemos que a preocupação da tutela coletiva e pluri-individual com a representação adequada deve incorporar tal diferenciação e ser calibrada à luz de sua presença, ou não, no caso concreto: por um lado, onde as pretensões sejam de baixo valor, a tendência à renúncia natural ao direito de ação torna a tutela coletiva (via ação coletiva para a tutela de direitos individuais homogêneos) o caminho procedimental preferencial para a reivindicação desses direitos em juízo; por outro lado, onde as pretensões sejam de alto valor, a preservação da autonomia individual recomenda que a tutela pluri-individual (via Incidente de Resolução de Demandas Repetitivas) seja a rota procedimental preferencial para a resolução dos litígios envolvidos.

Em síntese, vislumbramos uma relação mista entre ambas as técnicas na tutela de direitos individuais em lides massificadas: por um lado, de complementariedade para a tutela de pretensões inexpressivas; por outro, de superioridade para a tutela de pretensões suficientemente expressivas a justificar o exercício do direito de ação.

No fundo, o que demarca a diferença entre a complementariedade e a superioridade entre as técnicas é a percepção de que o IRDR tem outro fundamento que não apenas a isonomia e a segurança jurídica previstas no art. 978 do CPC 2015. Esse fundamento, porém, não é expresso, mas implícito. Trata-se da autonomia individual.

Conclusão

Os fundamentos constantemente invocados para justificar a criação do IRDR, que inclusive constam expressamente do CPC, são dois: isonomia e segurança jurídica.

Este ensaio foi um pouco além do discurso tradicional e pretendeu discutir um outro fundamento que está impresso na própria arquitetura procedimental do IRDR, embora não conste explicitamente da lei: a garantia da autonomia individual.

Os fracassos da tutela coletiva fizeram a doutrina processual se ocupar da representação adequada e do devido processo legal na tutela coletiva. Das *class actions* norte-americanas aos procedimentos-piloto europeus, no epicentro deste debate está a necessidade de evitar que a tutela processual, em um mundo de relações sociais massificadas, à pretexto de ser eficiente, atropele com o rolo compressor do *"one size fits all"* séculos de garantias constitucionais voltadas à proteção do indivíduo.

Conquanto do IRDR se destaque a garantia da isonomia e da segurança jurídica, a ferramenta traz em sua essência o que o *Musterverfahren* e a *Group Litigation Order* procuraram evitar: a supressão da autonomia individual na tutela de massa

Entre a tutela individual e a tutela coletiva, o IRDR segue o caminho do meio e propõe uma solução que preserva a autonomia na definição dos contornos do processo pelos próprios titulares do direito, fazendo com que onde haja suficiente interesse para ajuizamento da ação – e o IRDR pressupõe esse exercício – o destino do processo fique nas mãos do próprio titular do direito, e não, como ocorre nas ações coletivas, nas de um legitimado coletivo cuja representação carece de um controle rigoroso de adequação.

Em síntese, o IRDR é uma técnica de coletivização cuja arquitetura procedimental tem, por vocação, ainda que dela se tenha pouca consciência, a habilidade de preservar a individualidade em meio à massificação, estando aí – na preservação da autonomia individual – seu fundamento implícito, que não deixa, por essa razão, de ser tão relevante (diria, talvez, até mais) quanto os dois outros dispostos expressamente na lei.

Referências

ABBOUD, Georges; CAVALCANTI, Marcos de Araújo. Inconstitucionalidades do Incidente de Resolução de Demandas Repetitivas (IRDR) e os riscos ao sistema decisório. *Revista de Processo*, vol. 240, 2015.

ANDREWS, Neil. Multi-party proceedings in England: representative and group actions. *Duke Journal of Comparative and International Law* 11, 2001.

ARENHART, Sérgio Cruz. Processo multipolar, participação e representação de interesses concorrentes. *In:* ARENHART, Sérgio Cruz; JOBIM, Marco Félix (Org.). *Processos estruturais*. Salvador: Juspodivm, 2017, p. 423- 449.

ARRUDA ALVIM, Teresa; DANTAS, Bruno. *Recurso especial, recurso extraordinário e a nova função dos tribunais superiores*. 6. ed. São Paulo: Revista dos Tribunais, 2019.

CAPPELLETI, Mauro. O acesso à justiça e a função do jurista em nossa época. *Revista de Processo*, vol. 61, 1991.

DANTAS, Bruno. Jurisdição coletiva, ideologia coletivizante e direitos fundamentais. *Revista de Processo*, v. 251, p. 341-358, 2016.

DODSON, Scott. An opt-in Option for *Class actions*. *Michigan Law Review*, vol. 115, issue 2, 2016.

FUX, Luiz. O novo processo civil. *Rev. TST*, Brasília, vol. 80, n. 4, out./dez. 2014.

HENSLER, Deborah. As time goes by: asbestos litigation after Amchem and Ortiz. *Texas Law Review*, Austin, vol. 80, Ed. 7 (Jun. 2002): 1899-1924.

HYLTON, Keith. N. Deterrence and Aggregate Litigation. *Law and Economics Research Paper*, n. 17-45, Boston Univ. School of Law.

ISSACHAROFF, Samuel. Shocked: Mass Torts and Aggregate Asbestos Litigation after Amchem and Ortiz. *80 TEX. L. REV. 1925 (2002)*.

ISSACHAROFF, Samuel; MILLER, Geoffrey P. Will aggregate litigation come to Europe? *Law & Economics Research Papers Series*, Working paper n. 08-46. Nov. 2008.

KLONOFF, Robert. H; BILICH, Edward K.M; MALVEAUX, Suzette M. *Class actions and other multi-party litigation:* cases and materials. American casebook series. 2. ed. Thomson West: 2006.

MENDES, Aluísio Gonçalves de Castro. *Incidente de resolução de demandas repetitivas:* sistematização, análise e interpretação do novo instituto processual. Rio de Janeiro: Forense, 2017.

MULHERON, Rachel. *The class action in common law legal systems*: a comparative perspective. Oxford-Porland: Hart Publishing, 2004.

MULLENIX, Linda S. Ending *Class actions* as We Know Them: Rethinking the American *Class action* (June 21, 2014). 64 *Emory Law Journal 399* (2014); U of Texas Law, Public Law Research Paper No. 565. Disponível em: ssrn.com/abstract=2457429. Acesso em: 26 abr. 2021.

MULLENIX, Linda. O fim do processo coletivo tal como o conhecemos: repensando a *class action* norte-americana. Trad. Bruno Dantas. *Revista dos Tribunais*, São Paulo, v. 283, ano 43, set./ 2018.

NAGAREDA, Richard A; BONE, Robert G. BURCH, Elizabeth Chamblee; SILVER, Charles; WOOLLEY, Patrick. *The Law of Class action and Other Aggregate Litigation*. 2. ed. Foundation Press, 2008.

PINHO, Humberto Dalla Bernadina de; PORTO, José Roberto Mello. *Manual de tutela coletiva*. São Paulo: Saraiva, 2021.

REDISH, Martin H.; KARABA, Julie M. One size doesn't fit all: multidistrict litigation, due process, and the dangers of procedural collectivism. *Boston University Law Review*, vol. 95, 2015. Disponível em: www.bu.edu/bulawreview/files/2015/02/REDISH.pdf. Acesso em: 01 fev. 2022.

RENISK, Judith. Money matters: judicial Market interventions creating subsidies and awarding fees and costs in individual and aggregate litigation. *University of Pennsylvania Law Review*, vol. 148, p. 2191.

SANTOS, Caio Victor Ribeiro. Bellwether trials: a experiência norte-americana com os julgamentos por amostragem. *Revista de Processo* (aceito para publicação em 27 de janeiro de 2022).

THE AMERICAN LAW INSTITUTE. *Princípios do direito*: processo agregado. Trad. Bruno Dantas. São Paulo: Editora Revista dos Tribunais, 2017.

VITORELLI, Edilson. *O devido processo legal coletivo*: dos direitos aos litígios coletivos. São Paulo: Editora Revista dos Tribunais, 2016.

Informação bibliográfica deste texto, conforme a NBR 6023:2018 da Associação Brasileira de Normas Técnicas (ABNT):

DANTAS, Bruno. SANTOS, Caio Victor Ribeiro dos. One size doesn't fit all: a preservação da autonomia individual como fundamento implícito do IRDR. *In*: DANTAS, Bruno. *Tópicos atuais em Processo Civil: individual, coletivo e pluri-individual*. Belo Horizonte: Fórum, 2024, p. 119-136. ISBN 978-65-5518-806-6.

A CONTRIBUIÇÃO DO CONTENCIOSO COLETIVO NORTE-AMERICANO PARA O COMBATE À JUDICIALIZAÇÃO NO BRASIL

BRUNO DANTAS

CAIO VICTOR RIBEIRO DOS SANTOS

Introdução

Embora a doutrina processual no Brasil tenha, por muito tempo, ficado presa às lições italianas sobre o processo coletivo, não é de hoje que o mundo, e acertadamente nós, há algumas décadas, voltamos nossas atenções para a doutrina norte-americana. Não que antes já não o fizéssemos, como delata uma série de dispositivos da LACP e do CDC, mas é que o fazíamos através da ponte que nos concediam as obras italianas.

Longe de qualquer fetichismo que se possa tentar atribuir à comparação entre institutos anglo-saxões e romano-germânicos, que inclusive ganhou solidez nos últimos tempos, e em certos aspectos com muita razão, não se pode ignorar que os norte-americanos, sobretudo depois da segunda metade do século passado, produziram notória e fecunda literatura científica acerca do processo coletivo e da judicialização de massa.

É verdade que os números brasileiros, em termos de judicialização, seriam suficientes para terrificar mesmo o mais engajado dos coletivistas daquele país. Todavia, essa ampla produção se deve (entre outros, sim, mas a esse em especial) a um evento particular que, após a década de

1960, por uma série de peculiaridades normativas e econômicas, inundou as Cortes norte-americanas de ações judiciais e apresentou-lhes problemas similares aos que enfrentam os Tribunais no Brasil hoje: a crise do amianto.

Nunca, em toda a história dos Estados Unidos, as Cortes dos EUA tiveram de enfrentar um número tão elevado de litigantes efetivos e potenciais. Naturalmente, os acertos e desacertos dessa experiência, e a própria complexidade das questões jurídicas envolvidas, evidenciadas sobretudo no julgamento da Suprema Corte dos casos *Anchem Products, Inc. v. Windsor* e *Ortiz v. FibreboardCorp*, criaram um acervo de lições que mais tarde seriam estudadas, analisadas e incorporadas por parte da doutrina brasileira na elaboração de um dos mecanismos mais promissores do Código de Processo Civil de 2015 para o combate à judicialização: o Incidente de Resolução de Demandas Repetitivas.

O que se pretende neste breve ensaio é demonstrar de que maneira a experiência norte-americana com as *class actions* – e aqui trataremos de seus insucessos – foi determinante para que no Brasil se optasse, como uma das grandes medidas no combate à judicialização de massa, pelo desenvolvimento da chamada tutela pluri-individual.

Após identificar as origens do despertar para o fenômeno da litigiosidade de massa, passar-se-á, em seguida, a demonstrar as nuances processuais da mais fecunda experiência norte-americana em termos de judicialização para, ao final, apontar especificamente quais foram os motivos determinantes dessa experiência com as *class actions* que levaram o Brasil a se distanciar da tutela coletiva e optar pela pluri-individual para a resolução de questões repetitivas envolvendo direitos individuais homogêneos.

1 Judicialização de massa: razões e iniciativas do vanguardismo norte-americano

No início do século passado, dois grandes estudiosos, preocupados com o futuro do direito que se iniciava, produziram notáveis trabalhos acerca da administração da justiça, cujas lições, apesar da distância no tempo, jamais perderam sua atualidade. Um deles, Chiovenda, ministrou, em 1901, aula magna sobre "As formas na defesa judicial dos direitos". O outro, Roscoe Pound, proferiu, em 1906, a clássica conferência sobre "As causas da insatisfação popular com a administração da Justiça".

Da aula magna de Chiovenda pode-se destacar uma afirmação cuja atualidade é inquestionável ao jurista do século XXI: "o desenvolvimento da civilização, o crescimento dos domínios territoriais e do intercâmbio comercial, ao multiplicar as relações, multiplica as lides e as torna mais graves e complicadas".[1] Roscoe Pound, por sua vez, falando em um mundo atarefado e superpopuloso (*busy and crowded world*) que progressivamente intensifica a complexidade das relações sociais, observava que, numa época de transformações rápidas, o direito tem dificuldade de avançar com igual celeridade, deixando um sentimento geral no público de que os órgãos jurisdicionais são ineficientes. Criticando os exageros do contencioso da *common law*, que considerava arcaico e obsoleto para as necessidades da época, Roscoe Pound conclui: "Nossa administração da justiça não é decadente. Ela é simplesmente antiquada".[2]

Embora as opiniões de ambos os estudiosos sejam formadas com base nos dados de épocas passadas, voltadas a um Poder Judiciário que ainda não conhecia os impasses da judicialização, não nas proporções do mundo globalizado de hoje, suas lições não perdem utilidade prática porquanto se referem à administração da justiça – lugar no qual se insere a judicialização de massa, que não é senão um desafio novo de um problema antigo. Suas palavras são especialmente importantes para o Brasil, uma vez que os estudiosos daqui, nos últimos anos, têm envidado múltiplos esforços no sentido de acompanhar o ritmo das vicissitudes da sociedade de massa, buscando aperfeiçoar a ordem jurídica pátria para lidar com os problemas desse tempo, que são novos e desafiadores.

Um dos principais eventos históricos que demarca o surgimento de uma preocupação mais fecunda com a temática da litigiosidade de massa foi a *Pound Conference* de 1976, sediada nos Estados Unidos, que teve como mote o famoso discurso proferido por Roscoe Pound anteriormente referido. Essa nova conferência organizada setenta anos depois, pelo *Chief Justice* Warren Burguere, promovida pela *Judicial Conference of United States, the Conference of Chief Judges* e *the American*

---

[1] CHIOVENDA. *Ensayos de derecho procesal civil*. Trad. Santiago Sentis Melendo, Buenos Aires: Ed. Jur. Europa-América, 1949, 11/13, apud. ARAGÃO, Egas Dirceu Moniz de. Procedimento: formalismo e burocracia. *Rev. Tribunal Superior do Trabalho*, Porto Alegre, RS, v. 67, n. 1, p. 114-125. jan./mar. 2001.

[2] POUND, Roscoe. *The causes of popular dissatisfaction with the administration of justice*. Adress Before the Annual Convention of the American Bar Association (Ago. 29, 1906). Reimp. Nebraska College of Law, 1996, p. 15. Disponível em: https://law.unl.edu/Roscoe- Pound.pdf. Acesso em: 10 set. 2020.

Bar Association, teve por finalidade continuar os trabalhos iniciados em 1906,[3] agora, porém, com um cenário judicial que começava a ver de perto os desafios da litigiosidade de massa, como ficou evidente especialmente depois da explosão das ações repetitivas envolvendo o amianto, que as Cortes americanas enfrentaram a partir da década de 1960, momento que, por sua vez, também coincidiu com a promulgação da *Consumers Bill of Rights* de 1962.

O evento não ocorria ali, naquele momento, por um acaso. Com o fluxo inesgotável de ações que eram ajuizadas diariamente nas Cortes de todo país, em virtude dos danos causados pelo amianto, era hora de encontrar alternativas de reformular aspectos do processo tradicional, ou o sistema de justiça civil entraria em colapso.

Foi nessa conferência que pela primeira vez se falou no sistema multiportas (*Multi-door Courthouse*) de resolução de conflitos, assinalando-se o início do movimento de implantação dos *Alternative Dispute Resolutions* (ADRs), que foi levado a cabo nos Estados Unidos a partir da década de 1970. Acontecia ali, com certo grau de antecipação, o que Cappelletti caracterizava como a terceira onda do acesso à justiça[4] e que resultou na realização de uma série de experimentos, na criação de projetos pilotos, em mudanças nas regras federais e locais de processo civil,[5] entre outras iniciativas que hoje servem de fonte para países que apenas décadas depois foram começar a debater com seriedade a urgência de se criar alternativas mais eficientes para a litigância, como o Brasil.

Interessante notar que no combate a essa crise de judicialização os EUA não relegaram a responsabilidade inteira a um ou outro mecanismo; criaram, na verdade, uma rede de alternativas cujos graus de êxito e insucessos variaram. Alguns mecanismos criados nesse período denotam a necessidade que havia de se pensar um processo de massa para um problema de massa, sem, todavia, desatentar das garantias constitucionais. Entre eles, citamos o *MultiDistrict Litigation*, criado em 1968, e a modificação das regras de vinculação das *class actions* em 1966, com a introdução do mecanismo do *opt-out*.

---

[3] GABBAY, Monteiro Daniela. *Mediação & judiciário:* Condições necessárias para a institucionalização dos meios autocompositivos de solução de conflitos. Tese (Doutorado em Direito) – Faculdade de Direito da Universidade de São Paulo. São Paulo, 2011, p. 78.

[4] GABBAY, Monteiro Daniela. *Mediação & judiciário:* Condições necessárias para a institucionalização dos meios autocompositivos de solução de conflitos. Tese (Doutorado em Direito) – Faculdade de Direito da Universidade de São Paulo. São Paulo, 2011, p. 78.

[5] MORAIS, Lila Maia de. O sistema de múltiplas portas e judiciário brasileiro. *Direitos fundamentais e justiça*. Rio Grande do Sul, v. 5, n. 16, p. 204-220, jul./set/, 2011, p. 210.

O *MultiDistrict Litigation* consiste em um procedimento específico que permite a transferência de ações envolvendo questões de fato em comum de Cortes espalhadas por todo país para uma única Corte, para fins de decisão conjunta. Tratava-se de flexibilizar certas regras de jurisdição para atender a um imperativo de eficiência, economia processual, isonomia e segurança jurídica, visto que embora fosse forte a autonomia das Cortes estaduais, não poderia ela prevalecer sobre a resolução de um problema maior, que dizia respeito tanto à própria administração do Judiciário quanto ao direito dos litigantes.

O *opt-out*, por sua vez, consiste em uma técnica de economia de escala. Pelo novo procedimento, todos aqueles que, notificados, não se excluíssem expressamente da classe em que se inseriam em uma *class action*, seriam atingidos pela coisa julgada da decisão.

Como é sabido, diferentemente do Brasil, onde a coisa julgada das ações coletivas para a tutela de direitos individuais homogêneos não pode, em regra, prejudicar a esfera individual dos tutelados (coisa julgada *secundum eventum litis*), o regime de coisa julgada das *class actions* produz coisa julgada *pro et contra*, isto é, faz coisa julgada seja a favor, seja contra a classe. Isso se deve, evidentemente, a toda uma construção e noção de devido processo legal e acesso à justiça que encontra muita resistência no Brasil, mas que nos EUA é compensada pelo amplo e custoso procedimento de notificação,[6] bem como pelo rigoroso juízo de verificação, *in concreto*, da adequação da representação da classe.

O interessante dessa experiência com o *opt-out* é que esse mecanismo trabalha com o elemento da inércia, atuando de modo a ampliar o tamanho do grupo. É uma construção proposital: as pessoas que compõem a classe de uma *class action*, inertes, não optam por se excluir dela, e assim a extensão do alcance preclusivo da decisão coletiva é muito maior que em classes *opt-in*, em que é preciso ir adiante e solicitar sua inclusão.[7]

As *class actions*, passando a adotar *opt-out* como regra, e o *opt-in* como exceção, tornaram-se um importante instrumento de combate

---

[6] A notificação dos membros da classe, similar à nossa citação, deve, a princípio e em regra, ser custeada pelos advogados da ação coletiva, e a Corte empregará os melhores esforços possíveis para alcançar todos os membros passíveis de serem identificados. Dispõe a *Rule* 23, (b)(3) que: "*the Court shall direct to the members of the class the best notice to all members who can be identified through effort*".

[7] DODSON, Scott. An opt-in Option for Class Actions. *Michigan Law Review*, vol. 115, issue 2, 2016.

à judicialização. Isso era o que se esperava. O que não se esperava à época é que a homogeneidade fática que justificava tanto a reunião dos processos pelo MDL como a decisão coletiva através das *class actions* se revelasse tão heterogênea e cheia de particularidades, a ponto de inviabilizar e quase (não fossem os grandes acordos coletivos) inutilizar esse procedimento coletivo.

Essas disfunções, reveladas mais tardes em uma série de casos, foram determinantes para os estudos desenvolvidos no Brasil na elaboração de uma tutela mais aderente às nuances da litigiosidade de massa. Passemos, doravante, a abordá-las.

2 O problema do amianto nos Estados Unidos e a crise das *class actions*

Desde disputas decorrentes de implantes mamários até doenças provocadas pela exposição ao pó de sílica, as Cortes americanas, a partir da segunda metade do século passado, passaram a ser inundadas por demandas tão difíceis de serem geridas quanto de serem resolvidas. A jurisprudência daquele país passou a ser fonte valiosa de casos envolvendo litígios de massa, cujos acertos e desacertos ofereceram importantes perspectivas para o desenvolvimento do contencioso de massa no mundo hoje.

Ao longo do século XX, a indústria norte-americana fazia amplo uso do amianto, um mineral altamente cancerígeno utilizado em vários produtos comerciais, como telhas, pastilhas de freio e caixas d'água. A descoberta do perigo veio ainda na década de 1930, com o surgimento dos primeiros casos de contaminação. Não amparados por medidas efetivas de proteção, os casos, naturalmente, recrudesceram nos anos seguintes.[8]

A mais significativa porção dessa litigiosidade de massa, que mais tarde iria abalar o sistema de Justiça daquele país, encontra raízes

---

[8] "[This] *is a tale of danger known in the 1930s, exposure inflicted upon millions of Americans in the 1940s and 1950s, injuries that began to take their toll in the 1960s, and a flood of lawsuits beginning in the 1970s. On the basis of past and current filing data, and because of a latency period that may last as long as 40 years for some asbestos related diseases, a continuing stream of claims can be expected. The final toll of asbestos related injuries is unknown. Predictions have been made of 200.000 asbestos disease deaths before the year 2000 and as many as 265,000 by the year 2015.*" In: ESTADOS UNIDOS. Supreme Court. Ortiz et al. v. Fibreboard Corp. et al. Certiorari to the United States Court of Appeals for the Fifth Circuit, n. 97-1104, Washington DC, 23 jun. 1999, p. 821 e 866. Disponível em: https://supreme.justia.com/cases/federal/us/527/815/case. pdf. Acesso em: 22 set. 2020.

nas demandas individuais que começaram a ser levadas aos milhares, às cortes federais e estaduais estadunidenses entre os anos de 1970 e 1980, envolvendo os casos de danos à saúde gerados pela exposição de trabalhadores que, na produção dos produtos, acabavam sendo expostos ao mineral.

A partir da década de 1970, nos EUA, aqueles que haviam sido efetivamente afetados ou simplesmente expostos à produção do amianto durante a jornada de trabalho foram ao Judiciário buscar ressarcimento pelos danos sofridos ou que certamente se revelariam em breve. Em audiência pública ocorrida na Suprema Corte em 1991, o *Ad Hoc Committee on Asbestos Litigation*,[9] então encarregado de elaborar um relatório sobre a questão do amianto, constatou que entre 13 e 21 milhões de trabalhadores poderiam ter tido contato com a fibra mineral. Nunca, em toda a história dos EUA, as cortes americanas tiveram de enfrentar um número tão elevado de potenciais litigantes.

A busca pelo Judiciário, que não tardou em se transformar em um fluxo inesgotável de demandas, logo ocasionou o que se conhece, por lá, como *"mass tort litigation crisis"*. Estudos, fazendo amostras da época, revelam que em uma única Corte, em 1982, os processos não passavam de 16.000; em 1990 esse número aumentou para 30.000[10] e, em 2003, já ultrapassava o contingente dos 100.000[11] para um único caso. Esses números, ínfimos perante os do Brasil, não eram comuns para as Cortes americanas.

Essa avalanche, somando as vias de acesso dispersas por todo país, chegou a proporções tão alarmantes, que a Suprema Corte, em expressão que se tornou célebre, afirmou estar lidando com uma *"elephantine mass of abestos cases"* que desafiava os costumes tradicionais

---

[9] Justice Breyer: *"First, I believe the majority understands the importance of settlement in this case. Between 13 and 21 million workers have been exposed to asbestos in the workplace – over the past 40 or 50 years – but the most severe instances of such expo- sure probably occurred three or four decades ago."* In: ESTADOS UNIDOS. Supreme Court. Anchem Products, Inc., et al. v. Windsor et al. Certiorari to the United States Court of Appeals for the Third Circuit. No. 96-970. Washington DC, 18 feb. 1997, p. 631. Disponível em: https://supreme.justia.com/cases/federal/us/527/815/case.pdf. Acesso em: 22 set. 2020.

[10] MULLENIX, Linda S. *Mass Tort Litigation*: cases and materials. West Pub. 2. ed. 2008, p. 2.

[11] *"By the 1980s, what had once been a series of isolated cases turned into a steady flow Claimants began regularly obtaining significant awards. In 1982, Johns-Manville Corporation -- the single largest supplier of asbestos-containing insulation products in the U.S. and the primary target of the early claims declared bankruptcy due to the burden of the asbestos litigation. At that point, it had approximately 16.000 pending claims. By comparison, today it is common for some defendants to have more than 100.000 cases pending."* Íntegra do relatório em: http://www.americanbar.org/content/dam/aba/migrated/leadership/full_report.authcheckdam.pdf. Acesso em: 08 dez. 2015.

do sistema judicial americano.¹² Todo o sistema de justiça norte-americano não havia sido pensado para aquilo, tampouco as próprias *class actions*.

As *Federal Rules of Civil Procedure* (FRCP),¹³ ao reconhecerem a necessidade de se instalar um procedimento jurisdicional coletivo, encorajaram os lesados a se agruparem em extensos litisconsórcios e litigarem conjuntamente, por meio de *class actions*. O que não se esperava, entretanto, é que esse procedimento abrisse mais espaço para o agravamento da litigiosidade, fenômeno que, por sua vez, assemelha-se àquele que gerou os problemas decorrentes da ideologia coletivizante no Brasil.¹⁴

Deve-se observar que a jurisprudência americana verificou que a premissa de resolução massificada de litígios não confere tratamento adequado para os direitos individuais homogêneos envolvidos. Esse entendimento apareceu de forma mais nítida nas decisões dos casos *Amchem Products, Inc. v. Windsor e Ortiz v. FibreboardCorp*.

Nesses julgados, a Suprema Corte americana se pronunciou, em sede de tutela jurisdicional coletiva, sobre os casos de duas empresas que vinham sendo amplamente processadas, em diversos Estados, por terem exposto direta ou indiretamente trabalhadores ao amianto e, em razão disso, ter lhes causado diversos tipos de lesões.

Dada a amplitude dos danos causados pelo mineral, distintas categorias de lesados foram surgindo. Houve, por exemplo, quem

---

[12] Disse Justice Souter no julgamento do caso Ortiz, V. Fibreboard, 1999: "*Like Amchem Products, Inc. x Windsor. 521 U. S. 591 (1997), this case is a class action prompted by the elephantine mass of asbestos case, and our discussion in Amchem will suffice to show how this litigation defies customary judicial administration and calls for national legislation*". ESTADOS UNIDOS, *op. Cit.*, p. 821.

[13] As *Federal Rules of Civil Procedure* (FRCP) são o conjunto de regras que regem o procedimento de ações civis movidas nas Cortes federais dos Estados Unidos. Elas foram editadas pela Suprema Corte Americana e, em seguida, aprovadas pelo Congresso Nacional. Surgiram em 1938 com o objetivo de abolir as diferentes regras processuais que cada Corte federal adotava para o trâmite de ações civis. Importante indicar que todos os Estados americanos têm competência para editar as regras de direito processual que pretendem aplicar nas suas Cortes estaduais. No entanto, a grande maioria adota e estrutura suas regras com base nas FRCP.

[14] Por "ideologia coletivizante" temos denominado a doutrina que apregoa uma difusão desenfreada da tutela coletiva, concebendo-a como a única via racional de proteção a direitos individuais homogêneos. Essa proposta, à pretexto de trazer eficiência e racionalidade para o Poder Judiciário, trata artificialmente como massa os conflitos e as angústias individuais das pessoas, subtraindo do cidadão o direito a ter "*his day on Court*", expressão da garantia fundamental de acesso à Justiça. DANTAS, Bruno. Jurisdição coletiva, ideologia coletivizante e direitos fundamentais. *Revista de Processo*, v. 251, p. 341-358. 2016, p. 346.

tivesse efetivamente desenvolvido sintomas da doença em decorrência da exposição ao amianto, outros que desenvolveram apenas problemas respiratórios, outros que, de fato, contraíram câncer da exposição, bem como pessoas em que a doença não viria a se manifestar mesmo muitos anos depois.[15]

Nos casos *Amchem Products, Inc. v. Windsor* e *Ortiz v. FibreboardCorp*, as empresas, com intuito de pôr fim ao fluxo inesgotável de demandas que eram então propostas contra si, tomaram a iniciativa de levar milhares de lesados para a mesa de negociações e entraram em um acordo total (*global settlement*) para que essas pessoas se organizassem em litisconsórcios multitudinários e juntos perseguissem seus direitos por meio do procedimento jurisdicional coletivo das *settlements class actions*.[16]

Diferentemente do modelo de tutela coletiva brasileira, em que o controle da adequação da representação se restringe à verificação de ter sido a ação coletiva proposta por um legitimado coletivo previsto em lei, que deve cumprir com o requisito da pertinência temática, nos Estados Unidos foi adotado um modelo mais rigoroso de verificação da representação coletiva, em que o juiz, antes de conceder a certificação da classe, analisa se, de fato, estão presentes e sendo devidamente observados os requisitos de admissibilidade das *class actions*: *numerosity* (extensão da classe), *commonality* (predominância das questões comuns sobre as individuais), *typicality* (afinidade do representante da classe com a pretensão dela) e *adequacy* (adequação da representação).

Essa rigorosidade se justifica pelo fato de que a *class action*, nos EUA, têm o condão de fazer coisa julgada *pro et contra*, isto é, a favor

---

[15] Assim sublinhou a Corte do Terceiro Circuito: "*Class members were exposed to different asbestos containing products, for different amounts of time, in different ways, and over different periods. Some class members suffer no physical injury or have only asymp-tomatic pleural changes, while others suffer from lung cancer, disabling asbestosis, or from mesothelioma... Each has a different history of cigarette smoking, a factor that complicates the causation inquiry*".

[16] Essa ação consiste em uma modalidade excepcional da *class action* tradicional criada a partir da interpretação teleológica da alínea "e" da *Rule 23 das Rules of Civil Procedure*, a qual estabelece, por sua vez, a impossibilidade de uma *class action* ser admitida ou inadmita sem antes passar pelo crivo de uma Corte. O processamento da *settlement class action* obedece a um procedimento peculiar. Inicialmente, os interessados (empresas e milhares de lesados) estabelecem a realização de uma audiência específica (*Class Action Settlement Conference*) na qual poderão celebrar um acordo extrajudicial. Posteriormente, caso logre sucesso a negociação, as partes submetem o acordo ao Judiciário para certificação (*Certification*). A Corte, então, em juízo de admissibilidade, avalia se a demanda cumpre os requisitos da *Rule 23* das *Federal Rules of Civil Procedure* e julga se ela é admissível ou não. Se admitida, a ação é finalmente certificada (*Certified*), e todos os lesados, então, são representados no bojo da *settlement class action*.

ou contra a classe – o que não ocorre no Brasil, pois optou-se, aqui, pelo modelo de coisa julgada *secundum eventum litis*, e os indivíduos da classe não podem, em uma ação coletiva, ser prejudicados em suas esferas individuais, o que justifica essa assimetria de rigorosidade no controle.

Dessa forma, assim como nas Cortes inferiores a análise dos casos *Anchem Products, Inc. v. Winds*or e *Ortiz v. FibreboardCorp.* se restringiu exclusivamente ao debate de questões processuais envolvendo as regras de admissão da *class action*, na Suprema Corte a discussão se deteve em explorar apenas os requisitos de admissibilidade, uma vez que, entre outros problemas, identificou-se uma inadequada representação dos membros das classes em ambos os casos, ambas calcadas, sobretudo, na constatação de que as questões individuais prevaleciam sobre as questões coletivas.[17-18]

A vista disso, e seguindo o entendimento que já vinha sendo dado por outros magistrados, a Suprema Corte constatou que o principal problema a impedir a admissibilidade das demandas em ambos os casos se referia à homogeneização artificial que as *class actions* operavam sobre as diferentes categorias de lesados. Ao pretender reunir em uma única demanda todos os que tinham direito à reparação de danos, as empresas falharam não apenas em representar adequadamente as eventuais vítimas que ainda não haviam se manifestado, mas também

---

[17] Inicialmente, no *AmchemProducts, Inc. v. Windsor* a Corte Distrital certificou *uma Settlement Class Action* originária de um acordo firmado entre a empresa e as partes lesadas. Essa Corte considerou, apesar de inúmeros obstáculos criados pelos opositores, que o acordo era justo, a competência da Corte devidamente invocada e as informações e representação das classes adequadas. Em seguida, proibiu os membros das classes de ajuizar ações individuais em relação à exposição ao amianto em qualquer Corte Estadual ou Federal. A Corte de Apelações, apesar de concordar com a Corte Distrital que uma *class action* pode ser certificada para fins de acordo (*Settlement Class action*), houve por bem anular a decisão do primeiro grau, considerando que os requisitos de certificação encartados na *Rule 23* deveriam ser cumpridos como se o caso fosse ser efetivamente julgado, sem levar o acordo em consideração. Além disso, explicou que a certificação era inapropriada porque a classe falhou em satisfazer, entre outras disposições, os requisitos da *Rule 23* (b) (3), que dispõe sobre a necessidade de predominância das questões comuns à classe sobre as questões individuais, e os requisitos da *Rule 23* (a)(4) de uma representação adequada. Assim, ordenou que a Corte Distrital anulasse a certificação da demanda (*Decertify*). A corte Suprema manteve o entendimento da Corte de Apelações.

[18] Já no caso *Ortiz v. Fibreboard Corp* a Corte Distrital, inicialmente, permitiu a intervenção das vítimas e dos acusados, realizou uma audiência de equidade nos termos da *Federal Rule of Civil Procedure 23*(e), decidiu que os requisitos da *Rule 23*(a) de *numerosity, commonality, typicality e adequacy* foram cumpridos e certificou a demanda sob a *Rule 23* (b)(1)(b). Em segundo grau, a Corte de Apelações manteve a decisão da Corte Distrital, entendendo correta a certificação da classe e adequação do acordo. Chegando à Suprema Corte, essa anulou a decisão do Corte inferior, devolvendo-lhe a questão para nova apreciação, que agora deveria ser feita à luz da decisão tomada no caso *Amchem-Products, Inc. v Windsor*

em propor soluções que levassem em consideração as peculiaridades de cada grupo dos atuais lesados.[19]

Em nenhum dos litígios ficou estabelecido de forma clara quais seriam os diferentes níveis de compensação que cada subgrupo deveria receber, ou por quantas reivindicações as empresas se responsabilizariam nos anos subsequentes. Além disso, no caso *Ortiz v. FibreboardCorp.*, especificamente, os recursos financeiros disponibilizados pelas empresas para o pagamento das indenizações eram limitados e determinados, enquanto as pessoas que poderiam desenvolver problemas de saúde no futuro, em decorrência da exposição ao amianto, eram indeterminadas. Caso esse fundo fosse desde logo executado pelos lesados efetivamente identificados até aquele momento, nada restaria para aqueles que, embora também tivessem direito à reparação, não tivessem ainda visto manifestar-se quaisquer sintomas de danos à saúde gerados pela exposição.

Esse foi o motivo principal pelo qual nenhum dos casos chegou a ter o mérito do processo analisado, perdendo, dessa maneira, a oportunidade de se debater o tema por completo e de orientar uma solução adequada para o problema da litigiosidade de massa então enfrentada. A experiência, contudo, não deixou de ser fértil em matéria de direito processual civil. Pelo contrário, o episódio relevou que a tutela coletiva, em sua configuração tradicional, já não é mais capaz de responder adequadamente aos desafios impostos pelos litígios de massa de ampla extensão, tão característicos do século XXI, que embora tenham como fonte, em regra, uma mesma situação fática, apresentam peculiaridades tão múltiplas quanto a quantidade de indivíduos nela envolvidos.

Os julgados tornaram evidente a falta de aderência da técnica processual americana aos direitos individuais homogêneos ora pleiteados. Por um lado, as demandas ajuizadas individualmente se mostraram perigosas, dado o enorme e inesgotável volume de potenciais litigantes.

---

[19] Criticando o entendimento da Corte Distrital que admitiu (*certified*) a *settlement class action* em primeiro grau e que, para o cumprimento do requisito do compartilhamento das questões em comuns [*Rule* 23(a)(2)] se embasou tão somente no fato de todos os trabalhadores terem sido expostos ao amianto, a Suprema Corte chamou atenção para a necessidade de cumprimento do requisito da predominância das questões em comum, mais abrangente que aquele e de maior relevo na circunstância, estabelecendo que "*Given the greater number of questions peculiar to the several categories of class members, and to individuals within each category, and the significance of those uncommon questions. any overarching dispute about the heal consequences of asbestos exposure cannot satisfy the Rule 23(b) (3) predominance standard*".

Por outro, o manejo das *class actions* para a tutela dos lesados se mostrou inadequado, dada a vastidão de peculiaridades da pretensão de cada um.[20]

Esse cenário deixou, por um lado, um legado material cujos reflexos podem ser vistos na recomendação de eliminação do amianto, feita pela Convenção 162 da OIT, bem como na decisão Supremo Tribunal Federal nas ADIs 3.406 e 3.470, proibindo em todo o Brasil a produção, a comercialização e o uso do mineral. Por outro lado, deixou também um legado processual, que foi incorporado na elaboração da estrutura teórica e funcional da tutela pluri-individual no CPC de 2015 e que evidentemente nela não se esgota.

3 Síntese: razões políticas e técnicas para adoção da tutela pluri-individual no Brasil

Com a crise das *class actions*, muitos estudiosos passaram a sugerir a elaboração e a utilização de instrumentos adicionais de tutela pluri-individual. Há quem, inclusive, sugira a extinção de uma dessas ações coletivas. Autores como Byron Stier reconhecem a crise do modelo vigente e a necessidade de se conceber modelos alternativos:

> *as courts have increasingly held, multiple-incident, personal-injury class actions are not appropriate for class treatment because they involve numerous individualized adjudication, Indeed, if a court attempts to adjudicate class action claims consonant with state substantive law and federal constitucional guarantees, the individualized issues can require hundreds of years of trial and attendant hearings.*[21]

David Rosenberg, professor da Faculdade de Direito da Universidade de Harvard, ao analisar soluções para evitar casos repetitivos, compara a técnica das *class actions* com a do *colateral stoppel*, um modelo de preclusão temática que impediria a admissão de novas ações sobre

---

[20] Outra questão relevante que se apresentou na controvérsia levantada sobre o modelo tradicional de *class actions* foi o debate sobre se os juízes estariam excedendo sua autoridade ao exercer postura ativa naqueles litígios, quando quem deveria buscar uma solução para a crise das demandas de responsabilidade civil seria o Congresso, e não a Suprema Corte. Em decorrência dessa situação, verifica-se que a inércia do legislativo tem aberto portas para o desenvolvimento do ativismo judicial na resolução da *mass tort crisis* americana.

[21] STIER, Byron G. Resolving the class action crisis: mass tort litigation as network. *Utah Law Review* 836, p. 865. 2005.

a mesma questão de fato ou de direito após o julgamento final de uma ação que tenha discutido o mesmo tema, apresentando prós e contras em ambos.[22]

Essa nova postura dos estudiosos parte da percepção de que o modelo de tutela coletiva clássica cumpriu bem sua função no século passado, mas está defasado e talvez, como sustenta Linda Mullenix, funcione melhor para soluções que exijam provimentos mandamentais cujo *decisium*, em regra, limita-se a ordens de fazer e não fazer, e não condenações que exigem minuciosos juízos sobre as particularidades de cada pretensão.[23]

Complex litigation, nos EUA, decisões estruturais, no Brasil, por exemplo, são temas recentes que revelam a ineficácia das técnicas processuais tradicionais perante a complexidade das lides atuais. O passado nos conduziu até aqui não para que os operadores do direito repousassem sobre ele, mas para que possam, com a experiência da tradição, costurar um futuro melhor. Afinal, "a inteligência organiza o mundo organizando a si mesma, o conhecimento torna-se atualização dos possíveis ou criação de novos possíveis", com acerto anotava o saudoso professor André-Jean Arnaud.[24]

O que se quer com isso demonstrar é que o estado atual da processualística não posiciona mais a tradicional tutela coletiva como o modelo mais adequado para lidar com os problemas da litigiosidade massiva, e que a opção do Brasil pela tutela pluri-individual e proposital, calcada nos avanços mais recentes sobre o tema, buscando impedir que prevaleça, aqui, o que em outra oportunidade denominamos de ideologia coletivizante.[25]

De fato, muitos são os motivos que levaram ao afastamento do modelo de tutela coletiva no CPC 2015, com a conseguinte adoção da técnica pluri-individual, mas esse afastamento decorre, primordialmente, de razões que julgamos mais adequado posicionar em duas classes distintas: motivos de política e motivos de técnica.

---

[22] ROSENBERG, David. Avoiding duplicative litigation of similar claims: the superiority of class I action vs. collateral stoppel vs. standard claims market. *Discussion paper* n. 394. 12/2002 Disponível em: www.law.harvard.edu/programs/olin_center/papers/pdf394.pdf. Acesso em: 11 set. 2020.
[23] MULLENIX, *op. cit*, p. 30.
[24] FACHIN, Edson; TEPEDINO, Gustavo (org.). *O direito e o tempo:* embates jurídicos e utopias contemporâneas. Estudos em homenagem ao Professor Ricardo Pereira Lira. Rio de Janeiro: Renovar, 2008.
[25] DANTAS, *op. cit.*, jurisdição coletiva... p. 346.

Rachel Mulheron, ao anotar que as *class actions* também vêm sendo rejeitadas na Inglaterra, segue essa mesma linha e aponta que duas são as razões principais desse fenômeno, embora também as julgue insuficientes: (i) há percepção da falta de utilidade e de flexibilidade; e (ii) a experiência norte-americana é malvista pelos ingleses.[26]

Os motivos de ordem política, que são abordados de maneira mais aprofundada em outro trabalho de nossa tradução, residem, sobretudo, no estigma de que as *class actions for damages* atraíram para o contencioso coletivo nos Estados Unidos, cujas nuances foram estudadas exaustivamente pela professora Linda Mullenix. Como aponta a catedrática, desde 1966 "o carro-chefe de situações abusivas na prática das *class actions* se encontra na categoria prevista na Regra 23(b)(3): a *class actions for damages*".

A medida em que as *class actions* deixaram de ter eficácia apenas mandamental para possuir também eficácia condenatória, o processo coletivo foi municiado com um instrumento de obtenção de indenizações milionárias. Desde então, essa *class action* tem criado incentivos para que o contencioso coletivo se transforme em um verdadeiro negócio, tendo dado espaço ao nascimento de uma litigância empreendedora (*entrepreneurial litigation*) que, como aduz John Coffee Jr., se considerada do ponto de vista de massa, equivale a uma "extorsão legalizada".[27] Os críticos apontam que muitos advogados, não intimidados por seus próprios clientes e atraídos pelos largos honorários advocatícios que as *class actions* oferecem, acabam não empregando o melhor de seus esforços na representação processual, incentivados pela possibilidade de celebrar acordos que satisfaçam mais seus próprios interesses e os dos demandantes, que deveriam ser seus adversários – que os interesses dos membros da classe que representam.[28]

Naturalmente, esse cenário lançou uma mensagem negativa e irreversível sobre as virtudes dessa técnica processual, que, como muito bem registrou Rachel Mullheron, também foi um dos motivos determinantes para fazer a Inglaterra se afastar dela.

Os motivos de ordem técnica, por sua vez, residem na inflexibilidade da ferramenta das *class actions* para lidar com as particularidades

---

[26] MULHERON, Rachel. *The class action in common law legal systems:* a comparative perspective. Oxford-Porland: Hart Publishing, 2004.
[27] COFFEE JR., John C. *Class wars:* the dilemma of the mass tort class action. vol. 95, n. 6, 1995, p. 1343-1465.
[28] MULLENIX, *op. cit.*, p. 541.

que dizem respeito aos direitos individuais homogêneos, fator que ficou evidente na discussão dos casos *Anchem Products, Inc. V. Windsor* e *Ortiz v. FibreboardCorp*, cujas linhas gerais foram abordadas no tópico 2. O registro de Mulheron demonstra que também para os ingleses a técnica norte-americana aparenta assaz inflexível e incapaz de endereçar adequadamente as peculiaridades que as lides complexas apresentam, corroborando para seu abandono.

Não por outro motivo a elaboração do IRDR teve como inspiração central, além da experiência alemã com o *Musterverfahren*, a experiência inglesa, uma vez que os ingleses rejeitaram expressamente o mecanismo da *class action* para elaborarem um mecanismo autêntico de tutela pluri-individual que pudesse alinhar a racionalidade do Poder Judiciário à observância do *day in court* das partes: o *Group Litigation Order*. Além disso, e por último, é importante levar em consideração um outro fator. Não é incomum, ao realizar incursões no direito comparado, que a doutrina incorra em certos anacronismos. Não raro são importados, para o nosso ordenamento, institutos e teorias oriundos de determinado país, que mesmo neste país já foram superados, e esta última consideração é também uma advertência contra equívocos desse jaez.

No Brasil, a concepção do direito processual coletivo teve início no final da década de 1970, quando a doutrina nacional iniciou absorção da produção acadêmica italiana, capitaneada por vultos como Michele Taruffo, Mauro Cappelletti, Vincenzo Vigoriti, Proto Pisani entre outros. Os estudiosos italianos, segundo anota Antônio Gidi, utilizaram-se da experiência norte-americana dos primeiros anos da *Rule 23*, reformada em 1966, e foi nessa bibliografia que os acadêmicos brasileiros buscaram inspiração teórica para conceber os institutos e os conceitos que permeiam a Lei da Ação Civil Pública (Lei 7.347/1985), discutida e promulgada na primeira metade da década de 1980.

Posteriormente, em 1990, quando da edição do Código de Defesa do Consumidor (Lei 8.078/90), os novos dispositivos referentes à defesa do consumidor em juízo passaram a compor o que veio a se chamar de microssistema de processo coletivo, com princípios, regras e conceitos que regem essa seara do direito ainda nos dias de hoje.[29]

Segundo Antônio Gidi, também a Lei 8.078/1990 considerou como referencial teórico a bibliografia italiana da década de 1970, que

---

[29] DANTAS, Bruno. *Teoria dos recursos repetitivos*: tutela pluri-individual nos recursos dirigidos ao STF e ao STJ (art. 543-Be 543-C do CPC). São Paulo: Editora Revista dos Tribunais, 2015.

interpretava a *Rule 23*, alterada em 1966, fato que mereceu desse autor críticas ácidas.[30] A crítica do autor é no sentido de que o microssistema de tutela coletivo concebido nas décadas de 1980 e 1990 no Brasil se baseou em uma bibliografia completamente desatualizada, que ignorava o desenvolvimento das técnicas processuais coletivas vanguardistas. No Brasil, no limiar do século XXI, a doutrina aprendia sobre o processo coletivo norte-americano através de estudos italianos da década de 1970, que, por sua vez, interpretavam a doutrina norte-americana que escrevia sobre a longínqua reforma de 1966 das *class actions*.

E é aqui que reside o ponto a que se busca dar relevo: como foi visto, é justamente na década de 1960 e 1970 que se inicia, nos Estados Unidos, a maior crise das *class actions* de sua história, com os litígios envolvendo o amianto. Naturalmente, ainda era cedo demais para os norte-americanos colherem as lições dessa crise, e a doutrina italiana da década de 1970, da qual bebeu a doutrina brasileira na década 1980 e 1990, não pôde senão ter acesso ao estado da técnica processual coletiva norte-americana de um período anterior ao apogeu da crise. Então, se é verdade que a inspiração teórica da LACP e do CDC são as *class actions*, é preciso admitir que existe nessa inspiração um hiato, um vazio, de cerca de vinte a trinta anos indispensáveis da experiência norte-americana.

Foi nesse hiato que vieram as lições da crise, com as inúmeras reformas legislativas, pesquisas acadêmicas e de campo, pelas estatísticas, e a respeito delas escrevem, atualmente, uma gama expressiva de doutrinadores norte-americanos, alguns deles citados neste trabalho. Por isso, sobretudo hoje, em que se prescinde da ponte italiana para acessar a doutrina coletivista norte-americana, não se admite seja cometido o mesmo anacronismo de se beber em fontes obsoletas para conceber novas técnicas. É por isso que se vem insistindo ser inadmissível incorrermos no equívoco de promover uma ideologia coletivizante, tendo em vista que essa doutrina finca raízes em uma compreensão do processo coletivo norte-americano que se encontra há muito superada.

Portanto, todos esses motivos, somados, concorrem para demonstrar por que motivo a Comissão de Juristas encarregada de elaborar o Código de Processo Civil de 2015 houve por bem se afastar da coletivização de demandas individuais para optar, prudentemente, pela técnica pluri-individual, eis que entre as alternativas existentes essa se

---

[30] GIDI, Antonio. *Rumo a um Código de Processo Civil coletivo*: a codificação das ações coletivas do Brasil. Rio de Janeiro: Forense, 2008.

mostrou a que melhor compatibilizaria racionalidade, eficiência e acesso à Justiça. Destaque-se, por fim, que em se tratando de judicialização, os números do Brasil e o estado em que se encontra nosso sistema de justiça, de tão batido, dispensam maiores digressões, e por essa razão não foram objeto deste ensaio. Nesse contexto, crise da Justiça, crise do Estado, crise de paradigmas, entre outras, são expressões que tentam traduzir os impasses que enfrentamos, sobre os quais, na acertada ponderação de Marcel Bursztyn, "se há um consenso quanto aos fatos, não o há, por outro lado, quanto a um diagnóstico efetivo e, muito menos, quanto ao modo de enfrentamento dos problemas".[31]

Seguramente, e isso também nos legou parte da experiência norte-americana, mas basta o bom senso de qualquer estudioso, não se pretendeu fazer da tutela pluri-individual panaceia para o problema da judicialização no Brasil. Longe disso. O caminho ainda é longo, e as alternativas múltiplas. Há que se conjugar uma série de iniciativas acadêmicas, jurídicas, políticas e econômicas, internas e externas ao processo, específicas e estruturais, e para isso, inclusive, o código processual deu tamanha abertura para a flexibilização procedimental, para a cooperação judiciária, bem como para a ampla negociação processual, se se pretende nutrir a esperança de algum dia dar cabo a esses impasses.

Conclusão

Desde a década de 1960, o processo coletivo norte-americano passou por inúmeros altos e baixos que, ao cabo do século passado, culminou transmitindo para o mundo a mensagem de que o processo coletivo, em sua configuração tradicional, já não é mais capaz de responder adequadamente aos desafios impostos pela complexidade das questões jurídicas apresentadas pelos litígios de massa, característicos do século XXI.

Viu-se, neste ensaio, que para além dos acertos, foram os desacertos do contencioso coletivo norte-americano da segunda metade do século passado que fornecera um importante acervo de lições para o combate à judicialização no Brasil décadas depois. A constatação de que as *class actions*, ao pretenderem gerar economia de escala, acabavam operando uma homogeneização artificial das pretensões individuais dos

---

[31] BURSZTYN, Marcel. *Introdução à crítica da razão desestatizante*. Brasília: Revista do Serviço Público, 49 (1), p. 141-173, 2014.

membros das classes – que eram, na verdade, tão múltiplas quantos os envolvidos – foi, ao lado de outros fatores, essencial para afastar o CPC da tutela coletiva e apostar, para a resolução de questões repetitivas envolvendo direitos individuais homogêneos, em uma alternativa diversa, que culminou na elaboração da tutela pluri-individual.

Referências

BURSZTYN, Marcel. Introdução à crítica da razão desestatizante. Brasília: *Revista do Serviço Público*, 49 (1), p. 141-173, 2014.

CAPPELLETTI, Mauro; GARTH, Bryant. *Acesso à justiça*. Tradução Ellen Gracie Northfleet. Porto Alegre: Fabris, 1988.

CHIOVENDA. Ensayos de derecho procesal civil. Trad. Santiago Sentis Melendo, Buenos Aires: Ed. Jur. Europa-América, 1949, 11/13, *apud*. ARAGÃO, Egas Dirceu Moniz de. Procedimento: formalismo e burocracia. *Rev. Tribunal Superior do Trabalho*, Porto Alegre, RS, v. 67, n. 1, p. 114-125. jan./mar. 2001.

COFFEE JR., John C. Class wars: the dilemma of the mass tort *class action*, vol. 95, n. 6, 1995, p. 1343-1465. Disponível em: https://scholarship.law.columbia.edu/faculty_scholarship/29/. Acesso em: 25 set. 2020.

DANTAS, Bruno. Jurisdição coletiva, ideologia coletivizante e direitos fundamentais. *Revista de Processo*, v. 251, p. 341-358, 2016.

DANTAS, Bruno. *Teoria dos recursos repetitivos*: tutela pluri-individual nos recursos dirigidos ao STF e ao STJ (art. 543-Be 543-C do CPC). São Paulo: Editora Revista dos Tribunais, 2015.

DODSON, Scott. An opt-in Option for *Class actions*. *Michigan Law Review*, vol. 115, issue 2, 2016.

ESTADOS UNIDOS. Supreme Court. Anchem Products, Inc., et al. v. Windsor et al. Certiorari to the United States Court of Appeals for the Third Circuit. No. 96-970. Washington-DC. 18 feb. 1997. p. 631. Disponível em: https://supreme.justia.com/cases/federal/us/527/815/ case.pdf. Acesso em: 22 set. 2020.

FACHIN, Edson; TEPEDINO, Gustavo (org.). *O direito e o tempo*: embates jurídicos e utopias contemporâneas – Estudos em homenagem ao Professor Ricardo Pereira Lira. Rio de Janeiro: Renovar, 2008.

GABBAY, Monteiro Daniela. *Mediação & judiciário:* Condições necessárias para a institucionalização dos meios autocompositivos de solução de conflitos. Tese (Doutorado em Direito) – Faculdade de Direito da Universidade de São Paulo. São Paulo, p. 78., 2011. Disponível em: http://www.teses.usp.br/teses/disponiveis/2/2137/tde-24042012-141447/pt-br.php. Acesso em: 28 set. 2020.

GIDI, Antonio. *Rumo a um Código de Processo Civil coletivo*: a codificação das ações coletivas do Brasil. Rio de Janeiro: Forense, 2008.

MULHERON, Rachel. *The class action in common law legal systems:* a comparative perspective. Oxford-Porland: Hart Publishing, 2004.

MULLENIX, Linda S. *Mass tort litigation:* cases and materials. West Pub. 2. ed. 2008. Linda. O fim do processo coletivo tal como o conhecemos: repensando a *class action* norte-americana. Trad. Bruno Dantas. São Paulo: Revista dos Tribunais, v. 283, ano 43, set./2018.

POUND, Roscoe. *The causes of Popular Dissatisfaction with the Administration of Justice.* Adress Before the Annual Convention of the American Bar Association (Ago. 29, 1906). Reimp. Nebraska College of Law, 1996. p. 15. Disponível em: https://law.unl.edu/Roscoe-Pound.pdf. Acesso em: 10 set. 2020.

ROSENBERG, David. Avoiding duplicative litigation of similar claims: the superiority of *class action* vs. collateral stoppel vs. standard claims market. *Discussion paper* n. 394. 12/2002 Disponível em: [www.law.harvard.edu/programs/olin_center/papers/pdf394.pdf]. Acesso em: 11 set. 2020.

STIER, Byron G. Resolving the *class action* crisis: mass tort litigation as network. *Utah Law Review* 836. p. 865. 2005.

SUPREME COURT. Ortiz et al. v. Fibreboard Corp. et. al. Certiorari to the United States Court of Appeals for the Fifth Circuit. No. 97-1704. *Washington DC*, 23 jun. 1999. p. 821 e 866. Disponível em: https://supreme.justia.com/cases/federal/us/527/815/case.pdf. Acesso em: 22 set. 2020.

Informação bibliográfica deste texto, conforme a NBR 6023:2018 da Associação Brasileira de Normas Técnicas (ABNT):

DANTAS, Bruno; SANTOS, Caio Victor Ribeiro dos. A contribuição do contencioso coletivo norte-americano para o combate à judicialização no Brasil. *In*: DANTAS, Bruno. *Tópicos atuais em Processo Civil: individual, coletivo e pluri-individual*. Belo Horizonte: Fórum, 2024. p. 137-155. ISBN 978-65-5518-806-6.

IMPACTOS TRANSNACIONAIS DA TUTELA COLETIVA NORTE-AMERICANA: COMO A CRISE DAS *CLASS ACTIONS* LEVOU O BRASIL A OPTAR PELA TUTELA PLURI-INDIVIDUAL

BRUNO DANTAS

CAIO VICTOR RIBEIRO DOS SANTOS

Introdução

Em artigo publicado em 2014,[1] a professora da Faculdade de Direito da Universidade do Texas Linda Mullenix nos convida a imaginar o universo processual norte-americano sem a ferramenta da *class action for damages* (ações indenizatórias coletivas) introduzida em 1966 às *Federal Rules of Civil Procedure*.[2]

---

[1] MULLENIX, Linda S. Ending Class Actions as We Know Them: Rethinking the American Class Action (June 21, 2014). 64 *Emory Law Journal 399* (2014); U of Texas Law, Public Law Research Paper n. 565. Disponível em: https://ssrn.com/abstract=2457429. Acesso em: 26 jul. 2018. Esse artigo possui uma versão em português traduzida por um dos autores deste trabalho: *O fim do processo coletivo tal como o conhecemos*: repensando a *class action* norte-americana. Trad. Bruno Dantas. São Paulo: Revista dos Tribunais, v. 283, ano 43, set./ 2018.

[2] As *Federal Rules of Civil Procedure* regem os processos da jurisdição cível dos tribunais distritais dos Estados Unidos. Ela é composta por 86 regras principais, além de 7 regras suplementares, adotadas pela primeira vez por despacho da Suprema Corte em dezembro de 1937 e, após transmitidas ao Congresso, entraram em vigor em setembro de 1938.

Ciente da resistência que sua sugestão enfrentaria, a catedrática propõe – não sem antes apontar minuciosamente as disfunções que essa espécie de ação coletiva gerou no processo coletivo dos EUA – um âmbito de atuação mais limitado às *class actions*, um retorno ao modelo de tutela coletiva que tinha aquele país até o início da década de 1960, quando a sentença coletiva não produzia senão efeitos mandamentais.

Em outro artigo, intitulado *"Aggregate Litigation and the Death of Democratic Dispute Resolution"*, Linda Mullenix identifica, entre o período de 1966, com as decisões da Suprema Corte nos casos *Wal-Mart v. Duke*, e *AT&T v. Conception*,[3] pelo menos seis "mortes" nas *class actions*, querendo, com essa expressão, designar os períodos do contencioso coletivo norte-americano que contribuíram para o estigma dessas ações.

De fato, desde a década de 1960, conhecido como o período áureo das *class actions*, até o momento atual, o processo coletivo norte-americano passou por inúmeras fases, apresentando altos e baixos que revelam picos de evolução, seguidos de momentos de declínio, e embora tenha servido – e ainda sirva – de uma fonte vasta e rica para estudiosos, é inegável que essas experiências acabaram favorecendo o recrudescimento de um ceticismo não apenas interno, mas internacional, em torno das *class actions*.

O que se pretende com este trabalho é explicitar quais foram as principais causas que concorreram para o descrédito de que hoje padecem as *class actions*, para demonstrar, ao final, como essas circunstâncias influenciaram o Brasil na opção que fez, com o Código de Processo Civil de 2015, pelo Incidente de Resolução de Demandas Repetitivas.

Para tanto, será preciso compreender por que motivo o contencioso coletivo norte-americano caiu em descrédito, o que se fará

---

[3] Diversos acadêmicos e advogados caracterizaram essas decisões como negativas de acesso à justiça para pessoas que foram prejudicadas pelas empresas. No caso *Wal-Mart v. Duke*, um dos casos mais assistidos e divulgados da história das *class actions*, a Suprema Corte, em uma decisão por 5 a 4, entendeu que a certificação concedida em favor de uma classe de empregadas em uma *class action* envolvendo discriminação laboral feminina teria sido, na verdade, um abuso de discricionariedade e, portanto, ilegal. Depois dessa decisão, as empresas americanas que respondiam a processos envolvendo a mesma temática deram um suspiro de alívio, pois nela a Suprema Corte articulou, de forma geral, um padrão mais rigoroso para a certificação das classes. Já no caso *AT&T v. Conception*, outra decisão por 5 a 4, de autoria do Juiz Scalia, a maioria entendeu que o *Federal Arbitration Act* de 1925 prevaleceria sobre leis estaduais que proibissem a realização de arbitragem envolvendo classes, permitindo, assim, que as partes tivessem a prerrogativa de renunciar às *class actions* ao celebrarem eventuais contratos de arbitragem. Isso levou muitos a acreditarem que as renúncias contratuais "matariam" as *class actions* mais uma vez.

respondendo às seguintes perguntas: a *Rule 23* (regra das *class actions*) atualmente concretiza a finalidade originária que justificou sua existência? A regra, tal como é hoje aplicada, incentiva a propositura de demandas individuais enfraquecendo a utilidade das *class actions*? Os benefícios decorrentes da sua aplicação superam os efeitos negativos que dela também decorrem?

Além disso, abordar-se-á as peculiaridades da discussão travada nos célebres casos *Anchem Products, Inc. V. Windsor e Ortiz v. FibreboardCorp*, para demonstrar como as disfunções das *class actions*, notabilizadas nesses julgados, foram indispensáveis para subsidiar a estrutura teórica que empurrou o Brasil para a tutela pluri-individual.

1 Uma análise acerca das razões de ser das *class actions*

A Regra 1 das *Federal Rules of Civil Procedure*, como norma-princípio, busca assegurar a justa, célere e acessível composição das disputas cíveis.[4] De acordo com Linda Mullenix, em matéria de processo coletivo, a realização desses objetivos deve passar pela satisfação de outros três: 1) a compensação das vítimas de atos ilícitos; 2) a dissuasão das empresas de cometerem ilícitos; e 3) a promoção da celeridade e economia do processo judicial.[5]

1.1 Compensação das vítimas de atos ilícitos

Um dos objetivos primários da Regra 23 é viabilizar que grupos extensos de demandantes sejam compensados ou obtenham uma tutela mandamental em virtude de atos ilícitos de que foram vítimas. Esse objetivo consiste em uma das razões mais imediatas porque as *class actions* existem, pois visam permitir que as vítimas de prejuízos de baixo valor possam ter incentivos suficientes para pleitear reparação em juízo.

Nesses casos, conhecidos como *"negative-value-suits"*, os custos do processo individual são superiores ao valor do ressarcimento a que faria jus o litigante, o que muito provavelmente o levaria, na ausência

---

[4] *"Rule 1. Scope and Purpose These rules govern the procedure in all civil actions and proceedings in the United States district courts, except as stated in Rule 81. They should be construed, administered, and employed by the court and the parties to secure the just, speedy, and inexpensive determination of every action and proceeding."* Cf. nota de rodapé n. 3.

[5] MULLENIX, *op. cit. O fim do processo coletivo...*, p. 525.

do instrumento da *class action*, a desistir de mover um processo judicial contra o responsável pelo ilícito, deixando-o sair impune.

No entanto, como destaca Linda Mullenix, há muito o que se ignora acerca dessa compensação distribuída entre os membros das classes. Embora se saiba de diversos estudos que cuidam da totalidade das indenizações que resultam dos acordos celebrados em *class actions*, pouco se sabe acerca dos valores distribuídos individualmente a cada membro da classe, que, quando feitos, muitas vezes chegam a ser irrisórios.[6]

No contencioso coletivo norte-americano, a maioria dos litígios são resolvidos por meio de acordos.[7] Em uma *class action*, após aprovada uma proposta de acordo coletivo pelo tribunal, passa-se à fase de postulação das indenizações individuais. Estudos sugerem, entretanto, que esses acordos têm sido marcados por uma participação inexpressiva dos membros da classe. Em uma *class action* ajuizada em 1988 contra a Wells Fargo, multinacional sediada nos Estados Unidos que presta serviços de financiamento, nem 5% dos titulares de contas qualificados para reclamar uma parte dos recursos provenientes do acordo coletivo manifestaram interesse pela quantia.[8]

Nesses casos, os fundos do acordo são destinados a entidades filantrópicas (acordos *cy pres*)[9] ou revertidos para o demandado, a depender dos termos avençados.

Como arremata a professora, os relatórios das pesquisas acerca do tema não revelam senão uma escassez de evidências capazes de comprovar se as *class actions* atualmente são capazes de concretizar ou não o objetivo de compensar efetivamente as vítimas pelos prejuízos sofridos. Pelo contrário, a análise desses estudos mais conduz à conclusão de que grande parcela dos membros não recebe qualquer compensação.

---

[6] MULLENIX, *op. cit. O fim do processo coletivo...*, p. 525
[7] THE AMERICAN..., *op. cit.*, p. 267.
[8] HENSLER, Deborah *et al. Class action dilemmas:* pursuing public goals for private gains. Arlington: RAND Institute for Civil Justice, 2000, p. 81.
[9] Nos Estados Unidos, os acordos *cy pres* são utilizados quando as circunstâncias demonstram que seria pouco proveitoso, do ponto de vista econômico, indenizar, de forma individualizada, membros de uma determinada classe, tendo em vista a diminuta dimensão de suas pretensões. Nesse sentido, uma *class action* resolvida por meio de um acordo *cy pres* reúne as indenizações referentes à pretensão individual de cada membro da classe e as concede, como um todo, a entidades de caridade. Cf. DANTAS, *op. cit.*, p. 273.

1.2 Dissuasão das empresas de cometerem ilícitos

Outro objetivo que justifica a existência das *class actions* é o suposto poder que teria a Regra 23 de desestimular os demandados – que geralmente são grandes empresas – de praticarem novos atos ilícitos. Acredita-se que o risco de serem condenadas a indenizar em processos que envolvam milhares, senão milhões, de pessoas, além de poderem ser condenadas em *punitive damages*, induzi-las-ia a evitar práticas ilícitas, tendo em vista o potencial que teriam essas demandas de levá-las à falência.[10]

O poder dissuasório é apontado por Mullenix como o escopo principal da Regra 23, responsável por potencializar o processo coletivo.[11] Contudo, embora se tenha notícia de empresas que foram à falência depois de condenações em *class actions* – como um estudo de Michelle J. White que identifica 85 processos de falência apenas em virtude de responsabilização por exposição a amianto 1999[12] –, a teoria do efeito dissuasório dessas ações carece de evidências empíricas e, mesmo cinco décadas após a introdução da *class actions for damages*, faltam estudos demonstrando se essa dissuasão de fato existe, ou se é apenas outra ideia teórica sem comprovação prática.

O que nos mostra a professora Mullenix é que, com regular frequência, a expectativa de que as *class actions* criem desincentivos à prática de atos ilícitos acaba frustrada, tendo em vista que as empresas já se habituaram às vicissitudes do contencioso coletivo e preveem as despesas que terão de arcar em eventuais *class actions*, repassando os custos de transação para o consumidor. É o que chamam de *"price of doing business"*.[13]

Numa sociedade onde o consumo é de massa e as relações da vida são cada vez mais complexas e múltiplas, não há quem ignore a possibilidade de ser demandado em uma ação coletiva multitudinária em virtude da colocação no mercado de algum produto defeituoso, da má prestação de algum serviço ou da participação em algum acidente de massa. No caso dos Estados Unidos, isso é ainda mais evidente,

---

[10] MULLENIX, *op. cit.*, p. 528.

[11] *Ibid.*, p. 528.

[12] Em artigo publicado em 2004, Michelle J. White já apontava que, desde a explosão da "crise do amianto", 85 empresas haviam entrado em processo de falência. Cf. WHITE, Michelle. J. Asbestos and the Future of Mass Torts. *Jornal of Economic Perspectives*, vol. 18, n. 2, 2004, p. 183-204. Disponível em: https://econweb.ucsd.edu/~miwhite/asbestos-jep-final.pdf. Acesso em: 19 dez. 2018.

[13] MULLENIX, *op. cit.*, p. 529.

tendo em vista que desde a *Bill of Consumers Rights* de 1962 e, sobretudo após a eclosão da litigância de massa envolvendo o amianto, os norte-americanos vêm se adaptando a essa realidade.

Além disso, os demandados normalmente impugnam impetuosamente a certificação da classe. Quando não têm êxito, barganham até alcançar termos mais vantajosos, os quais, em regra, incluem o afastamento dos *punitive damages*. Em qualquer hipótese, jamais assumem a responsabilidade e, muitas vezes, beneficiam-se de cláusulas reversivas (que lhes devolvem os fundos do acordo coletivo não reclamado pelas partes) e cláusulas *cy pres*, que revertem o valor da condenação para entidades filantrópicas.[14]

Dessa forma, portanto, com acordos relativamente baratos, sem o risco dos danos punitivos, sem assunção de responsabilidade, além do benefício da inclusão de cláusulas reversivas ou de cláusulas *cy pres*, o poder dissuasório das *class actions* fica mitigado.

1.3 Promoção da celeridade e economia do processo judicial

Outra justificativa, com a qual melhor se familiariza o processo coletivo e pluri-individual brasileiro, especialmente após o advento da litigiosidade de massa, é que as *class actions* teriam o condão de otimizar a eficiência judicial e a economia processual.[15]

A ideia aqui seria a de que o manejo das *class actions* evita que o Poder Judiciário seja congestionado pela interposição de centenas ou milhares de demandas repetitivas, beneficiando não apenas as partes, com a celeridade na composição da lide, mas também o próprio sistema judicial, com a economia processual – razões semelhantes àquelas recentemente invocadas no Brasil para a introdução do Incidente de Resolução de Demandas Repetitivas no Código de Processo Civil de 2015.[16]

Argumenta-se que em situações em que haja um número expressivo de pessoas com pretensões semelhantes decorrentes do mesmo

---

[14] COFFEE JR. John C. *Class Wars:* The Dilemma of the Mass Tort Class Action. vol. 95, n. 6, 1995, p. 1343- 1465. Disponível em: https://scholarship.law.columbia.edu/faculty_scholarship/29/. Acesso em: 22 dez. 2018. MULLENIX, *op. cit.*, p. 529.

[15] *Ibid.*, p. 529.

[16] No âmbito das ações coletivas brasileiras, esse efeito fica eclipsado, em certa medida, pela impossibilidade de a tutela coletiva prejudicar a esfera individual (art. 103, §3º, CDC).

evento fático ou jurídico, seja mais eficiente buscar reparação pela via jurisdicional coletiva do que manejar diversos processos individuais. Isso porque, do ponto de vista do Estado, a agregação de pretensões aliviaria o congestionamento que as ações individuais podem causar no Poder Judiciário e, do ponto de vista do litigante, ela diminuiria as despesas do litígio, bem como contribuiria para a celeridade de sua resolução, por se tratar de um único processo.

Entretanto, mesmo quanto ao fundamento da eficiência, Linda Mullenix demonstra que não há evidências empíricas suficientes para sustentá-la. Não se tem ideia, por exemplo, se na ausência da Regra 23, os tribunais norte-americanos estariam realmente congestionados de processos, tampouco se os processos coletivos levam menos tempo de serem resolvidos que os processos individuais, como se tem suposto.[17]

Nas demandas consumeristas de baixo valor, por exemplo, é mais provável que praticamente ninguém surja para reclamar reparação pelo dano sofrido. E mesmo em demandas mais substanciais, também não há evidências claras o suficiente que permitam concluir que na ausência da Regra 23 o Poder Judiciário estaria hoje congestionado.

A professora da *Texas School* chama atenção para aquilo que denominou de "crise de mentalidade" em que ficaram presos os tribunais norte-americanos após a década de 1980 com a crise do amianto: acreditar que, em razão das ações individuais, ficariam sobrecarregados de litígios que poderiam ser melhor endereçados pela via coletiva.[18]

Que diriam eles agora, em pleno século XXI, ao perceberem que mesmo diante da expansão da sociedade de massa os europeus ainda permanecem relutantes à adoção das ações coletivas? Ou do Brasil, que na esteira de países como a Inglaterra e a Alemanha, vem apostando na utilização de técnicas de tutela pluri-individual?

Ora, considerando que os litigantes com *"high stakes"* tendem a se preocupar mais com uma representação judicial adequada – motivo inclusive porque são sugeridos à representação da classe[19] –, é mais provável que aqueles que possuam pretensões vultosas busquem litigar individualmente, excluindo-se do risco de litigar e perder em *class actions* que podem também abranger pretensões de baixo valor e de mérito duvidoso.

---

[17] *Ibid.*, p. 530
[18] *Ibid.*, p. 531.
[19] THE AMERICAN..., *op. cit.*, p. 67.

No que toca a eficiência, é verdade que as *class actions* contribuem para reduzir as despesas com o processo, porém, são escassas as evidências de que promovem uma célere resolução dos litígios.[20] As *class actions* dão oportunidade para diversas postulações e adiamentos do processo. A fase inicial do *"Discovery"*, quando são produzidas as provas preliminares da ação, pode levar anos, não sendo incomum emendas às petições iniciais antes da fase de certificação. Isso sem contar eventuais reformas nos tribunais *ad quem*, que somam mais um considerável tempo à resolução do litígio.[21]

São diversas as *class actions* que se arrastam por anos, não se podendo, portanto, considerar esse critério como decisivo para concluir pela superioridade das *class actions* em relação às ações individuais no que toca a celeridade na resolução dos litígios.

2 A litigância coletiva empreendedora: os entusiastas *vs.* os "estrangeiros"

Atualmente, uma parte importante do sistema de regulação dos Estados Unidos é gerida pelos advogados da iniciativa privada. Sobretudo após a introdução da *class action for damages*, os advogados particulares têm, ao longo dos anos, desempenhado o papel de verdadeiros entusiastas do processo coletivo norte-americano, descobrindo potenciais violações legais, identificando indivíduos qualificados para atuar como representantes de classes, bem como ajuizando *class actions* em nome de grupos de pessoas que partilham dos danos decorrentes de uma mesma circunstância fática, entre outras funções.

Chamados de *"private attorney general"*, uma espécie de defensor público-privado, os advogados norte-americanos, no exercício de seus ministérios privados, colmatam as lacunas deixadas pelo setor regulatório, numa atividade em que se realiza metas públicas para ganhos privados (*pursuing public goals for private gains*).[22]

Ocorre, porém, como anota Debora Hensler, que "o incentivo desses advogados consiste nos honorários que eles receberão se forem exitosos na demanda e, talvez, o desejo de auxiliar os prejudicados e coibir futuros atos ilícitos". Muito embora se possa atribuir aos

---

[20] MULLENIX, *op. cit.*, p. 531.
[21] *Ibid.*, p. 531.
[22] HENSLER, *Class action dilemmas... op. cit.* 10.

honorários a fonte de incentivo que leva os advogados a contribuírem positivamente para o sistema de regulação daquele país, são eles apontados como a causa que mais corroborou para o descrédito em que afundou o processo coletivo dos EUA.

Nos Estados Unidos, as cortes, tradicionalmente, dispõem de dois métodos para a remuneração de honorários advocatícios: o método POF, *"percentage of fund"*, mediante o qual o juiz determina que uma porcentagem da indenização auferida com a condenação na demanda seja destinada para remunerar os advogados da classe vencedora; e o método *"lodestar"*, mediante o qual o juiz, avaliando as horas despendidas pelo advogado trabalhando sobre o caso, remunera o esforço razoavelmente necessário para fazê-lo.[23]

O método POF era, desde 1966, a regra das *class actions*, sendo, porém, substituído pelo método *"lodestar"* na década de 1970. Isso se deu em resposta às críticas que se insurgiram contra o método POF, tendo em vista que este premiava os advogados com honorários excessivos, que não refletiam o verdadeiro esforço envidado na defesa da classe. Uma queixa regular era a de que, enquanto as partes recebiam valores irrisórios com a vitória na demanda, os advogados ficavam milionários da noite para o dia.[24]

Nesse sentido observava John Frank, citado por Débora Hensler:

> A desproporção entre o retorno para os membros da classe e o retorno para os advogados os que representam é, constantemente, grotesco. Em muitos casos, os membros individuais da classe são intitulados no direito de receber no máximo um dólar ou dois, enquanto o advogado que garantiu seu benefício pode tirar sua aposentadoria com a sua parte dessa vitória.[25] (Tradução livre)

O método *"lodestar"*, por outro lado, exige um nível elevado de esforço do magistrado. Nele, a fim de se obter uma noção precisa dos esforços que foram despendidos ao longo da representação legal, o juiz tem de analisar calhamaços de registros dos advogados, ponderar os riscos que suportaram ao assumir a representação do caso, avaliar a qualidade do trabalho desempenhado e levar em consideração inúmeros

---

[23] *Ibid.*, p. 77.
[24] *Ibid.*, p. 78.
[25] FRANK, John. *Response to the 1996 Circulation of Proposed Rule 23 on Class Actions: Memorandum to My Friends on the Civil Rules Committee*, apud. HENSLER, *Class action dilemmas, op. cit.*, p. 83.

outros fatores que possam influenciar a majoração dos honorários.[26] Por isso, o método *"lodestar"*, na década de 1990, começou a ser abandonado pelos juízes, e, em seu lugar, o método POF foi retomado, trazendo consigo todos os seus velhos problemas.[27]

O maior receio dos críticos, como destaca Linda Mullenix, é que esses advogados, não intimidados por seus próprios clientes e atraídos pelos largos honorários advocatícios que as *class actions* oferecem, não deem o seu melhor na representação e aceitem celebrar acordos que satisfaçam mais seus próprios interesses – e os dos demandantes, que deveriam ser seus adversários – que os interesses dos membros da classe que representa.[28]

Sem mencionar o problema ético que essa atitude suscita, os membros da classe do processo coletivo norte-americano têm, nessas ocasiões, seu destino acertado à margem de seus interesses, à revelia de suas opiniões, sendo tratados como verdadeiros "estrangeiros", isto é, verdadeiros Mersaults do contencioso coletivo norte-americano, para utilizar o sentido da trama que envolve a personagem de Albert Camus.[29]

De fato, conforme aponta Linda Mullenix, desde 1966 "o carro-chefe de situações abusivas na prática das *class actions* se encontra na categoria prevista na Regra 23(b)(3): a *class actions for damages*". Isso porque à medida que as *class actions* deixaram de ter eficácia apenas mandamental para possuir também eficácia condenatória, o processo coletivo foi municiado com um instrumento de obtenção de indenizações milionárias.

Desde então, essa *class action* tem criado incentivos para que o contencioso coletivo se transforme em um verdadeiro negócio, tendo dado espaço ao nascimento de uma litigância empreendedora (*entrepreneurial litigation*) que, como aduz John Coffee Jr., se considerada do ponto de vista de massa, equivale a uma "extorsão legalizada".[30]

Nesse sentido, Linda Mullenix lista uma série de práticas abusivas que passaram a ser objeto de críticas do processo coletivo: empreendedorismo dos advogados (taxados de "caçadores de recompensas"), incentivos à litigiosidade coletiva, apresentação de demandas

---

[26] HENSLER, *Class action dilemmas... op. cit.*, p. 77.
[27] Idem, p. 78.
[28] MULLENIX, *op. cit.*, p. 541.
[29] CAMUS, *op. cit.* 103
[30] COFFEE JR., *Class wars*: the dilemma... *op. cit.*, p. 1349.

temerárias, "venda de membros da classe" por advogados (principais conflitos de agência), acordos ilegítimos chancelados por juízes acomodados (proteções de devido processo legal inadequadas, medidas reversivas, acordos de cupom, indenizações *cy pres*) e insuficiente ou insignificante compensação para os litigantes.[31]

Uma artimanha muito citada está no fato de que, se o advogado de uma eventual classe consegue realizar um acordo com o demandado sem que o processo passe por sérias investigações – como na fase *Discovery* –, nem exija muito esforço na condução da representação legal, é bem provável que a partir daí esses advogados tenham incentivos suficientes para proporem constantemente ações temerárias, sabendo que nada têm a perder, senão ganhar, com elas. O lucro é a bússola que move esses agentes.[32]

Suponha, por exemplo, que um escritório de advocacia, percebendo que pode lucrar muito sobre uma multinacional bilionária, proponha contra ela uma *class action* e já no início do processo – antes mesmo da fase de *Discovery* –, manifeste interesse em resolver o litígio por meio de acordo coletivo em um valor bastante atrativo à demandada. A multinacional, obviamente, iria preferir não ser processada, todavia, uma vez que já o está sendo, considera que é melhor negociar com esse escritório do que com outros, tendo em vista que são vários os que adotam uma política de investigar o delito mais a fundo e, comprovando a responsabilidade da empresa, conseguir provocar a celebração de acordos ainda mais vultosos. Nesses casos, mesmo uma empresa que acredite não ter praticado qualquer ilícito pelo qual possa ser responsabilizada, pode entender ser mais vantajoso celebrar um acordo coletivo no início do processo, a um preço que pode barganhar com os advogados, do que levá-la adiante e ter de arcar com as despesas indiretas que dela decorrem, além do tempo que isso exige, bem como com toda a publicidade negativa.

Nesse cenário, talvez a maior evidência de que as *class actions* se transformaram em um negócio esteja nas empresas que surgiram especializadas em financiar esse tipo de litígios, que esperam um retorno substancial a partir do montante que investiram.[33] Neste caso, essas empresas também aparecem como entusiastas ao lado dos advogados

---

[31] MULLENIX, *op. cit.*, p. 542
[32] *Ibid.*, p. 550
[33] COFFEE JR. John C. The globalization of entrepreneurial litigation: law, culture and incentives. *University of Pennsylvania Law Review*, v. 165: 1895, p. 1896-1926, 2017, p. 1920.

da classe, haja vista que, como bem destaca John Coffee Jr., quão mais expressivo for o caso que financiam, maior será a probabilidade de que tentem assumir o controle dele.[34]

Observa-se que os resultados de nenhuma dessas situações se dão em nome do melhor interesse da classe, mas de seus advogados, das financiadoras ou do demandado. As partes acabam como meros "estrangeiros" do processo que lhes diz respeito. Há casos, ainda mais drásticos, em que os próprios demandados se adiantam e subornam os advogados da classe.[35] E o que se pode esperar de uma estrutura que não só encoraja, mas remunera a litigância de má-fé, tendo os olhos sempre no lucro ao invés de na justiça? Naturalmente, o descrédito, eliminando-se todo o potencial dissuasivo das *class actions*.

É tendo em vista esse cenário que Linda Mullenix propõe a extinção *da class actions for damages* prevista na Regra 23 (b)(1)(3) das *Federal Rules of Civil Procedure*.

3 O problema do amianto nos Estados Unidos e a crise das *class actions*

Desde disputas decorrentes de implantes mamários até doenças provocadas pela exposição ao pó de sílica, as cortes americanas, sobretudo a partir da segunda metade do século passado, passaram a ser inundadas por demandas tão difíceis de ser geridas quanto resolvidas. A jurisprudência daquele país passou a ser fonte valiosa de casos envolvendo litígios de massa, cujos acertos e desacertos ofereceram importantes perspectivas que, se bem trabalhadas, nortearão o futuro da tutela coletiva no mundo.

A mais significativa porção dessa litigiosidade de massa que acometeu os Estados Unidos, entretanto, encontra raízes nas demandas individuais que foram levadas aos milhares às cortes federais e estaduais estadunidenses entre os anos de 1970 e 1980 e envolve os casos de danos à saúde gerados pela exposição de trabalhadores ao mineral amianto, produto tóxico então amplamente utilizado pelas indústrias à época.[36]

---

[34] *Ibid.*, p. 1920
[35] MULLENIX, *op. cit.*, p. 531.
[36] "[This] *is a tale of danger known in the 1930s, exposure inflicted upon millions of Americans in the 1940s and 1950s, injuries that began to take their toll in the 1960s, and a flood of lawsuits beginning in the 1970s. On the basis of past and current filing data, and because of a latency period that may last as long as 40 years for some asbestos related diseases, a continuing stream of claims can be expected. The final toll of asbestos related injuries is unknown. Predictions have been made*

O amianto é um material altamente cancerígeno, cuja eliminação foi recomendada pela Convenção 162 da OIT e que, inclusive, já foi objeto de decisão histórica do Supremo Tribunal nas ADI's 3406 e 3470, proibindo, em todo país, a produção, a comercialização e o uso do amianto, sobretudo, na fabricação de telhas e caixas d'água.

A partir da década de 1970, nos EUA, aqueles que haviam sido efetivamente afetados ou simplesmente expostos à produção do amianto durante a jornada de trabalho foram ao Judiciário buscar ressarcimento pelos danos sofridos, ou que certamente viriam a sofrer. Em audiência pública ocorrida na Suprema Corte em 1991, o *Ad Hoc Committee on Asbestos Litigation*,[37] então encarregado de elaborar um relatório sobre a questão do amianto, constatou que entre 13 e 21 milhões de trabalhadores poderiam ter tido contato com o produto químico. Nunca, em toda a história dos Estados Unidos, as cortes americanas tiveram de enfrentar um número tão elevado de potenciais litigantes.

A busca pelo Judiciário, que não tardou em se transformar em um fluxo inesgotável de demandas, logo ocasionou o que se conhece, por lá, como *"mass tort litigation crisis"*. Estudos, fazendo amostras da época, revelam que em uma única Corte, em 1982, os processos não passavam de 16.000; em 1990 esse número aumentou para 30.000,[38] e em 2003 já ultrapassava o contingente dos 100.000,[39] para um único caso. Esses números, ínfimos perante os do Brasil, não eram comuns para as Cortes americanas.

Essa avalanche, somando as vias de acesso dispersas por todo país, chegou a proporções tão alarmantes, que a Suprema Corte, em

---

of 200,000 asbestos disease deaths before the year 2000 and as many as 265,000 by the year 2015." In: ESTADOS UNIDOS. Supreme Court. Ortiz *et al.* v. Fibreboard Corp. *et al.* Certiorari to the United States Court of Appeals for the Fifth Circuit, n. 97-1704. *Washington-DC*, 23 jun. 1999, p. 821 e 866. Disponível em: https://supreme.justia.com/cases/federal/us/527/815/case.pdf. Acesso em: 22 set. 2018.

[37] Justice Breyer: *"First, I believe the majority understands the importance of settlement in this case. Between 13 and 21 million workers have been exposed to asbestos in the workplace – over the past 40 or 50 years – but the most severe instances of such exposure probably occurred three or four decades ago"*. In: ESTADOS UNIDOS. Supreme Court. Anchem Products, Inc., v. al. v. Windsor *et al.* Certiorari to the United States Court of Appeals for the Third Circuit, n. 96-970. *Washington-DC*, 18 feb. 1997, p. 631.

[38] MULLENIX, Linda S. *Mass Tort Litigation*: cases and materials. West Pub. 2. ed. 2008, p. 2

[39] *"By the 1980s, what had once been a series of isolated cases turned into a steady flow. Claimants began regularly obtaining significant awards. In 1982, Johns-Manville Corporation – the single largest supplier of asbestos-containing insulation products in the U.S. and the primary target of the early claims -- declared bankruptcy due to the burden of the asbestos litigation. At that point, it had approximately 16,000 pending claims. By comparison, today it is common for some defendants to have more than 100,000 cases pending."*

expressão que se tornou célebre, afirmou estar lidando com uma "*elephantine mass of abestos cases*" que desafiava os costumes tradicionais do sistema judicial americano.[40] Todo o sistema de justiça norte-americano não havia sido pensado para aquilo, tampouco as próprias *class actions*.

As *Federal Rules of Civil Procedure* (FRCP),[41] ao reconhecerem a necessidade de instalar um procedimento jurisdicional coletivo, encorajaram os lesados a se agrupar em extensos litisconsórcios e litigar conjuntamente, por meio de *class actions*. O que não se esperava, entretanto, é que esse procedimento abrisse mais espaço para o agravamento da litigiosidade, fenômeno que, por sua vez, assemelha-se àquele que gerou os problemas decorrentes da ideologia coletivizante no Brasil.[42]

Deve-se observar que a jurisprudência americana verificou que a premissa de resolução massificada de litígios não confere tratamento adequado para os direitos individuais homogêneos envolvidos. Esse entendimento apareceu de forma mais nítida nas decisões dos casos *Amchem Products, Inc. v. Windsor e Ortiz v. FibreboardCorp*.

Nesses julgados, a Suprema Corte americana se pronunciou, em sede de tutela jurisdicional coletiva, sobre os casos de duas empresas que vinham sendo amplamente processadas, em diversos Estados, por terem exposto direta ou indiretamente trabalhadores ao amianto e, em razão disso, ter lhes causado diversos tipos de lesões.

---

[40] Disse *Justice* Souter no julgamento do caso Ortiz. V. Fibreboard, 1999: "*Like Amchem Products, Inc. v. Windsor, 521 U. S. 591 (1997), this case is a class action prompted by the elephantine mass of asbestos cases, and our discussion in Amchem will suffice to show how this litigation defies customary judicial administration and calls for national legislation*". ESTADOS UNIDOS, *op. cit.*, p. 821.

[41] *As Federal Rules of Civil Procedure* (FRCP) são o conjunto de regras que regem o procedimento de ações civis movidas nas Cortes federais dos Estados Unidos. Elas foram editadas pela Suprema Corte Americana e, em seguida, aprovadas pelo Congresso Nacional. Surgiram em 1938 com o objetivo de abolir as diferentes regras processuais que cada Corte federal adotava para o trâmite de ações civis. Importante indicar que todos os Estados americanos têm competência para editar as regras de direito processual que pretendem aplicar nas suas Cortes estaduais. No entanto, a grande maioria adota e estrutura suas regras com base nas FRCP.

[42] Por "ideologia coletivizante" tenho denominado a doutrina que apregoa uma difusão desenfreada da tutela coletiva, concebendo-a como a única via racional de proteção a direitos individuais homogêneos. Essa proposta, a pretexto de trazer eficiência e racionalidade para o Poder Judiciário, trata artificialmente como massa os conflitos e angústias individuais das pessoas, subtraindo do cidadão o direito a ter "*his day on Court*", expressão da garantia fundamental de acesso à Justiça. DANTAS, Bruno. Jurisdição coletiva, ideologia coletivizante e direitos fundamentais. *Revista de Processo*, v. 251, p. 341-358, 2016, p. 346.

Dada a amplitude dos danos causados pelo mineral, distintas categorias de lesados foram surgindo. Houve, por exemplo, quem tivesse efetivamente desenvolvido sintomas da doença em decorrência da exposição ao amianto, outros que desenvolveram apenas problemas respiratórios, outros que, de fato, contraíram câncer da exposição, bem como pessoas em que a doença não viria a se manifestar mesmo muitos anos depois.[43]

Diante desse cenário e, antes de tecer comentários sobre os casos referidos, considero importante demonstrar como o modelo jurisdicional coletivo americano apresenta uma relevante discrepância em relação ao brasileiro.

Essa diferença reside no fato de que o sistema processual dos Estados Unidos dispõe de um instrumento peculiar que, embora não previsto expressamente nas *Rules of Civil Procedure,* é frequentemente utilizado pelas vítimas de dano em massa para pleitearem seus direitos: a *settlement class action.*

Essa ação consiste em uma modalidade excepcional da *class action* tradicional criada a partir da interpretação teleológica da alínea "e" da *Rule 23 das Rules of Civil Procedure,* a qual estabelece, por sua vez, a impossibilidade de uma *class action* ser admitida ou inadmita sem antes passar pelo crivo de uma Corte.[44]

Pode-se observar que o processamento da *settlement class action* obedece a um procedimento peculiar. Inicialmente, os interessados (empresas e milhares de lesados) estabelecem a realização de uma audiência específica (*Class action Settlement Conference*) na qual poderão celebrar um acordo extrajudicial. Posteriormente, caso logre sucesso a negociação, as partes submetem o acordo ao Judiciário para certificação (*Certification*).[45] A Corte, então, em juízo de admissibilidade, avalia se a demanda cumpre os requisitos da *Rule 23* das *Federal Rules of Civil*

---

[43] Assim sublinhou a Corte do Terceiro Circuito: "*Class members were exposed to different asbestos containing products, for different amounts of time, in different ways, and over different periods. Some class members suffer no physical injury or have only asymptomatic pleural changes, while others suffer from lung cancer, disabling asbestosis, or from mesothelioma... Each has a different history of cigarette smoking, a factor that complicates the causation inquiry*".

[44] *23 (e) SETTLEMENT, VOLUNTARY DISMISSAL, OR COMPROMISE. The claims, issues, or defenses of a certified class may be settled, voluntarily dismissed, or compromised only with the court's approval.*

[45] A certificação (*Certification*) de uma *settlement class action* no Judiciário norte-americano consiste no procedimento por meio do qual a Corte de primeiro grau formaliza os termos acordados entre as partes, convertendo-os em uma *settlement class action* se cumpridos os requisitos de adequação da *Rule 23.*

Procedure e julga se ela é admissível ou não. Se admitida, a ação é finalmente certificada (*Certified*), e todos os lesados, então, são representados no bojo da *settlement class action*.

Nos casos *Amchem Products, Inc. v. Windsor* e *Ortiz v. FibreboardCorp*, as empresas, com intuito de pôr fim ao fluxo inesgotável de demandas que eram então propostas contra si, tomaram a iniciativa de levar milhares de lesados para a mesa de negociações e entraram em um acordo total (*global settlement*), para que essas pessoas se organizassem em litisconsórcios multitudinários e juntos perseguissem seus direitos por meio do procedimento jurisdicional coletivo das *settlements class actions*.

Diferentemente do modelo de tutela coletiva brasileira, em que o controle da adequação da representação se restringe à verificação de ter sido a ação coletiva proposta por um legitimado coletivo previsto em lei, que deve cumprir com o requisito da pertinência temática, nos Estados Unidos foi adotado um modelo mais rigoroso de verificação da representação coletiva, em que o juiz, antes de conceder a certificação da classe, analisa se, de fato, estão presentes e sendo devidamente observados os requisitos de admissibilidade das *class actions*: *numerosity* (extensão da classe), *commonality* (predominância das questões comuns sobre as individuais), *typicality* (afinidade do representante da classe com a pretensão dela) e *adequacy* (adequação da representação).

Essa rigorosidade se justifica pelo fato de que as *class action*, nos EUA, têm o condão de fazer coisa julgada *pro et contra*, isto é, a favor ou contra a classe – o que não ocorre no Brasil, pois optou-se, aqui, pelo modelo de coisa julgada *secundum eventum litis*, e os indivíduos da classe não podem, em uma ação coletiva, ser prejudicados em suas esferas individuais, o que justifica essa assimetria de rigorosidade no controle.

Dessa forma, assim como nas Cortes inferiores a análise dos casos *Anchem Products, Inc. v. Windsor* e *Ortiz v. FibreboardCorp* se restringiu exclusivamente ao debate de questões processuais envolvendo as regras de admissão da *class action*, na Suprema Corte a discussão se deteve em explorar apenas os requisitos de admissibilidade, uma vez que, dentre outros problemas, identificou-se uma inadequada representação dos membros das classes em ambos os casos, ambas calcadas, sobretudo, na constatação de que as questões individuais prevaleciam sobre as questões coletivas.[46-47]

---

[46] Inicialmente, no *AmchemProducts, Inc. v. Windsor* a Corte Distrital certificou uma *Settlement Class Action* originária de um acordo firmado entre a empresa e as partes lesadas. Essa Corte considerou, apesar de inúmeros obstáculos criados pelos opositores, que o acordo

À vista disso, e seguindo o entendimento que já vinha sendo dado por outros magistrados, a Suprema Corte constatou que o principal problema a impedir a admissibilidade das demandas em ambos os casos se referia à homogeneização artificial que as *class actions* operavam sobre as diferentes categorias de lesados. Ao pretender reunir em uma única demanda todos os que tinham direito à reparação de danos, as empresas falharam não apenas em representar adequadamente as eventuais vítimas que ainda não haviam se manifestado, mas também em propor soluções que levassem em consideração as peculiaridades de cada grupo dos atuais lesados.[48]

Em nenhum dos litígios ficou estabelecido de forma clara quais seriam os diferentes níveis de compensação que cada subgrupo deveria receber ou por quantas reivindicações as empresas se responsabilizariam nos anos subsequentes. Além disso, no caso *Ortiz v. FibreboardCorp.*, especificamente, os recursos financeiros disponibilizados pelas empresas para o pagamento das indenizações eram limitados e determinados,

---

era justo, a competência da Corte devidamente invocada, e as informações e representação das classes, adequadas. Em seguida, proibiu os membros das classes de ajuizar processos individuais em relação à exposição ao amianto em qualquer Corte Estadual ou Federal. A Corte de Apelações, apesar de concordar com a Corte Distrital que uma *class action* pode ser certificada para fins de acordo (*Settlement Class action*), houve por bem anular a decisão do primeiro grau, considerando que os requisitos de certificação encartados na *Rule 23* deveriam ser cumpridos como se o caso fosse efetivamente julgado, sem levar o acordo em consideração. Além disso, explicou que a certificação era inapropriada porque a classe falhou em satisfazer, entre outras disposições, os requisitos da *Rule* 23 (b)(3) que dispõem sobre a necessidade de predominância das questões comuns à classe sobre as questões individuais, e os requisitos da *Rule* 23 (a)(4) de uma representação adequada. Sendo assim, ordenou que a Corte Distrital anulasse a certificação da demanda (*Decertify*). A corte Suprema manteve o entendimento da Corte de Apelações

[47] Já no caso *Ortiz v. Fibreboard Corp,* a Corte Distrital, inicialmente, permitiu a intervenção das vítimas e dos acusados, realizou uma audiência de equidade nos termos da *Federal Rule of Civil Procedure* 23(e), decidiu que os requisitos da *Rule 23* (a) de *numerosity, commonality, typicality* e *adequacy* foram cumpridos e certificou a demanda sob a *Rule 23* (b)(1)(b). Em segundo grau, a Corte de Apelações manteve a decisão da Corte Distrital, entendendo correta a certificação da classe e adequação do acordo. Chegando à Suprema Corte, esta anulou a decisão do Corte inferior, devolvendo-lhe a questão para nova apreciação, que agora deveria ser feita à luz da decisão tomada no caso *AmchemProducts, Inc. v. Windsor*.

[48] Criticando o entendimento da Corte Distrital que admitiu (*certified*) a *settlement class action* em primeiro grau e que, para o cumprimento do requisito do compartilhamento das questões em comuns (*Rule 23* (a)(2)), embasou-se tão somente no fato de todos os trabalhadores terem sido expostos ao amianto, a Suprema Corte chamou atenção para a necessidade de cumprimento do requisito da predominância das questões em comum, mais abrangente que aquele e de maior relevo na circunstância, estabelecendo que *"Given the greater number of questions peculiar to the several categories of class members, and to individuals within each category, and the significance of those uncommon questions, any overarching dispute about the heal consequences of asbestos exposure cannot satisfy the Rule 23(b)(3) predominance standard"*.

enquanto as pessoas que poderiam desenvolver problemas de saúde no futuro, em decorrência da exposição ao amianto, eram indeterminadas. Caso esse fundo fosse desde logo executado pelos lesados efetivamente identificados até aquele momento, nada restaria para aqueles que, embora também tivessem direito à reparação, não tivessem ainda visto manifestar-se quaisquer sintomas de danos à saúde gerados pela exposição.

Esse foi o motivo principal pelo qual nenhum dos casos chegou a ter o mérito do processo analisado, perdendo, dessa maneira, a oportunidade de se debater o tema por completo e de orientar uma solução adequada para o problema da litigiosidade de massa então enfrentada. A experiência, contudo, não deixou de ser fértil em matéria de direito processual civil. Pelo contrário, o episódio relevou que a tutela coletiva, em sua configuração tradicional, já não é mais capaz de responder adequadamente aos desafios impostos pelos litígios de massa de ampla extensão, tão característicos do século XXI.

Os julgados tornaram evidente a falta de aderência da técnica processual americana aos direitos individuais homogêneos ora pleiteados. Por um lado, as demandas ajuizadas individualmente se mostraram perigosas, dado o enorme e inesgotável volume de potenciais litigantes. Por outro, o manejo das *class actions* para a tutela dos lesados se mostrou inadequado, dada a vastidão de peculiaridades da pretensão de cada um.[49]

4 Brasil: por que o Incidente de Resolução de Demandas Repetitivas?

Feitas essas considerações, ficam evidentes os motivos por que ultimamente parece ter se alastrado, e com razão, não só dentro dos Estados Unidos, como vem mostrando Linda Mullenix, mas também pela Europa, como atesta Rachel Mulheron, uma espécie de ceticismo acerca da adequação do instrumento das *class actions* para fazer frente aos desafios que a litigiosidade de massa tem apresentado ao século XXI.

---

[49] Outra questão relevante que se apresentou na controvérsia levantada sobre o modelo tradicional de *class actions* foi o debate sobre se os juízes estariam excedendo sua autoridade ao exercer postura ativa naqueles litígios, quando quem deveria buscar uma solução para a crise das demandas de responsabilidade civil seria o Congresso, e não a Suprema Corte. Em decorrência dessa situação, verifica-se que a inércia do legislativo tem aberto portas para o desenvolvimento do ativismo judicial na resolução da *mass tort crisis* americana. MULHERON, Rachel. *The class action in common law legal systems*: a comparative perspective. OxfordPorland: Hart Publishing, 2004, p. 68.

Com a crise das *class actions*, muitos estudiosos sugerem, se não a extinção da *class action for damages*, a elaboração e utilização de instrumentos adicionais de tutela pluri-individual. Autores americanos como Byron Stier reconhecem a crise do modelo de tutela coletiva vigente e a necessidade de se conceber modelos alternativos:

> (...) *as courts have increasingly held, multiple-incident, personalinjury class actions are not appropriate for class treatment because they envolve numerous individualized adjudication. Indeed, if a court attempts to adjudicate class action claims consonant with state substantive law and federal constitucional guarantees, the individualized issues can require hundreds of years of trial and attendant hearings.*[50]

David Rosenberg, professor da Faculdade de Direito da Universidade de Harvard, ao analisar soluções para evitar casos repetitivos, compara a técnica das *class actions* com a do *colateral stoppel*,[51] um modelo de preclusão temática que impediria a admissão de novas ações sobre a mesma questão de fato ou de direito após o julgamento final de uma ação que tenha discutido o mesmo tema, apresentando prós e contras em ambos.[52]

Essa nova postura dos estudiosos parte da percepção de que o modelo de tutela coletiva clássica cumpriu bem sua função no século passado, mas está defasado e talvez, como sustenta Mullenix, funcione melhor para soluções que exijam provimentos mandamentais, cujo *decisum*, em regra, limita-se a ordens de fazer e não fazer, e não condenações que exigem minuciosos juízos sobre as particularidades de cada pretensão.

---

[50] STIER, Byron G. Resolving the class action crisis: mass tort litigation as network. *Utah Law Review* 836, p. 865, 2005.
[51] O dicionário Black's Law define a expressão *"colateral stoppel"*, em sua segunda acepção, como *"a doctrine barring a party from relitigating an issue determined against that party in an earlier action, even if the second action differs significantly from the first one"*.
[52] ROSENBERG, David. Avoiding duplicative litigation of similar claims: the superiority of class action vs. collateral stoppel vs. standard claims market. *Discussion paper* n. 394. 12/2002. Disponível em: www.law.harvard.edu/programs/olin_center/papers/pdf394.pdf. Acesso em: 11 set. 2019, p. 4: "*Collateral stoppel is the one regulatory device that could achieve global preclusive effects rivaling those of class action. Collateral stoppel embraces various rules that preclude litigating a claim ('claim preclusion') or issue ('issue preclusion') in any case subsequent to entry of final judgment in another case in which the same claim or issue had or could have been raised and determined. Generally, collateral stoppel applies when the party adversely affected by the preclusive effect was a party (or in privity with a party) to the case in which final judgment was entered*".

Complex litigation, nos EUA, decisões estruturais, no Brasil, por exemplo, são temas recentes que revelam a ineficácia das técnicas processuais tradicionais perante a complexidade das lides atuais. O passado nos conduziu até aqui não para que os operadores do direito repousassem sobre ele, mas para que possam, com a experiência da tradição, costurar um futuro melhor. Afinal, "a inteligência organiza o mundo organizando a si mesma, o conhecimento torna-se atualização dos possíveis ou criação de novos possíveis", com acerto anotava o saudoso professor André-Jean Arnaud.[53]

O que se quer com isso demonstrar é que o estado atual da processualística não posiciona mais a tradicional tutela coletiva como o modelo mais adequado para lidar com os problemas da litigiosidade massiva, e que a opção do Brasil pela tutela pluri-individual é propositai, calcada nos avanços mais recentes sobre o tema, buscando impedir que prevaleça, aqui, o que em outra oportunidade denominei de ideologia coletivizante.[54]

De fato, muitos são os motivos que levam ao afastamento do modelo de tutela coletiva no CPC 2015, com a conseguinte adoção da técnica pluri-individual, mas esse afastamento decorre, primordialmente, dos motivos narrados neste trabalho, que posicionamos em duas classes: motivos de política e motivos de técnica.

Rachel Mulheron, ao anotar que as *class actions* também vêm sendo rejeitadas na Inglaterra, segue essa mesma linha e aponta que duas são as razões principais desse fenômeno, embora também as julgue insuficientes: (i) há percepção da falta de utilidade e de flexibilidade; e (ii) a experiência norte-americana é malvista pelos ingleses.[55]

Os motivos de ordem política residem, sobretudo, no estigma de que as *class actions for damages* atraíram para o contencioso coletivo nos Estados Unidos, cujas nuances foram estudadas exaustivamente pela professora Linda Mullenix. A sanha dos advogados pelos honorários milionários, e a litigância empreendedora que daí emergiu, lançou uma mensagem negativa e irreversível sobre as virtudes dessa técnica, que,

---

[53] FACHIN, Edson; TEPEDINO, Gustavo (org.). *O direito e o tempo:* embates jurídicos e utopias contemporâneas. Estudos em homenagem ao Professor Ricardo Pereira Lira. Rio de Janeiro: Renovar, 2008, p. 43.
[54] DANTAS, *op. cit. Jurisdição coletiva..*, p. 346.
[55] MULHERON, *op. cit.*, p. 68. Cf. "Two reans contributed to the implementation of group litigation order as the principal means by which to handle multi-party litigation in England, rather than the class action device. *First, class action regimes are perceived to lack utility and flexibility. Secondly, unfavaroubie comments have repeatedly been made in respect of the US class action regime.* (Grifo nosso)

como anota Mullheron, também foi determinante para fazer a Inglaterra se afastar dela.

Os motivos de ordem técnica, por sua vez, residem na inflexibilidade da ferramenta das *class actions* para lidar com as particularidades que dizem respeito aos direitos individuais homogêneos, fator que ficou evidente na discussão dos casos *Anchem Products, Inc. V. Windsor* e *Ortiz v. FibreboardCorp*. O registro de Mulheron demonstra que também para os ingleses a técnica norte-americana aparenta assaz inflexível e incapaz de endereçar adequadamente as peculiaridades que as lides complexas apresentam.

Não por outro motivo a elaboração do IRDR teve em consideração a experiência inglesa, vez que rejeitaram expressamente o mecanismo da *class action* para elabor um mecanismo autêntico de tutela pluri-individual que pudesse alinhar a racionalidade do Poder Judiciário à observância do *day in court* das partes: o *Group Litigation Order*. Além disso, e por último, é importante levar em consideração um outro fator. Não é incomum que, ao realizar incursões no direito comparado, a doutrina incorra em certos anacronismos. Não raro são importados, para o nosso ordenamento, institutos e teorias, oriundos de determinado país, que mesmo neste país já foram superadas, e esta última consideração não é senão uma advertência contra equívocos desse jaez.

No Brasil, a concepção do direito processual coletivo teve início no final da década de 1970, quando a doutrina nacional iniciou absorção da produção acadêmica italiana, capitaneada por vultos como Michele Taruffo, Mauro Cappelletti, Vincenzo Vigoriti, Proto Pisani dentre outros. Os estudiosos italianos, segundo anota Antônio Gidi, utilizaram-se da experiência norte-americana dos primeiros anos da *Rule* 23, reformada em 1966, e foi nessa bibliografia que os acadêmicos brasileiros buscaram inspiração teórica para conceber os institutos e os conceitos que permeiam a Lei da Ação Civil Pública (Lei 7.347/1985), discutida e promulgada na primeira metade da década de 1980.

Posteriormente, em 1990, quando da edição do Código de Defesa do Consumidor (Lei 8.078/90), os novos dispositivos referentes à defesa do consumidor em juízo passaram a compor o que veio a se chamar de microssistema de processo coletivo, com princípios, regras e conceitos que regem essa seara do direito ainda nos dias de hoje.[56]

---

[56] DANTAS, Bruno. *Teoria dos recursos repetitivos:* tutela pluri-individual nos Recursos Dirigidos ao STF e ao STJ (art. 543-B e 543-C do CPC). São Paulo: Editora Revista dos Tribunais).

Segundo Antônio Gidi, também a Lei 8.078/1990 considerou como referencial teórico a bibliografia italiana da década de 1970, que interpretava a *Rule 23*, alterada em 1966, fato que mereceu desse autor críticas ácidas.[57] A crítica do autor é no sentido de que o microssistema de tutela coletivo concebido nas décadas de 1980 e 1990 no Brasil se baseou em uma bibliografia completamente desatualizada, que ignorava o desenvolvimento das técnicas processuais coletivas vanguardistas. No Brasil, no limiar do século XXI, a doutrina aprendia sobre o processo coletivo norte-americano através de estudos italianos da década de 1970 que, por sua vez, interpretavam a doutrina norte-americana que escrevia sobre a longínqua reforma de 1966 das *class actions*.

E é aqui que reside o ponto a que se busca dar relevo: como foi visto, é justamente na década de 1960 e 1970 que se inicia nos Estados Unidos a maior crise das *class actions* de sua história, com os litígios envolvendo o amianto. Naturalmente, ainda era cedo demais para os norte-americanos colherem as lições dessa crise, e a doutrina italiana da década de 1970, da qual bebeu a doutrina brasileira na década 1980 e 1990, não pôde senão ter acesso ao estado da técnica processual coletiva norte-americana de um período anterior ao apogeu da crise. Então, se é verdade que a inspiração teórica da LACP e o CDC são as *class actions*, é preciso admitir que existe nessa inspiração um hiato, um vazio, de cerca de vinte a trinta anos indispensáveis da experiência norte-americana.

Foi nesse hiato que vieram as lições da crise, com as inúmeras reformas legislativas, pesquisas acadêmicas e de campo, pelas estatísticas, e a respeito delas escreve, atualmente, uma gama expressiva de doutrinadores norte-americanos, alguns deles citados neste trabalho.

---

[57] GIDI, Antonio. *Rumo a um Código de Processo Civil coletivo*: a codificação das ações coletivas do Brasil. Rio de Janeiro: Forense, 2008, p. 32-33: "É constrangedor saber que a fonte atual da legislação brasileira é a doutrina italiana, cujo direito não tem nem nunca teve tradição de processo coletivo, em sua fase mais imatura e hesitante. A situação ficou ainda mais visível com a promulgação do CDC na década de 90, cujas fontes pesquisadas eram as mesmas utilizadas na década anterior para conceber e interpretar a LACP: a doutrina italiana da década de 70, interpretando uma inovação norte-americana da década de 60. A razão é simples, os italianos haviam simplesmente perdido o interesse e pararam de publicar sobre o tema e os brasileiros perderam a principal fonte de informação atualizada sobre as *class actions* norte-americanas: a doutrina esquerdista e progressista italiana. Não somente pelas inúmeras reformas legislativas, mas também pelo amadurecimento da experiência prática dos advogados e tribunais, pelas pesquisas acadêmicas e de campo, pelas estatísticas e propostas legislativas de reforma, pelos precedentes e pela doutrina, o direito processual coletivo norte-americano havia evoluído e se tornado um sistema muito mais complexo e sofisticado. Mas os brasileiros não haviam dado conta disso, porque os italianos não mais escreviam sobre o tema".

Por isso, sobretudo hoje, em que se prescinde da ponte italiana para acessar a doutrina coletivista norte-americana, não se admite seja cometido o mesmo anacronismo de se beber em fontes obsoletas para conceber novas técnicas. É por isso que se vem insistindo ser inadmissível incorrermos no equívoco de promover uma ideologia coletivizante, tendo em vista que essa doutrina finca raízes em uma compreensão do processo coletivo norte-americano que se encontra há muito superada.

Portanto, todos esses motivos, somados, concorrem para demonstrar por que motivo a Comissão de Juristas encarregada de elaborar o Código de Processo Civil de 2015 houve por bem se afastar da coletivização de demandas individuais para optar, prudentemente, pela técnica pluri-individual, eis que, dentre as alternativas existentes, esta se mostrou a que melhor compatibilizaria racionalidade, eficiência e acesso à Justiça.

Conclusão

Os Estados Unidos, com sua experiência secular em matéria de direito coletivo, é o referencial para onde, tradicionalmente, afluem os estudiosos que pretendem se aprofundar no tema. Por muito tempo essa procura se justificou pelos êxitos da experiência norte-americana. Entretanto, desde a década de 1960, o processo coletivo norte-americano passou por inúmeros altos e baixos que, ao cabo do século passado, culminou transmitindo para o mundo um ceticismo acerca das *class actions*, e se os acertos daquele país foram essenciais para o desenvolvimento de técnicas de resolução de conflitos de massa em diversos países, não menos seriam seus desacertos.

Entre esses desacertos, foi visto que a experiência norte-americana do fim da segunda metade do século passado, quando se revelaram as funestas disfunções causadas pela litigância empreendedora (*entrepreneurial litigation*) em torno das *class actions*, bem como quando a Suprema Corte reconheceu a ineficácia daquela técnica processual coletiva para lidar com os direitos individuais homogêneos envolvidos nos casos *Amchem Products, Inc. v. Windsor* e *Ortiz v. FibreboardCorp*, foram indispensáveis para levar o Brasil a se afastar da ideologia coletivizante e optar por um modelo que compatibilize a racionalidade da Justiça com o acesso à justiça: a técnica da tutela pluri-individual.

Esses são, portanto, entre tantos outros que poderiam ser explorados, os principais motivos que levaram a Comissão de Juristas encarregada de elaborar o CPC 2015 a conceber, com detida prudência, o Incidente de Resolução de Demandas Repetitivas.

Referências

CAMUS, Albert. *O estrangeiro*. Trad. Valerie Rumjanek. 44. ed. Rio de Janeiro: Record, 2018.

COFFEE JR. John C. *Class wars*: The Dilemma of the Mass Tort *Class action*. vol. 95, n. 6, 1995, p. 1343-1465. Disponível em: https://scholarship.law.columbia.edu/faculty_scholarship/29/.

COFFEE JR. John C. The globalization of entrepreneurial litigation: law, culture and incentives. *University of Pennsylvania Law Review*, v. 165: 1895, p. 1896-1926, 2017. p. 1920.

DANTAS, Bruno. *Teoria dos Recursos Repetitivos*: tutela pluri-individual nos Recursos Dirigidos ao STF e ao STJ (art. 543-B e 543-C do CPC). São Paulo: Editora Revista dos Tribunais.

DANTAS, Bruno. Jurisdição coletiva, ideologia coletivizante e direitos fundamentais. *Revista de Processo*, v. 251, p. 341-358, 2016

ESTADOS UNIDOS. Supreme Court. Anchem Products, Inc., *et al.* v. Windsor *et al.* Certiorari to the United States Court of Appeals for the Third Circuit. No. 96-970. Washington-DC, 18 feb. 1997.

ESTADOS UNIDOS. Ortiz *et al.* v. Fibreboard Corp. *et al.* Certiorari to the United States Court of Appeals for the Fifth Circuit. No. 97-1704. Washington-DC, 23 jun. 1999. p. 821 e 866. Disponível em: https://supreme.justia.com/cases/federal/us/527/815/case.pdf.

FACHIN, Edson; TEPEDINO, Gustavo (org.). *O direito e o tempo*: embates jurídicos e utopias contemporâneas. Estudos em homenagem ao Professor Ricardo Pereira Lira. Rio de Janeiro: Renovar, 2008, p. 43.

FRANK, John. Response to the 1996 Circulation of Proposed Rule 23 on *Class actions*: Memorandum to My Friends on the Civil Rules Committee, *apud*. HENSLER, *Class action* dilemmas: pursuing public goals for private gains. Arlington: RAND Institute for Civil Justice, 2000.

GIDI, Antonio. *Rumo a um Código de Processo Civil coletivo*: a codificação das ações coletivas do Brasil. Rio de Janeiro: Forense, 2008.

HENSLER, Deborah *et al. Class action dilemmas:* pursuing public goals for private gains. Arlington: RAND Institute for Civil Justice, 2000.

HENSLER, Deborah *et al. Asbestos Litigation in the United States*: Triumph and Failure of the Civil Justice System. 12 Conn. Ins. L.J. 255, 2005. p. 259. Disponível em: https://heinonline.org/HOL/LandingPage?handle=hein.journals/conilj12&div=15&id=&page=.

MULHERON, Rachel. *The class action in common law legal systems:* a comparative perspective. Oxford-Porland: Hart Publishing, 2004.

MULLENIX, Linda S. Ending Class actions as We Know Them: Rethinking the American *Class action* (June 21, 2014). 64 *Emory Law Journal* 399 (2014); U of Texas Law, Public Law Research Paper No. 565. Disponível em: https://ssrn.com/abstract=2457429.

MULLENIX, Linda S. O fim do processo coletivo tal como o conhecemos: repensando a *class action* norte-americana. Trad. Bruno Dantas. *Revista dos Tribunais*, v. 283, ano 43, set./ 2018.

MULLENIX, Linda S. *Mass Tort Litigation:* cases and materials. West Pub. 2. ed. 2008.

ROSENBERG, David. Avoiding duplicative litigation of similar claims: the superiority of *class action* vs. collateral stoppel vs. standard claims market. *Discussion paper* n. 394. 12/2002. Disponível em: www.law.harvard.edu/programs/olin_center/papers/pdf394.pdf. Acesso em: 11 set. 2019

STIER, Byron G. Resolving the *class action* crisis: mass tort litigation as network. *Utah Law Review* 836, p. 865, 2005.

THE AMERICAN LAW INSTITUTE. *Princípios do direito:* processo agregado. Trad. Bruno Dantas. 1. ed. São Paulo: Editora Revista dos Tribunais, 2017.

WHITE, Michelle. J. Asbestos and the Future of Mass Torts. *Jornal of Economic Perspectives*, vol. 18, n. 2, 2004, p. 183-204. Disponível em: https://econweb.ucsd.edu/~miwhite/asbestos-jep-final.pdf

---

Informação bibliográfica deste texto, conforme a NBR 6023:2018 da Associação Brasileira de Normas Técnicas (ABNT):

DANTAS, Bruno; SANTOS, Caio Victor Ribeiro dos. Impactos transnacionais da tutela coletiva norte-americana: como a crise das class actions levou o Brasil a optar pela tutela pluri-individual. *In*: DANTAS, Bruno. *Tópicos atuais em Processo Civil: individual, coletivo e pluri-individual*. Belo Horizonte: Fórum, 2024. p. 157-181. ISBN 978-65-5518-806-6.

JURISDIÇÃO COLETIVA, IDEOLOGIA COLETIVIZANTE E DIREITOS FUNDAMENTAIS

BRUNO DANTAS

Introdução

O Congresso Nacional aprovou, e o Brasil vive a expectativa da entrada em vigor em março de 2016 do novo Código de Processo Civil. Durante os mais de quarenta anos de vigência do Código de Processo Civil de 1973, nossa realidade social foi evidentemente impactada por transformações econômicas, políticas e culturais, sendo consequência desses fenômenos a multiplicação das interações em sociedade, assim como das questões que envolvem todos os possíveis direitos relacionados a essas interações.

Ao longo das últimas décadas, observou-se não apenas o aumento de nossa população, mas também um movimento de expansão da cidadania através da "descoberta" de direitos antes ignorados por parcelas expressivas da população. Mais que isso, a implementação de políticas públicas tendentes a ampliar o acesso à Justiça[1] permitiu que pessoas antes alijadas pudessem buscar, pela via judicial, a efetivação

---

[1] Pode-se citar aqui, dentre outros, a criação dos Juizados Especiais e da Defensoria Pública.

das promessas do constituinte estampadas em nossa Carta Magna. Esse fenômeno, associado à expansão dos meios de comunicação em massa, reforça a percepção de que a sociedade brasileira sabe quais são os seus direitos e sabe como reivindicá-los.

Bobbio, em seu clássico *L'età dei Diritti*, observa com acuidade o movimento das décadas recentes:

> questa moltiplicazione (stavo per dire ploriferazione) è avvenuta in tre modi: (a) perché è andata aumentando la quantità dei beni considerati meritevoli di essere tutelati;(b) perché è stata estes ala titolarità di alcuni tipici diritti a soggetti dibersi dall'uomo; (c) perché l'uomo stesso non è piú stato considerato come ente genérico, o uomo in astratto, ma è stato visto nella specifità o nella concretezza dele sua diverse maniere di essere nella società, come infante, come vecchio, come malato ecc. In sostanza, piú beni, piú soggetti, piú status, dell'unico individuo.[2]

Nesse ambiente jurídico, inserido em um cenário de democratização e efetivação de direitos, o direito processual civil tem sido conformado tanto pelas diretrizes apresentadas pela Constituição de 1988 quanto pelas diversas reformas legislativas do Código de Processo Civil de 1973. A Carta Cidadã, como é notório, apresenta garantias processuais que exigem dos juristas a sensibilidade de compreender o processo numa perspectiva de concretização dos direitos fundamentais, destacadamente a efetividade.

Foi a partir dessa exigência que o Código de Processo Civil de 1973 passou por inúmeras alterações, algumas pontuais e outras macroestruturais. Essas modificações introduziram no processo jurisdicional técnicas de efetivação dos direitos – como as que dizem respeito à tutela de urgência, da evidência e executiva – e de concretização da isonomia – como o julgamento de recursos excepcionais repetitivos –, conferindo, em grande medida, melhor desempenho ao Judiciário.

O processo de elaboração do novo Código – desde a designação da Comissão de Juristas que recebeu a missão de elaborar o anteprojeto, passando pelos momentos seguintes do debate no Senado Federal e

---

[2] Tradução: "Essa multiplicação (ia dizendo proliferação) ocorreu de três modos: (a) porque aumentou a quantidade de bens considerados merecedores de tutela; (b) porque foi estendida a titularidade de alguns direitos típicos a sujeitos diversos do homem; (c) porque o próprio homem não é mais considerado como genérico, ou homem abstrato, mas é visto na especificidade ou na concreticidade de suas diversas maneiras de ser em sociedade, como criança, velho, doente etc. Em substância: mais bens, mais sujeitos, mais *status* do indivíduo".

na Câmara dos Deputados – foi permeado pela especial atenção ao fenômeno identificado como litigiosidade de massa. Nesse contexto, identificou-se que o modelo processual adotado era insuficiente, pois se limitava à dicotomia entre a tutela individual e a tutela coletiva.

Dentre as decisões iniciais adotadas pela Comissão de Juristas, constou a de não disciplinar o processo coletivo no novo Código, relegando o seu tratamento à legislação extravagante. Tal posição foi orientada pelo entendimento de que seria tecnicamente inapropriado reunir em um único diploma legislativo sistemas regidos por principiologias discrepantes.

Não obstante essa posição, deve-se ressaltar que o novo Código contou com a ampliação de técnicas de tutela pluri-individual. Estas que, por terem como objetivo principal a melhoria do sistema processual, acabam por facilitar a efetividade dos diversos direitos fundamentais.

Neste artigo, pretendo explicar por que a dupla modelagem de proteção aos direitos individuais homogêneos, da forma como existe sob a égide do Código de Processo Civil de 1973, induz ao tratamento artificialmente coletivo de direitos que seriam melhor examinados individualmente. Mais que isso, procuro demonstrar que esse movimento consciente deriva do que denomino "ideologia coletivizante", que, em última análise, representa reforço do papel do Estado em detrimento da liberdade dos indivíduos de escolherem "se", "quando" e "como" desejam litigar.

1 A marcha da história

Fiel à sua indisfarçável convicção liberal-socialista, Bobbio dizia ser preciso desconfiar de quem defende uma concepção anti-individualista da sociedade. Para ele:

> através do anti-individualismo, passaram mais ou menos todas as doutrinas reacionárias. (...) Não seria muito difícil encontrar citações análogas na esquerda antidemocrática. Ao contrário, não existe nenhuma Constituição democrática, a começar pela Constituição republicana da Itália, que não pressuponha a existência de indivíduos singulares que têm direitos enquanto tais.[3]

---

[3] BOBBIO, Norberto. *A era dos direitos*. Trad. Carlos Nelson Coutinho. Rio de Janeiro: Elsevier, 1992, p. 102.

Para os fins deste artigo, não é necessário perscrutar com profundidade os alicerces filosóficos e políticos do Estado liberal,[4] bastando o registro de que ele guarda em sua essência um fundamento individualista, conforme anota Bobbio.[5]

Esse fundamento individualista foi responsável pela estruturação de todo o sistema jurídico moderno a partir da noção de direito subjetivo de matriz lockeana[6] e hobbesiana.[7]

---

[4] Paulo Bonavides (*Do Estado liberal ao Estado social*. 8. ed. São Paulo: Malheiros, 2007, p. 67-68) afirma: "Quem participava essencialmente na formação da vontade estatal em face do novo Estado liberal-democrático? A burguesia, sem dúvida, a cuja sombra, em nome do povo, se ocultavam interesses parcelados da classe dominante (...). A burguesia precisava de liberdade, e o Estado liberal-democrático, assentado naquele formalismo jurídico que em Kant chegara à sua formulação mais acabada, era um Estado destituído de conteúdo, neutralizado para todo ato de intervenção que pudesse embaraçar a livre iniciativa material e espiritual do indivíduo, o qual, como soberano, cingira a Coroa de todas as responsabilidades sociais".

[5] *Op. cit.*, p. 59.

[6] Cf. Bobbio (*Idem, ibidem*): "Precisamente partindo de Locke, pode-se compreender como a doutrina dos direitos naturais pressupõe uma concepção individualista da sociedade e, portanto, do Estado, continuamente combatida pela bem mais sólida e antiga concepção organicista, segundo a qual a sociedade é um todo, e o todo está acima das partes".

[7] Cf. VILLEY, Michel. *A formação do pensamento jurídico moderno*. Trad. Claudia Berliner. São Paulo: Martins Fontes, 2005, p. 705: "Todo o direito é reconstruído por Hobbes em etapas sucessivas, tendo como primeiro degrau o direito subjetivo, e é nisso que ele derruba a ciência jurídica anterior. Em Aristóteles, a lei da natureza (com efeito, uma lei não escrita, cujo teor era sempre objeto de investigação para o jurista) engendrava a ordem jurídica; imensamente rica em potência, a lei da natureza devia regular (pelo menos quanto ao essencial) as 'distribuições' e trocas. Para Grócio ainda, havia multiplicidade das leis naturais, proibindo, por exemplo, o roubo e o dano; de onde já se tentava deduzir um regime de propriedades. Tudo isso desaparece em Hobbes: já não há justiça distributiva nem comutativa naturais, já não há o meu e o teu segundo a natureza. No topo da ordem jurídica, só uma única regra, a que proíbe violar os pactos. Mas essa própria regra deriva do direito natural do indivíduo. É este o novo rochedo sobre o qual Hobbes constrói sua política". Noutra passagem, ao falar da criação do Leviatã na obra de Hobbes, Michel Villey afirma que "é uma espécie de contrato sinalagmático: os futuros cidadãos abdicam, em prol do novo soberano, de seu direito primitivo sobre todas as coisas. Mas recebem em troca novos direitos, direitos civis, que dessa vez não têm mais o defeito de se encavalarem entre si. Uma das principais funções do príncipe é realizar por sua lei (*distributive law*) essa determinação precisa, que a natureza não fizera, das propriedades de cada um" (*Idem*, p. 711). E conclui o jusfilósofo francês: "Em suma, notamos que a preocupação com os direitos subjetivos do indivíduo governou de ponta a ponta a doutrina de Hobbes. Não eram apenas a fonte da filosofia civil; não sobreviveram apenas à criação de Leviatã; eram o objetivo da política – não só os princípios, mas valores e finalidades do sistema. Leviatã não é apenas instituído pelo indivíduo, é-o para os indivíduos. Aqueles que leem Hobbes do ponto de vista da história das ideias políticas dizem que seu objetivo é a instauração da paz; até concordo, mas, do ponto de vista da história do pensamento jurídico e num sentido mais positivo, diria antes que esse objetivo é a promoção, a realização, a segurança (a paz é apenas um meio para a segurança dos direitos) dos direitos subjetivos de cada um" (*Idem*, p. 715).

Parte do protagonismo hobbesiano, contudo, é negada por juristas do porte de Paulo Bonavides, para quem

> a perspectiva histórica daqueles tempos [da revolução francesa] nos mostra com mais evidência o prestígio da ideologia que amparou os direitos naturais do Homem perante o Estado do que aquela outra, que, oriunda de um teólogo como Bossuet ou um filósofo como Hobbes, apregoava o direito natural do Estado, encarnado na opressão da realeza absoluta.[8]

A estrutura essencialmente individualista do direito burguês que emergiu da Revolução Francesa atraía, como não poderia deixar de ser, um modelo igualmente individualista do direito processual civil.

A marcha do século XX na direção do Estado Social fez com que o pêndulo da tutela jurisdicional se deslocasse do campo estritamente individual para o coletivo. A ascensão dos direitos de terceira geração no Brasil repercutiu amplamente na seara do direito processual civil, tendo ensejado uma grande efervescência na comunidade jurídica.

Rodolfo de Camargo Mancuso entende que não há meio termo possível na dicotomia "individual-coletivo", pois o primeiro tende ao egoísmo, ao passo que o segundo traz consigo o germe da massificação do indivíduo. Esse autor também concorda que o movimento pendular da história parece hoje se voltar contra a concepção liberal individualista.[9]

A década de 1990 sediou os primeiros anos de aprendizado com as potencialidades do direito processual coletivo no Brasil. Muitos exageros foram cometidos até que se alcançasse algum amadurecimento teórico, o que foi captado por Teori Zavascki.[10] Esse aspecto merece aprofundamento.

---

[8] *Op. cit.*, p. 42.
[9] *Interesses difusos:* conceito e legitimação para agir. 6. ed. São Paulo: Ed. RT, 2004, p. 41: "A Revolução Francesa de 1789 significou a vitória do espírito liberal- individualista contra a opressão totalitária da monarquia déspota. Hoje, como agudamente observa Edmond Betrand, assistimos *'à une réaction inverse, la poussée révolutionnaire de la société contre l'individu'*".
[10] *Reforma do processo coletivo:* indispensabilidade de disciplina diferenciada para os direitos individuais homogêneos e para direitos transindividuais. GRINOVER, Ada Pellegrini; MENDES, Aluisio Gonçalves; WATANABE, Kazuo (coord.). *Direito processual coletivo e o anteprojeto de Código Brasileiro de Processos Coletivos.* São Paulo: Ed. RT, 2007, p. 33: "A entusiástica utilização, que se seguiu, dos novos mecanismos processuais nem sempre se deu de modo apropriado, às vezes por inexperiência de seus operadores – o que é compreensível –, outras vezes por se imaginar, equivocadamente, que enfim se tinha em

2 Processo coletivo, ideologia coletivizante e direitos fundamentais

O aprofundamento, no âmbito do direito processual civil, do estudo dos conceitos de direitos difusos e coletivos, de um lado, e de individuais homogêneos, de outro, serviu ao propósito de aproximar a técnica processual do novo panorama do direito que emergiu a partir do contexto social do segundo pós-guerra.[11]

Para se ter uma noção clara dessa "novidade", basta mencionar que, em 1977, ao discorrer sobre interesses transindividuais, Barbosa Moreira afirmava que "é ainda um terceiro grupo de casos, porém, que maior atenção tem merecido, nos últimos tempos, dos processualistas, sobretudo na Itália, onde se multiplicam a propósito congressos, debates e publicações em revistas especializadas",[12] e referia precisamente ao Congresso de Pavia, de 1974, sobre o tema *"Le azioni a Tutela di Interessi Collettivi"*, e ao de Salerno, de 1975, sobre o tema *"La Tutela Giuridica degli Interessi Diffusi, com Particolare Riguardo allá Protezione dell'Ambiente e dei Consumatori"*.[13]

Hugo Nigro Mazzili, igualmente, aponta

> que foi especialmente a partir da década de 1970, com os trabalhos e conferências de Mauro Cappelletti, que surgiu a exata consciência de que os interesses de grupos apresentavam peculiaridades: como cuidar da representação ou da substituição processual do grupo lesado? como estender a coisa julgada para além das partes do processo? como

---

mãos o remédio para todos os males: para destravar a máquina judiciária e para salvar a sociedade de todas as agressões do Governo e dos poderosos em geral. É muito salutar, por isso, o processo de revisão crítica que se vem sentindo nos últimos tempos no sentido de coibir exageros e assim não só preservar do descrédito, mas valorizar e aperfeiçoar esses importantes avanços no campo processual".

[11] Não se deseja com isso sugerir que o "nascimento" dos interesses transindividuais se deu na segunda metade do século XX, pois, como anota Rodolfo de Camargo Mancuso, "[n]ão padece dúvida de que sempre existiram interesses difusos. Nem seria possível outra constatação, visto que os interesses sempre emergiram, naturalmente, do plano da mera 'existência-utilidade', de modo que interesses de todos os tipos e matizes puderam surgir de cada ponto para onde se voltaram a atenção ou a vontade humanas" (*Interesses difusos*: conceito e legitimação para agir. 6. ed. São Paulo: Ed. RT, 2004, p. 88-89). Na verdade, o que se deseja afirmar aqui é que apenas mais recentemente esses temas foram identificados como relevantes pela doutrina e alçados à posição de assuntos de estudo prioritário pelas diversas escolas de direito processual.

[12] A ação popular do direito brasileiro como instrumento de tutela jurisdicional dos chamados "interesses difusos". *Temas de direito processual civil*. São Paulo: Saraiva, 1977, p. 112.

[13] Cf. nota de rodapé 3 (*idem, ibidem*).

repartir o produto da indenização entre lesados indetermináveis? como assegurar a presença de todo o grupo nos processos coletivos para decisão e composição de tais conflitos intersubjetivos?[14]

Semelhantemente, na primeira edição de sua obra, hoje considerada clássica, sobre os direitos difusos, publicada em 1988, Rodolfo de Camargo Mancuso destacava ter escolhido "um tema relativamente 'novo', que está a desafiar a argúcia dos cultores do direito em geral, e, em especial dos processualistas".[15]

Os direitos difusos e os chamados coletivos *stricto sensu* são espécies do gênero direitos transindividuais. A principal nota característica desse gênero é a indivisibilidade do objeto, que acarreta a insuscetibilidade de apropriação individual. Isto é, os direitos transindividuais pairam como uma espécie de proteção genérica concedida a toda a sociedade ou a determinados grupos, o que, porém, não significa que numa situação concreta a mesma lesão não possa vir a atingir o direito individual de um dos membros do grupo.[16]

Exemplo dessa situação é a proteção genérica que há na legislação em favor dos consumidores contrapropaganda enganosa – interesse difuso – e que pode se converter em proteção individual se um consumidor em particular decidir postular em juízo a anulação de um contrato firmado com uma determinada empresa em razão de propaganda enganosa.

Como se observa, há uma clara diferença de perspectiva quando se cogita de um interesse difuso ou quando se procura vislumbrar que a violação daquele interesse originariamente difuso acabou por invadir a esfera jurídica particular de um determinado indivíduo, acarretando, pois, a agressão a um direito subjetivo.

No que concerne aos direitos individuais homogêneos, contudo, o que se verifica é algo completamente diferente. A estrutura essencial desses direitos é inegavelmente individual, com sujeitos bem delimitados e determináveis, e objeto divisível. O ponto de contato com os transindividuais é a viabilidade de se utilizar a forma coletiva de tutela jurisdicional, que não decorre de sua estrutura essencial, mas

---

[14] *A defesa dos interesses difusos em juízo*. 16. ed. São Paulo: Saraiva, 2003, p. 44.
[15] *Op. cit.*, p. 9.
[16] Conforme destaca SHIMURA, Sérgio. *Tutela coletiva e sua efetividade*. São Paulo: Método, 2006, p. 46: "Um mesmo fato pode ensejar diferentes tipos de tutela, por ofender diversos tipos de interesses, como previsto pelo próprio art. 99 do CDC, ao conceber a possibilidade de várias espécies de indenizações 'resultantes de um mesmo evento danoso'".

apenas do fato de terem um núcleo de homogeneidade derivado da origem comum.

Ocorre que, devido ao traço da divisibilidade, cada direito individual que integra esse feixe de direitos dotados de um núcleo de homogeneidade comporta tutela jurisdicional individual paralelamente à tutela coletiva. E nem poderia ser diferente, pois a homogeneidade é um *plus*, que não afasta a natureza nitidamente individual do direito substancial.

Vale dizer, a possibilidade de tutela coletiva é um acréscimo de proteção estatal em razão de algumas peculiaridades dessa espécie de direitos individuais. As peculiaridades que sensibilizaram o legislador, contudo, estão e devem sempre estar associadas à preservação da efetividade desses direitos, e não ao funcionamento do Poder Judiciário.

Pretendo dizer com isso que a tutela coletiva de direitos individuais homogêneos não pode ser transformada em panaceia para um problema que é do Estado, e não dos cidadãos. Insisto que ela é, sim, instrumento para a efetividade desses direitos, criada para desafiar as estratégias comportamentais de que os litigantes habituais lançam mão.[17]

O estímulo à formação de uma ideologia coletivizante traz riscos severos não apenas à proteção de direitos subjetivos, mas ao próprio Estado de Direito. Não se questiona, por óbvio, a indispensabilidade de que o sistema contenha instrumentos hábeis a dar efetividade aos direitos transindividuais, porém a difusão desenfreada da tutela coletiva, imposta como única via racional de proteção a direitos individuais homogêneos, põe em realce um problema político relevante: o ordinarização da eficácia e autoridade da sentença atingindo pessoas que não participaram do contraditório, como observa Bedaque.[18]

Quanto ao modelo brasileiro de processo coletivo, fundado em técnicas de legitimação extraordinária abstrata, é válida a crítica aguda de Antonio do Passo Cabral, que sustenta que "além de dificultarem o exercício de faculdades processuais, promovem um rompimento

---

[17] Além da obra clássica de Marc Galanter (Why the "Haves" come out ahead: speculations on the limits of legal change. *Law and Society Review*, vol. 9, n. 1, 1974), merece referência o artigo de GIUSSANI, Andrea. Situazioni soggetive superindividuali, azioni collettive e class actions: contributo alla teoria generale. *RePro* 174, ago. 2009.

[18] *Direito e processo*: influência do direito material sobre o processo. 5. ed. rev. ampl. São Paulo: Malheiros, 2009, p. 46-47: "É a tutela jurisdicional coletiva que traz consigo inúmeros problemas a serem resolvidos, dentre eles um de natureza política: eficácia e autoridade da sentença atingindo pessoas que não participaram do contraditório".

político-ideológico com o dissenso, o pluralismo e as iniciativas individuais".[19]

Não se pode, noutro prisma, perder de vista que "mesmo havendo o legislador previsto o caso, mediante norma geral, sua aplicação contenciosa ou não-contenciosa é um processo de individualização. O que enche os poros inevitáveis no esquema abstrato da norma geral é o ato judicial, continuando o processo de produção normativa".[20]

Isso significa que tão deletério e ofensivo aos direitos fundamentais quanto negar jurisdição coletiva a direitos transindividuais é dar tratamento coletivo e massificado a direitos individuais, forçando artificialmente uma homogeneidade muitas vezes inexistente no mundo empírico.

Concordo, portanto, com Antonio do Passo Cabral quando, ao analisar o modelo de legitimação extraordinária de nosso processo coletivo, destaca que "a condução do processo por um ente estranho à coletividade pode esconder dissidências dentro da classe, vilipendiando a liberdade individual de talvez milhares de pessoas com opiniões divergentes, que poderiam inclusive ter adotado estratégia processual diversa se tivessem ajuizado demandas individuais".[21]

Essa também é a visão de Neil Andrews que, ao analisar o modelo norte-americano das *class actions*, apontou como desvantagem o fato de que "*representative proceedings can cause injustice if the action steam rolls over relevant diferences between individual claims or defenses*".[22]

Assim, entendo que devem coabitar o sistema técnicas racionais que assegurem tanto o tratamento coletivo quanto o individual dos conflitos, de modo a eliminar definitivamente qualquer desejo de se sacrificar a tutela jurisdicional individual em nome da eficiência do Poder Judiciário.

Em outras palavras, a eficiência do Judiciário, por si só, não pode ser motivo para a propagação de uma ideologia coletivizante que subtrai do cidadão o direito de ter "*his day on Court*", que nada mais é do que a expressão da garantia fundamental de acesso à Justiça. Ao pretender

---

[19] O novo procedimento-modelo (*Musterverfahren*) alemão: uma alternativa às ações coletivas. *RePro* 147/127, maio 2007.
[20] Cf. VILANOVA, Lourival. *As estruturas lógicas e o sistema do direito positivo*. São Paulo: Noeses, 2005, p. 218-219.
[21] *Op. cit.*, p. 127.
[22] Multi-party proceedings in England: representative and group actions. *Duke Journal of Comparative & International Law*, vol. 11, n. 2, Spring 2001, p. 264.

tratar artificialmente como massa os conflitos e angústias individuais das pessoas, essa ideologia põe em xeque mais de duzentos anos de conquistas liberais.

A mesma preocupação foi expressada por Neil Andrews durante o debate promovido pela Universidade Duke dos EUA, em Genebra nos dias 21 e 22.07.2000.[23] O professor da Universidade de Cambridge visualize mesmo violação ao *due process* em casos assim: *"representative proceedings notoriously can violate people's legitimate interests in receiving due process, namely in receiving due notice of the claim, having their dispute properly articulated and enjoying and opportunity to state their case"*.[24]

3 Freio na ideologia coletivizante

Na Inglaterra, a recusa de modelos representativos e a adoção da técnica de tutela pluri-individual denominada *Group Litigation Order* (GLO) foi antecedida de amplo debate de cunho ideológico, no qual se dividiram, de um lado, os defensores da máxima autonomia individual para litigar, e, de outro, os proponentes da justiça coletiva, como anota Susan Gibbons, professora da Universidade de Oxford.[25]

Igualmente, na Alemanha parte expressiva da doutrina é conservadora quanto aos limites do direito fundamental de acesso à Justiça, havendo quem sustente que o método de substituição processual das *class actions* seria, por violação a essa garantia, inconstitucional.[26]

No Brasil, em alguma medida, o debate político tem levado em consideração a advertência feita neste artigo. É significativo, aliás, o fato de a Câmara dos Deputados, por obra da primeira Comissão temática

---

[23] O evento se chamou "Debates Over Group Litigation in Comparative Perspective: what can we learn from each other?" (https://law.duke.edu/grouplit/).

[24] *Multi-party proceedings... op cit.*, p. 265.

[25] *Group litigation, class action and Lord Woolf's three objectives* – a critical analysis. Civil Justice Quarterly, vol. 27, Issue 2, p. 228, 2008: *"Within the traditional, bilateral model of civil procedure, core aspects of the adversarial principle – notably, the opportunity to participate and right to be heard – are relatively easy to uphold. But for multi-party actions to be practically workable, some compromised coordination inevitably is essential. For many years, commentators have debated whether (and how) restricting individual litigants" adversarial rights for the sake of co-ordinated group treatment might be justified. Broadly speaking, perspectives divide between two camps: 1. advocates of maximal individual autonomy in litigation; and 2. proponents of "collective justice".*

[26] Cf. MOHER, Louise; Morgan, Linda. *Multi-party litigation in Germany*: the KapMuG in action. Class Action, by Federated Press, Spring 2008: *"The notion of a class action conflicts with Germany's fundamental right to be heard and right to court access by an individual to plead his or her case individually, all of which are constitutionally protected"*.

que deveria examinar a matéria – a CCJ –, ter rejeitado integralmente o mérito do PL 5.139/2009, de autoria do Poder Executivo.

Esse Projeto de Lei, a despeito de trazer diversos avanços ao direito processual civil coletivo, continha intenso verniz do que estou denominando ideologia coletivizante, como se pode verificar de diversos dos seus dispositivos, tais como o §1º do art. 33;[27] o *caput* e os parágrafos do art. 36;[28] e o *caput* do art. 61.[29]

O inusitado da rejeição de um projeto de lei elaborado por juristas designados pelo Ministério da Justiça e enviado ao Congresso Nacional pelo Presidente da República no bojo do II Pacto Republicano certamente tem diversas causas, que não vêm ao caso discutir aqui.

O que chama ainda mais atenção, todavia, é que no mesmo ano de 2010 o Plenário do Senado Federal aprovava o projeto de um novo Código de Processo Civil, proposição deveras mais complexa e objeto de inúmeros e variados *lobbies*, e que em seu conteúdo rejeita a ideologia coletivizante e aposta em técnicas de tutela pluri-individual, como ocorreu na Inglaterra e na Alemanha.

O contraste entre os dois projetos de lei e a sorte que cada um mereceu na tramitação legislativa evidenciam uma clara sinalização política de que as instâncias decisórias do país não pretendem apostar na ideologia coletivizante, mas sim prestigiar os direitos individuais, sem perder de vista a eficiência e a racionalização da atividade do Poder Judiciário.

Nessa perspectiva, o fortalecimento das técnicas de tutela pluri-individual adquire relevo antes inimaginado, e a criação de um incidente de resolução de demandas repetitivas, proposta central do projeto do novo Código de Processo Civil, assume grande protagonismo no modelo de processo civil que se pretende para o País nas próximas décadas.

---

[27] "Não serão admitidas novas ações individuais relacionadas com direitos ou interesses individuais homogêneos, quando em ação coletiva houver julgamento de improcedência em matéria exclusivamente de direito, sendo extintos os processos individuais anteriormente ajuizados."

[28] "O ajuizamento de ações coletivas não induz litispendência para as ações individuais que tenham objeto correspondente, mas haverá a suspensão dessas, até o julgamento da ação coletiva em primeiro grau de jurisdição."

[29] "Os juízes e tribunais que, no exercício de suas funções, tiverem conhecimento de fatos que possam ensejar a propositura de ação coletiva, inclusive a existência de diversas ações individuais a tramitar contra o mesmo réu, com identidade de fundamento jurídico, oficiarão ao Ministério Público, com remessa de cópia ao órgão superior competente e, quando cabível, a outros legitimados."

4 A solução projetada para o Brasil: tutela pluri-individual

No Brasil, desde que o Código de Defesa do Consumidor previu os direitos individuais homogêneos, sua proteção jurisdicional tradicionalmente se dá ora pela tutela coletiva, ora pela tutela estritamente individual.

Ocorre que o somatório de diversos fatores[30] fez com que a tutela puramente individual seja a via preferencial de busca de proteção a direitos individuais homogêneos no Brasil. Esse fato fez com que surgisse, entre os anos 2001 e 2009, um movimento de formulação de técnicas de tutela pluri-individual.

A macro tutela de direitos individuais homogêneos no Brasil, portanto, passou a ser efetivada ora por meio de técnicas de tutela coletiva, ora por meio de técnicas de tutela pluri-individual.

Com a estabilização do desenvolvimento da tutela coletiva, que praticamente não recebeu aperfeiçoamentos legislativos desde a edição do Código de Defesa do Consumidor,[31] o interesse dos meios jurídicos se deslocou para as técnicas de tutela pluri-individual, notadamente aquelas que preveem o julgamento de recursos especiais e extraordinários repetitivos mediante a escolha de um recurso-piloto, tal como ocorre na *Group Litigation Order* inglesa e no *Musterverfahren* alemão.

O problema das demandas de massa no Brasil foi um dos temas centrais debatidos na criação do Código de Processo Civil de 2015 (Lei 13.105/2015), que entrou em vigor em 2016. E para solucioná-los, optou-se pelo incremento das técnicas de tutela pluri-individual em detrimento das de tutela coletiva.

Essa preferência se deve ao fato de que as primeiras buscam dar maior aderência e efetividade à prestação jurisdicional, ao passo que as segundas acabam por homogeneizar artificialmente peculiaridades de cada caso e, com efeito, frustrar ou conceder de forma inadequada a tutela a direitos substanciais.

---

[30] Dentre eles as dificuldades impostas pela lei e pela jurisprudência ao desenvolvimento do processo coletivo, a ausência de incentivos processuais para que a sociedade civil organizada se mobilize para patrocinar ações coletivas, além, é claro, do fato de que devido à instabilidade da jurisprudência, muitos advogados optam pela pulverização de milhares de ações para amplificar as possibilidades de obter êxito, além de aumentar seus próprios honorários

[31] Ressalva feita à legitimação da Defensoria Pública para propor ações civis públicas (Lei 11.448/2007) e ao acréscimo à defesa da ordem econômica como direito passível de tutela coletiva (Lei 12.529/2011).

O Código de Processo Civil de 2015 apresenta um verdadeiro sistema orgânico e funcional de tratamento de "casos idênticos", com vistas ao julgamento conjunto da questão de direito que lhes seja comum.

Para tanto, além dos hoje vigentes recursos especiais e extraordinário repetitivos, cuja disciplina é aperfeiçoada, criou-se o incidente de resolução de demandas repetitivas, que representará, para o primeiro grau de jurisdição, solução simétrica ao que representam os vigentes arts. 543-B e 543-C para os tribunais de apelação.

O incidente será admissível quando for identificada controvérsia que efetivamente acarrete relevante multiplicação de processos fundados em idêntica questão de direito capaz de causar grave insegurança jurídica, decorrente do risco de coexistência de decisões conflitantes.

Possuirá duas fases bem delineadas – admissibilidade e mérito – e o seu processamento e julgamento é da competência originária do tribunal ao qual o juízo da causa seja vinculado.

Na admissibilidade, além do exame técnico sobre a existência da questão de direito repetitiva, o tribunal realizará juízo político consistente em avaliar a conveniência de se adotar a decisão paradigmática. Em caso de admissão, imediatamente após a sessão de julgamento o relator determinará a suspensão de todos os casos idênticos em curso no primeiro e no segundo grau até o julgamento final do incidente, nos limites de sua competência territorial.

A limitação territorial prevista prestigia o modelo federal do Estado brasileiro, porém era necessário reconhecer, noutra perspectiva, que a distribuição de competências legislativas pela Constituição Federal atribui à União o poder de legislar sobre a maior parte dos ramos do direito, o que poderia significar a necessidade de instauração de um incidente em cada tribunal do País.

A solução encontrada pelo novo Código de Processo Civil foi prever a possibilidade de, uma vez instaurado o incidente por apenas um único tribunal, o STJ ou o STF receber requerimentos para estender a todo o país a suspensão na tramitação dos processos em que a mesma questão de direito seja discutida, até que o recurso especial ou extraordinário seja julgado.

A legitimação para formular o aludido requerimento é ampla[32] e abrange até mesmo as partes processuais de casos que estejam em

---

[32] Cf. art. 982, §3º: "Visando à garantia da segurança jurídica, qualquer legitimado mencionado no art. 977, incisos II e III, poderá requerer, ao tribunal competente para conhecer do recurso extraordinário ou especial, a suspensão de todos os processos individuais ou coletivos em curso no território nacional que versem sobre a questão objeto do incidente já instaurado".

tramitação em juízos situados fora do âmbito de competência territorial do tribunal que instaurou o incidente.[33]

Quanto ao mérito, o Código de Processo Civil de 2015 prevê, no art. 985, I que "[j]ulgado o incidente, todos os processos individuais ou coletivos que versem sobre idêntica questão de direito e que tramitem na área de jurisdição do respectivo tribunal, inclusive àqueles que tramitem nos juizados especiais do respectivo Estado ou região".

Além de criar o incidente de resolução de demandas repetitivas, o Código de Processo Civil prevê consequências práticas que potencializam o resultado dos julgamentos dos "casos repetitivos". Destacam-se:

i) a possibilidade de concessão da tutela da evidência quando a tese jurídica invocada pelo autor já tiver sido decidida em sede de casos repetitivos;[34]

ii) a possibilidade de rejeição liminar do pedido quando este for contrário ao que já tiver sido decidido em sede de casos repetitivos;

iii) O não cabimento da remessa *ex officio* quando a sentença estiver em consonância com o julgamento adotado em casos repetitivos;[35]

iv) A dispensa da caução na execução provisória quando a sentença exequenda estiver em consonância com tese jurídica fixada em sede de casos repetitivos;[36]

---

[33] Cf. art. 982, §4º: "Independentemente dos limites da competência territorial, a parte no processo em curso no qual se discuta a mesma questão objeto do incidente é legitimada para requerer a providência prevista no §3º deste artigo".

[34] A tutela da evidência será concedida, independentemente da demonstração de perigo de dano ou de risco ao resultado útil do processo, quando:
II – as alegações de fato puderem ser comprovadas apenas documentalmente e houver tese firmada em julgamento de casos repetitivos ou em súmula vinculante Nas causas que dispensem a fase instrutória, o juiz, independentemente da citação do réu, julgará liminarmente improcedente o pedido que contrariar
II – acórdão proferido pelo Supremo Tribunal Federal ou pelo Superior Tribunal de Justiça em julgamento de recursos repetitivos;
III – entendimento firmado em incidente de resolução de demandas repetitivas ou de assunção de competência.

[35] Está sujeita ao duplo grau de jurisdição, não produzindo efeito senão depois de confirmada pelo tribunal, a sentença:
§4º Também não se aplica o disposto neste artigo quando a sentença estiver fundada em:
II – acórdão proferido pelo Supremo Tribunal Federal ou pelo Superior Tribunal de Justiça em julgamento de recursos repetitivos;
III – entendimento firmado em incidente de resolução de demandas repetitivas ou de assunção de competência".

[36] Art. 521. A caução prevista no inciso IV do art. 520 poderá ser dispensada nos casos em que

v) A realização de audiências públicas, a possibilidade de modulação dos efeitos e necessidade de fundamentação adequada e específica, na hipótese de alteração de entendimento jurisprudencial fixado em casos repetitivos;[37]

vi) Concessão de poderes ao relator para negar monocraticamente seguimento a recursos fundados em tese jurídica contrária ao que foi decidido pelo STF ou STJ em sede de casos repetitivos[38] ou para dar monocraticamente provimento, na hipótese contrária;[39]

vii) Presunção *iuris* de repercussão geral de recursos representativos de casos repetitivos.[40]

Além disso, a previsão de cabimento de reclamação contra decisões que eventualmente desconsiderarem o entendimento firmado em incidente de resolução de demandas repetitivas, dirigido ao tribunal de onde o acórdão paradigmático emanou, altera substancialmente o dogma de eficácia meramente persuasiva dos precedentes no Brasil.

IV – a sentença a ser provisoriamente cumprida estiver em consonância com súmula da jurisprudência do Supremo Tribunal Federal ou do Superior Tribunal de Justiça ou em conformidade com acórdão proferido no julgamento de casos repetitivos".

[37] "Art. 927. Os juízes e os tribunais observarão:
§2º A alteração de tese jurídica adotada em enunciado de súmula ou em julgamento de casos repetitivos poderá ser precedida de audiências públicas e da participação de pessoas, órgãos ou entidades que possam contribuir para a rediscussão da tese.
§3º Na hipótese de alteração de jurisprudência dominante do Supremo Tribunal Federal e dos tribunais superiores ou daquela oriunda de julgamento de casos repetitivos, pode haver modulação dos efeitos da alteração no interesse social e no da segurança jurídica.
§4º A modificação de enunciado de súmula, de jurisprudência pacificada ou de tese adotada em julgamento de casos repetitivos observará a necessidade de fundamentação adequada e específica, considerando os princípios da segurança jurídica, da proteção da confiança e da isonomia

[38] Art. 932. Incumbe ao relator IV – negar provimento a recurso que for contrário a:
b) acórdão proferido pelo Supremo Tribunal Federal ou pelo Superior Tribunal de Justiça em julgamento de recursos repetitivos;
c) entendimento firmado em incidente de resolução de demandas repetitivas ou de assunção de competência".

[39] V – depois de facultada a apresentação de contrarrazões, dar provimento ao recurso se a decisão recorrida for contrária a:
b) acórdão proferido pelo Supremo Tribunal Federal ou pelo Superior Tribunal de Justiça em julgamento de recursos repetitivos;
c) entendimento firmado em incidente de resolução de demandas repetitivas ou de assunção de competência;

[40] Art. 1.035. O Supremo Tribunal Federal, em decisão irrecorrível, não conhecerá do recurso extraordinário quando a questão constitucional nele versada não tiver repercussão geral, nos termos deste artigo.
§3º Haverá repercussão geral sempre que o recurso impugnar acórdão que: II – tenha sido proferido em julgamento de casos repetitivos

Diversamente do Código de Processo Civil de 1973, o Código de Processo Civil de 2015 contempla os "casos repetitivos" com uma disciplina extensa, exauriente e sistemática, fornecendo ao juiz instrumental para dar soluções adequadas aos problemas de atacado, decorrentes da litigiosidade de massa.

Destacando uma simetria entre as mencionadas técnicas processuais, o Código de Processo Civil de 2015 define "julgamento de casos repetitivos" como a decisão proferida em incidente de resolução de demandas repetitivas ou recursos especiais e extraordinários repetitivos.

Observa-se, portanto, a existência de um "microssistema de casos repetitivos", com a definição exata dessas técnicas de tutela pluri-individual, a partir de sua conceituação, disposição de seu procedimento e apresentação de consequências práticas do resultado dos julgamentos dos casos repetitivos.

Referências

ANDREWS, Neil. Multi-party proceedings in England: representative and group actions. *Duke Journal of Comparative & International Law*, vol. 11, n. 2, Spring 2001.

BARBOSA MOREIRA, José Carlos. *A ação popular do direito brasileiro como instrumento de tutela jurisdicional dos chamados "interesses difusos"*. Temas de direito processual civil. São Paulo: Saraiva, 1977.

BEDAQUE, José Roberto dos Santos. *Direito e processo*: influência do direito material sobre o processo. 5. ed. rev. ampl. São Paulo: Malheiros, 2009.

BOBBIO, Norberto. *A era dos direitos*. Trad. Carlos Nelson Coutinho. Rio de Janeiro: Elsevier, 1992.

BONAVIDES, Paulo. *Do Estado liberal ao Estado social*. 8. ed. São Paulo: Malheiros, 2007.

CABRAL, Antonio do Passo. O novo procedimento-modelo (*Musterverfahren*) alemão: uma alternativa às ações coletivas. *RePro* 147, maio 2007.

DANTAS, Bruno. *Teoria geral dos recursos repetitivos*. São Paulo: Ed. RT, 2014.

GALANTER, Marc. Why the "Haves" come out ahead: speculations on the limits of legal change. *Law and Society Review*, vol. 9, n. 1, 1974.

GIBBONS, Susan. Group litigation, *class action* and Lord Woolf's three objectives – a critical analysis. *Civil Justice Quarterly*, vol. 27, Issue 2, 2008.

GIUSSANI, Andrea. Situazioni soggetive superindividuali, azioni collettive e *class actions*: contributo alla teoria generale. *RePro* 174, ago. 2009.

MANCUSO, Rodolfo de Camargo. *Interesses difusos:* conceito e legitimação para agir. 6. ed. São Paulo: Ed. RT, 2004.

MAZZILI, Hugo Nigro. *A defesa dos interesses difusos em juízo.* 16. ed. São Paulo: Saraiva, 2003.

MOHER, Louise; MORGAN, Linda. Multi-party litigation in Germany: the KapMuG in action. Class action. *Federated Press,* Spring 2008.

SHIMURA, Sérgio. *Tutela coletiva e sua efetividade.* São Paulo: Método, 2006.

VILANOVA, Lourival. *As estruturas lógicas e o sistema do direito positivo.* São Paulo: Noeses, 2005.

VILLEY, Michel. *A formação do pensamento jurídico moderno.* Trad. Claudia Berliner. São Paulo: Martins Fontes, 2005.

ZAVASCKI, Teori Albino. Reforma do processo coletivo: indispensabilidade de disciplina diferenciada para os direitos individuais homogêneos e para direitos transindividuais. GRINOVER, Ada Pellegrini; MENDES, Aluisio Gonçalves; WATANABE, Kazuo (coord.). *Direito processual coletivo e o anteprojeto de Código Brasileiro de Processos Coletivos.* São Paulo: Ed. RT, 2007.

Informação bibliográfica deste texto, conforme a NBR 6023:2018 da Associação Brasileira de Normas Técnicas (ABNT):

DANTAS, Bruno. Jurisdição coletiva, ideologia coletivizante e direitos fundamentais. *In:* DANTAS, Bruno. *Tópicos atuais em Processo Civil*: individual, coletivo e pluri-individual. Belo Horizonte: Fórum, 2024. p. 183-199. ISBN 978-65-5518-806-6.

MODULAÇÃO DE EFEITOS BRASILEIRA NA PRÁTICA PROCESSUAL CONSTITUCIONAL

BRUNO DANTAS

JOÃO VICTOR PRASSER

1 Introdução

No dia 21.03.1973, o plenário do Supremo Tribunal Federal reuniu-se para apreciar a Representação nº 882/SP.[1] Em discussão, tese jurídica singela: a (in)validade de lei estadual que designava servidores do Poder Executivo para o exercício de funções típicas do cargo de oficial de justiça. Naquele dia, o tribunal julgou procedente a Representação, tornando nula a lei paulista questionada – editada em 03.12.1971. Simples e direto.

Não podemos afirmar, no entanto, que naquela oportunidade algum dos ministros presentes, a começar pelo relator da Representação, Ministro Xavier Albuquerque, tenha deixado de se preocupar com os atos praticados pelos oficiais designados pela lei natimorta, bem como as óbvias repercussões da invalidez da investidura de servidores que, por mais de um ano, desempenharam funções como se oficiais fossem.

---

[1] Rp nº 882, Rel. Min. Xavier de Albuquerque, Plenário, j. em 21.03.1973, DJ 15.06.1973.

Fato é que, naquela data, o tema não foi objeto do acórdão prolatado. E, a bem da verdade, nada há que se estranhar. Seria historicamente insensível demandar que a Corte tivesse apreciado a questão. Em 1973, como por mais alguns muitos anos – e até hoje para alguns –, atribuir qualquer efeito válido a uma norma declarada inconstitucional era inconcebível.

No entanto, cerca de um ano depois, mais precisamente entre os dias 04 e 07.06.1974, ambas as turmas da Corte viriam a apreciar recursos extraordinários correlatos, de nº 78.209/SP e 78.594/SP.[2] Em decorrência do julgamento da supracitada Representação, discutia-se agora questão distinta. Sepultada a norma paulista, concentravam-se os recursos na validade dos atos praticados pelos aludidos oficiais.

Ancorados na tese do funcionário de fato,[3] os Ministros Aliomar Baleeiro e Bilac Pinto, respectivos relatores na Primeira e Segunda Turma, votaram pelo não conhecimento do recurso, em favor da validade dos atos correspondentes, no que foram acompanhados à unanimidade pelos demais membros de seus colegiados julgadores.

Em uma verdadeira adequação de rota, o *inconcebível* já não era mais afastar o binômio inconstitucionalidade-nulidade – no modelo há muito concebido pela doutrina clássica e refletido na jurisprudência da Corte –, mas invalidar atos cuja cassação promoveria maior desordem social e jurídica que o próprio reconhecimento de sua episódica validade.

Essas não foram, necessariamente, as primeiras modulações promovidas pelo STF,[4] como por óbvio não seriam as últimas. Nem

---

[2] RE nº 78.209, Rel. Min. Aliomar Baleeiro, Primeira Turma, j. em 04.06.1974, DJ 11.10.1973; e RE nº 78.594, Rel. Min. Bilac Pinto, Segunda Turma, j. em 07.06.1974, DJ 04.11.1974.

[3] A teoria do funcionário de fato guarda íntima relação com a modulação de efeitos na jurisprudência do Supremo. Ao lado de delicadas situações tributárias, ambas com larga representação no passivo de ações diretas do Tribunal, temos parte relevante do porquê a percepção de nulidade teve de ser historicamente revista e mitigada. Tema que será melhor pormenorizado adiante. Para larga dicção em matéria tributária, cf. DERZI, Misabel Abreu Machado. *Modificações da jurisprudência:* proteção da confiança, boa-fé objetiva, e irretroatividade como limitações constitucionais ao poder judicial de tributar. São Paulo: Noeses, 2009.

[4] Em diversos trabalhos consultados, esses são dois dos precedentes com datas de julgamento mais antigas. Relevantes, em especial, pela concomitância temporal e unanimidade em ambas as turmas. Há, contudo, relevante registro anterior de atribuição de efeitos prospectivos em precedente da lavra do vetusto Ministro Victor Nunes Leal, cassado pouco depois do julgamento com a edição Ato Institucional nº 5: cf. RE nº 62.585, Rel. Min. Victor Nunes, Primeira Turma, j. em 22.10.1968, DJ 13.02.1969, cuja sucinta ementa atesta "ISENÇÃO FISCAL. CANCELAMENTO. EFEITO *EX NUNC*".

mesmo naquela década.⁵ Mas sinalizaram ares de um caminho sem volta. De modo gradual e comedido, os ministros introduziram na prática processual constitucional a mitigação do já referenciado binômio inconstitucionalidade-nulidade, até então paradigma no controle de constitucionalidade. A prática jurisprudencial da Corte, uma vez mais bem recepcionada pelos próprios membros e pela doutrina, virou letra de lei. A edição da Lei Federal nº 9.868/1999⁶ formalizou a faculdade de ponderar valores constitucionais quando da deliberação de efeitos temporais das decisões.

Não foi tão recorrente nos primeiros anos de vigência, sem embargo de interessantes precedentes nos controles concentrado e difuso.⁷ Já ao longo dos últimos anos, com o recorte dos últimos dez, por exemplo, a prática cresceu exponencialmente. De certo, a própria alteração de perfil dos membros do Supremo deu sua contribuição para isso. Na composição do primeiro semestre de 2022, todos os ministros admitem a possibilidade de algum tipo de modulação de efeitos.⁸ Mas não apenas a mudança de perfil dos magistrados explica este crescimento:⁹ a comunidade jurídica como um todo, sob fortes influências de experiências estrangeiras, passou a compreender melhor a insuficiência da nulidade plena em face de qualquer pretensão mínima de que se decidam questões constitucionais de modo justo e razoável.

O estoque de processos também contribuiu. E muito. Quanto mais o STF demora para julgar ações diretas em matérias como investidura de servidor público, maior é a probabilidade de que situações jurídicas

---

⁵ Nesse sentido, cf., por exemplo, o RE nº 79.343, Rel. Min. Leitão de Abreu, Segunda Turma, j. em 31.05.1977, DJ 02.09.1977.

⁶ Assim restou delimitado: "Art. 27. Ao declarar a inconstitucionalidade de lei ou ato normativo, e tendo em vista razões de segurança jurídica ou de excepcional interesse social, poderá o Supremo Tribunal Federal, por maioria de dois terços de seus membros, restringir os efeitos daquela declaração ou decidir que ela só tenha eficácia a partir de seu trânsito em julgado ou de outro momento que venha a ser fixado".

⁷ A mero título exemplificativo, cf. os tradicionais casos da defensoria pública gaúcha e da composição das câmaras de vereadores, respectivamente: ADI nº 3022, Rel. Min. Joaquim Barbosa, Plenário, j. em 02.08.2004, DJ 04.03.2005; e RE nº 197.917, Rel. Min. Maurício Corrêa, Plenário, j. em 06.06.2002, DJ 07.05.2004.

⁸ Por referência, tomamos o recente exemplo da declaração de inconstitucionalidade da incidência do IRPJ e da CSLL sobre a taxa Selic na repetição de indébito, em que todos os ministros concordaram com a modulação proposta, quando apreciados os respectivos declaratórios: RE nº 1.063.187-ED, Rel. Min. Dias Toffoli, Plenário, j. em 02.05.2022, DJ 16.05.2022.

⁹ Como previamente abordado, numa mesma semana do ano de 1974, as duas frações do STF admitiram à unanimidade efeitos prospectivos, naquela que pode ser considerada, sem maiores digressões, uma composição de pensamento jurídico tradicional.

se consolidem, tornando conveniente ou irremediavelmente necessária a modulação de efeitos, sob pena de desordem mais indesejável que o reconhecimento da validade dos efeitos do ato que frontalmente violou a regra constitucional do concurso público. Nessa matéria específica, é possível identificar, nas ações com intervalo considerável entre a promulgação do ato normativo questionado e o pronunciamento do Tribunal, a modulação *quase* como regra na década 2010-2020.[10]

O debate acerca desse juízo de conveniência, contudo, é permanente. Mas não será objeto central deste ensaio a arguição de inconstitucionalidade do art. 27 da Lei nº 9868/1999; não procuramos discutir validade de nossa opção normativa, legal e jurisprudencial pela faculdade de excepcionalmente modular para resguardar valores constitucionais como segurança jurídica. Muito já se escreveu e se julgou acerca disso.[11] Partimos da realidade prática. A modulação é uma técnica necessária e relativamente recorrente no processo constitucional.

Após a devida identificação do instituto, situá-lo na prática processual constitucional, com seus contornos próprios atuais, é de suma importância. Há algum tempo, a questão não mais se limita legislativamente aos artigos correspondentes das leis de ADI e ADPF. O CPC de 2015 e a LINDB contribuem, em muito, para esta discussão. Para a definição desses contornos, optamos por explorar alguns elementos procedimentais da técnica.

Em última análise, compreender procedimentalmente a modulação contemporânea é assimilar como temos ponderado relevantes valores constitucionais. E o que eventualmente podemos e devemos fazer para melhor resguardá-los, na busca por um constitucionalismo cada vez mais justo. É nesse sentido que encaminhamos o presente artigo.

2 A modulação de efeitos na prática processual constitucional

Sabe-se que a lição clássica, que por muito perdurou, era a de que a norma inconstitucional estava eivada de nulidade desde sua edição,

---

[10] Por todos, cf. o acórdão da já referenciada ADI nº 4867, com larga dicção sobre esta tendência.

[11] Curiosamente, as antigas ações diretas ajuizadas contra as leis de controle abstrato não chegaram a ser apreciadas em definitivo pelo Plenário da Corte. Dizemos, todavia, que *muito já se julgou sobre isso* pela vasta carta de precedentes em que se admitiu a modulação, seja no controle abstrato ou difuso.

não podendo produzir qualquer efeito válido.[12] Sabe-se, também, que esta compreensão foi há muito mitigada, em face de razões diversas. Como certeiramente confirma o Ministro Luís Roberto Barroso, o custo da vitória desta teoria sobre a da anulabilidade da lei inconstitucional foi sentido ao longo do tempo, com necessárias concessões pela via judicial e, eventualmente, legislativa.[13] Em feliz passagem ao abordar o tema, lembra-nos Remo Caponi: "Mude a teoria, não mistifique a realidade".[14]

Precedentes do STF, como já registrado, remontam à década de 1960,[15] enquanto na esfera legislativa os primeiros esforços dignos de nota remontam à Assembleia Constituinte: quando dois célebres futuros ministros, Maurício Corrêa e Nelson Jobim, tentaram sem sucesso introduzir a prática no texto constitucional. E com o passar das décadas, chegamos ao estado da arte da modulação de hoje, em que categorias intermediárias entre o binômio são muito mais bem aceitas e compreendidas, tanto na prática jurídica quanto na letra da lei.[16]

Entendemos que, entre os múltiplos fatores, destaque especial merece o giro interpretativo quanto aos elementos ponderados na modulação. Por muito veiculou-se a ideia de que atribuir efeitos prospectivos implicava sopesar *supremacia da Constituição* e segurança jurídica.

Por razões lógicas, atinentes à ontologia do controle de constitucionalidade, *não é esta* a hipótese. Assim afirma Barroso: "tal juízo não envolve o assim denominado princípio da supremacia da Constituição. É que este princípio constitui pressuposto do próprio sistema de controle da constitucionalidade e, por consequência, não pode ser ponderado sem que se comprometa a ordem e unidade do sistema". Pelo

---

[12] BARROSO, Luís Roberto. *O controle de constitucionalidade no direito brasileiro*: exposição sistemática da doutrina e análise crítica da jurisprudência. 8. ed. São Paulo: Saraiva, 2019, p. 38. "Se uma lei inconstitucional puder reger dada situação e produzir efeitos regulares e válidos, isso representaria a negativa de vigência da Constituição naquele mesmo período, em relação àquela matéria."

[13] *Ibid.*, p. 39-42.

[14] CAPONI, Remo. Prospective overruling: bilancio di una vicenda. *Revista Eletrônica de Direito Processual*, Rio de Janeiro, v. 19, n. 2, 2018, p. 175. Tradução nossa. No original *"Modificare la teoria, non mistificare la realtà"*.

[15] Cf., além do já citado RE nº 62.585, o RE nº 62.739, Rel. Min. Aliomar Baleeiro, Plenário, j. em 23.08.1967, DJ 20.11.1967: "As situações jurídicas definitivamente constituídas e acabadas não podem ser destruídas pela lei posterior, que, todavia, goza de eficácia imediata quanto aos efeitos futuros que se vierem a produzir". A confirmação da excepcionalidade das situações ali descritas obteve maior destaque dez anos depois, na exposição vanguardista do Min. Leitão de Abreu ao relator do RE nº 79.343. Mas já em 1967, como no episódio tributário de 1968, é possível mapear a problematização.

[16] MENDES, Gilmar Ferreira. *Controle de constitucionalidade*: aspectos jurídicos e políticos. São Paulo: Saraiva, 1990, p.19.

que conclui: "a ponderação feita em casos de modulação se dá entre a disposição constitucional tida por violada e os valores constitucionais que resguardem os efeitos produzidos pelo próprio ato inconstitucional impugnado".[17]

No que consiste, portanto, modular os efeitos de uma decisão? A resposta, parece-nos, é reconhecer fundamentadamente que, em face de circunstâncias excepcionais, valores constitucionais – possivelmente unificados sob a figura da proteção da confiança, para fins de sistematização – devem prevalecer sobre a regra geral da retroatividade da pronúncia de inconstitucionalidade.

A eventual necessidade de limitação da declaração pode atingir, inclusive, as distintas dimensões de validade da respectiva norma contestada: temporal, espacial, pessoal e material.[18] A dicção do tradicional art. 27 da Lei da ADI, transposto para a Lei da ADPF, consagra, sobretudo, a limitação temporal: *"poderá o Supremo Tribunal Federal, por maioria de dois terços de seus membros, restringir os efeitos daquela declaração ou decidir que ela só tenha eficácia a partir de seu trânsito em julgado ou de outro momento que venha a ser fixado"*. Se reconhecida que a nulidade completa do ato ora apreciado pode permear um estado de inconstitucionalidade mais grave que aquele no qual lhe são atribuídos efeitos válidos pontuais, admite-se e recomenda-se que ela produza efeitos como se constitucional fosse, por um certo lapso temporal, em detrimento da desordem jurídica e social.

Em sua dimensão contemporânea, consolidada pela prática processual constitucional – referendada pelas Leis de Controle nº 9.868/1999 e 9.882/1999, pela Lei da Súmula Vinculante, pelo CPC de 2015 e pela LINDB – a modulação se apresenta em quatro hipóteses. Na *(i)* declaração de inconstitucionalidade em controle abstrato, na *(ii)* declaração de inconstitucionalidade em controle difuso, na *(iii)* alteração de jurisprudência firme ou de precedentes vinculantes; e, por

---

[17] Cf. a exposição do Ministro Relator na já citada ADI nº 4867.
[18] Tal como classicamente divididos por Hans Kelsen (*Teoria pura do direito*. Tradução de João Baptista Machado. 8. ed. São Paulo: Martins Fontes, 2009, p. 7 ss). A possibilidade de modulação eminentemente *espacial* é digna de trabalho autônomo, dadas as severas repercussões para a lógica interna do instituto, no que se eventualmente confrontem isonomia e estabilidade. Reforça, no entanto, a compreensão de que o próprio ordenamento já admite diversas formas de modulação a textualidade da Lei da Súmula Vinculante, nº 11.417/2016: "Art. 4º A súmula com efeito vinculante tem eficácia imediata, mas o Supremo Tribunal Federal, por decisão de 2/3 (dois terços) dos seus membros, poderá restringir os efeitos vinculantes ou decidir que só tenha eficácia a partir de outro momento, tendo em vista razões de segurança jurídica ou de excepcional interesse público".

fim, *(iv)* na menos corriqueira declaração de constitucionalidade, seja na via direta ou incidental.

Aqui, separamos instrumentos próprios. Conquanto as hipóteses *i*, *ii* e *iv* se identifiquem com o controle de constitucionalidade, temos uma verdadeira categoria autônoma de modulação quando da alteração de jurisprudência dominante ou precedentes vinculantes. Por certo, a hipótese *iii* pode se verificar também no exercício de controle de constitucionalidade, mas não apenas nele.[19]

3 Aspectos procedimentais da modulação contemporânea

Assentadas as premissas básicas da modulação, como também sua recorrência e relevância, passamos a analisar quatro elementos centrais para o debate proposto. Quatro elementos com repercussões nucleares para o bom exercício da técnica. Em primeiro lugar, aquele que é o requisito formal da modulação, tal como proposto nas leis de regência do controle abstrato: *(1)* o quórum qualificado de 2/3. Em seguida, ponderamos *(2)* a via pela qual a modulação se apresenta nos autos e *(3)* a concentração da faculdade de modular, em face de possíveis omissões e distorções pontuais, diga-se, as dignas de maior cuidado por parte do julgador e do legislador.

3.1 Quórum

A lei é clara ao exigir como requisito formal da modulação no controle de constitucionalidade um juízo de maioria qualificada. Por vezes pouco ou mal explorado, o tema é permeado por diversas peculiaridades práticas, com consequências relevantes para a compreensão

---

[19] A este respeito, cf. a recente contribuição de Daniel Mitidiero (*Superação para frente e modulação de efeitos:* precedente e controle de constitucionalidade no direito brasileiro. São Paulo: Thomson Reuters, 2021, p. 80) para o debate, no que propõe divisão mais enfática e criteriosa entre os institutos: "Superação para frente do precedente e modulação de efeitos da decisão em controle de constitucionalidade pertencem ao mesmo manancial da eficácia temporal, mas não se confundem. Embora o direito brasileiro fale em modulação para se referir a ambas, os conceitos são distintos, servem para coisas diferentes e operam mediante requisitos". A tendência de que tracem caminhos cada vez mais distintos é inevitável, conquanto se desenvolvam a teoria e a aplicação dos precedentes no Brasil. Para este ensaio, contudo, abordamos a prática da modulação como um todo, aventando alguns dos principais contornos em que se apartam, como se verá adiante em matéria de quórum, por exemplo.

do instituto. Algumas dessas serão aqui pormenorizadas, com o especial registro de ausência do mesmo parâmetro no CPC/15 – e por que assim se procedeu.

Em primeiro lugar, é necessário lembrar que, quando o legislador infraconstitucional editou o art. 27 da Lei 9.868/1999, fê-lo estabelecendo critério para uma situação excepcionalíssima. Exigir 2/3 do Tribunal, naquele contexto normativo, não causa tamanha estranheza. O tema não é de percepção unânime até esta data, que dirá vinte anos atrás. Naquele momento, em que pese a pluralidade de decisões do STF reconhecendo efeitos válidos de normas declaradas inconstitucionais, estávamos num contexto de transição e, ali, ainda prevaleciam compreensões contrárias à mitigação do binômio, embora os notórios estudiosos do Direito Constitucional Comparado já norteassem a mudança, tal como verificado à época nos principais sistemas de controle.[20]

É bom lembrar, também, que no STF a exigência é de dois terços de seus membros – não apenas dos presentes, de modo que sempre são necessários pelo menos oito ministros, quando declarada a inconstitucionalidade. A esse respeito, curioso notar que, ao sabor do respectivo Ministro Presidente, julgamentos já foram suspensos para aguardar a possibilidade de se alcançar esses oito votos.

O tema é relativamente controverso. Se por um lado não há previsão regimental específica para tanto – como é o caso da suspensão para aguardar licenciados ou ausentes que possam determinar a pronúncia de inconstitucionalidade –, por outro é inequívoca a prerrogativa do Ministro Presidente de administrar e conduzir os trabalhos do Pleno.[21] E, neste caso da modulação, uma condução costumeira é análoga à regra de suspensão para recomposição do quórum de invalidação de normas.[22]

---

[20] Por todos, cf. CAPPELLETTI, Mauro. *O controle judicial de constitucionalidade das leis no direito comparado*. Tradução de Aroldo Plínio Gonçalves. Porto Alegre: Fabris, 1984, p. 115 e ss.

[21] O art. 173 prescreve: "Art. 173. Efetuado o julgamento, com o quórum do art. 143, parágrafo único, proclamar-se-á a inconstitucionalidade ou a constitucionalidade do preceito ou do ato impugnados, se num ou noutro sentido se tiverem manifestado seis Ministros. Parágrafo único. Se não for alcançada a maioria necessária à declaração de inconstitucionalidade, estando licenciados ou ausentes Ministros em número que possa influir no julgamento, este será suspenso a fim de aguardar-se o comparecimento dos Ministros ausentes, até que se atinja o quórum". Já o art. 13: "Art. 13. São atribuições do Presidente: (...) III – dirigir-lhe os trabalhos e presidir-lhe as sessões plenárias, cumprindo e fazendo cumprir este Regimento;".

[22] Diferente da suspensão é a hipótese de tentativa de retificação da ata de julgamento, na sessão subsequente, com determinado ministro agora presente. Uma vez proclamado o

Dado que a modulação consiste em ponderação de valores constitucionais com relevantes implicações jurídico-sociais, por que não aguardar para que os ausentes se manifestem? Se com apenas oito presentes, sete concordarem com a modulação – faltando apenas uma concordância dentre três vozes possíveis, seria o correto dar por vencida a matéria? Vale dizer: é razoável que se furte à possível prevalência da segurança jurídica e da boa-fé do jurisdicionado, quando sete magistrados da Suprema Corte já entenderam por adequado mitigar a nulidade, pela ausência justificada ou licença de eventuais membros? É esse o sentido do instituto? Não nos parece que seja o caso.[23]

A prática não tem passado despercebida pela doutrina.[24] Emilio Meyer, por exemplo, entende: *"fica claro que o consequencialismo ou pragmatismo imperou mesmo no sentido de buscar, a qualquer custo, quórum necessário para julgamento"*.[25] Já para uma análise com outros olhos,

---

resultado, não se admite novo voto na respectiva modulação. Cf. ADI nº 2949-QO, Rel. Min. Marco Aurélio, Plenário, j. em 08.04.2015, DJ 28.05.2015.

[23] Vale lembrar, a título de exemplo, de uma prática de cavalheirismo dos presidentes da Suprema Corte norte-americana quando da apreciação do *writ of certiorari* que segue a linha do ponto que levantamos, conhecida como o *"join-three votes"*. A respeito dessa prática já escreveu um dos autores deste artigo: "O quórum para concessão do *certiorari* é definido por uma regra costumeira da Suprema Corte. Segundo essa regra, o *certiorari* será concedido quando ao menos quatro juízes votarem nesse sentido, o que é chamado 'regra dos quatro' (*rule of four*), de modo que, mesmo que a maioria dos membros da Corte concorde em que o *writ of certiorari* deve ser denegado, basta que uma minoria de quatro vote a favor para que sua posição prevaleça. Consolidou-se, em acréscimo, uma prática de cavalheirismo exercida pelos presidentes, segundo a qual, votando três juízes pela concessão do *certiorari*, o presidente, ainda que tenha inicialmente se posicionado em sentido contrário, a eles adere, no que é chamado *join-three votes*" (Grifos nossos). Cf. DANTAS, Bruno. *Repercussão geral*: perspectivas histórica, dogmática e de direito comparado – questões processuais. 3. ed. rev., atual. e ampl. São Paulo: Editora Revista dos Tribunais, 2012, p. 107.

[24] Nem na própria jurisprudência, diga-se. O Ministro aposentado Marco Aurélio condenava assertivamente a prática. Era reiteradamente vencido quanto às modulações, no que costumava advertir: "lei inconstitucional é lei natimorta". Podemos elencar duas oportunidades, com intervalo de mais de quinze anos entre si, nas quais contestou publicamente a opção: na ADI nº 3522, na qual se discutia lei gaúcha acerca do ingresso nos serviços notarial e de registro, e na ADI nº 4867, na qual se contestava a criação de cargos na estrutura do Tribunal de Justiça da Paraíba – por esforços dos então presidentes Ministros Nelson Jobim e Dias Toffoli, respectivamente. Por não concordar, em regra, com as exceções à teoria da nulidade da lei inconstitucional, de igual modo se manifestava quando rearranjos de quórum eram promovidos para excetuá-la.

[25] MEYER, Emilio Peluso Neder. *Decisão e jurisdição constitucional*: críticas às sentenças intermediárias, técnicas e efeitos no controle de constitucionalidade em perspectiva comparada, p. 164. Álvaro Ricardo de Souza Cruz (Jurisdição constitucional democrática. Belo Horizonte: Del Rey, 2014, p. 423) vale-se do tema para estender a crítica ao instituto como um todo, naquela que é uma concepção mais rígida e tradicional do controle de constitucionalidade: "Nem mesmo se o quórum fosse unanimidade do Pleno, decisões

mais entusiasmados com o fenômeno por assim dizer, basta conferir a reafirmada compreensão do Ministro Luiz Fux acerca da Análise Econômica do Direito e consequente conexão entre segurança jurídica, capital jurídico e segurança ao investidor.[26]

Estabelecer tal maioria fez sentido naquele contexto normativo, dado o caráter excepcionalíssimo da medida. E é importante registrar: não estamos afirmando que hoje a modulação não é, ou não deva ser, técnica excepcional. Com a supremacia da Constituição não se brinca. O risco de banalizar a modulação é, de fato, substancial: é de sopesar aquilo que não se pode ponderar. Apenas que, com o passar dos anos, a maioria qualificada passou a ser relida, ganhando novos contornos jurisprudenciais e legislativos – bem acurados em nosso entender.

Demandar que oito ministros concordem com a prevalência das razões de segurança jurídica e excepcional interesse social pode se demonstrar injustificado, excessivo ou até mesmo ilegítimo. Vejamos.

Se apenas seis ministros votarem pela inconstitucionalidade, pelo menos dois dos cinco vencidos serão necessários para confirmar eventual modulação. Digamos que a matéria de fundo não guarde maiores mistérios. E que a modulação proposta seja tão somente para atribuir efeitos *ex nunc*, em conformidade com modulações anteriormente promovidas pela Corte para méritos semelhantes.

Tendencialmente, os vencidos no mérito, por entenderem ser a norma constitucional, optarão por acompanhar a modulação, tendo em vista suas duas opções práticas: encerrar o julgamento vendo a norma que julgou constitucional restar nula de pleno direito, ou atribuí-la efeitos até a oportunidade do julgamento.

Similar também é o raciocínio para a hipótese menos usual de modulação, leia-se, na declaração de constitucionalidade, pela procedência de ADC, improcedência de ADI ou na via incidental.

---

como essa poderiam ser consideradas legítimas, vez que não é dado ao Judiciário julgar com base meramente em argumentos utilitários do tipo custo/benefício. Isso pertence à esfera política". Já contestava esta leitura, com segurança e desde sua dissertação em 2000, o saudoso Ministro Teori Zavascki (*Eficácia das sentenças na jurisdição constitucional*. 4. ed. São Paulo: Revista dos Tribunais, 2017, p. 68 e ss): "típica função de juiz".

[26] Ao prefaciar obra seminal da Professora Teresa sobre o tema, o Ministro Luiz Fux enaltece a modulação na alteração de jurisprudência firme, no que lembra: "o respeito aos precedentes é extremamente valioso, porquanto elabora um arcabouço informativo destinado a diminuir a possibilidade de erros judiciários, reduzindo os ônus ligados a limitações de tempo e de *expertise* dos aplicadores do Direito. Ademais, os agentes econômicos valorizam a segurança jurídica decorrente de um sistema de precedentes vinculantes. Ao passo que esses agentes são estimulados a se dedicarem a atividades mais produtivas quando".

Se seis ministros formarem corrente majoritária e entenderem por bem modular – por exemplo, porque houve concessão de cautelar em sentido contrário, pondo em xeque temporariamente a presunção de constitucionalidade do ato[27] –, seriam necessários mais dois ou três. Por julgarem a norma inconstitucional, os aqui vencidos tendencialmente afastariam também sua incidência no lapso advindo da cautelar, agora de modo definitivo, sendo suas duas opções a validade plena da norma ou a confirmação parcial de seu juízo cautelar.

Pensar dessa forma no controle abstrato de constitucionalidade pode causar estranheza. Mas entendemos que não deva. Mais uma vez: a modulação é uma realidade, uma prática relativamente recorrente no nosso processo constitucional e necessária na busca pela concretização de valores atrelados à compreensão material do justo e razoável. E sendo em si também um juízo de conveniência, valorar opções após formar convencimento quanto à constitucionalidade do ato é o que demanda a dimensão objetiva da segurança jurídica.

Menos estranheza ainda deve haver em relação às hipóteses de alteração da jurisprudência dominante. Qualquer tentativa mínima de criar uma verdadeira cultura de precedentes pressupõe a institucionalização da proteção da confiança, com parâmetros suficientes de respeito, coerência e acepção da estabilidade como regra,[28] pois, como alerta Paulo Mendes de Oliveira, "tão importante quanto a necessidade de observância dos entendimentos consolidados no Poder Judiciário é o respeito aos atos jurídicos praticados em sua confiança".[29]

Ainda que a retroação do precedente possa ser aceita como natural,[30] não assume a exata mesma dimensão de retroatividade da pronúncia de inconstitucionalidade: da lei inválida, ou *inexistente*, como

---

[27] Compreendeu-se assim necessário na ADI nº 4167, Rel. Min. Joaquim Barbosa, Plenário, j. em 27.04.2011, DJ 24.11.2011.

[28] ARRUDA ALVIM, Teresa; DANTAS, Bruno. *Recurso especial, recurso extraordinário e a nova função dos Tribunais Superiores*. 6. ed. São Paulo: Thomson Reuters Brasil, 2019, p. 116-174.

[29] OLIVEIRA, Paulo Mendes de. Qual o quórum necessário para modulação de efeitos? Uma proposta de compatibilização do CPC/15 com a Lei n. 9.868/99. *Caderno Virtual*, [S. l.], v. 3, n. 45, 2019. Disponível em: https://www.portaldeperiodicos.idp.edu.br/cadernovirtual/article/view/3940. Acesso em: 24 jan. 2024. Nos Embargos de Divergência no REsp 738.689/PR, 1ª Seção, Rel. Min. Teori Zavascki, m.v., j. 27.06.07, DJ 22.10.2007, o Min. Herman Benjamin já afirmava que "é missão do STJ buscar mecanismos de mitigação dos prejuízos que a alteração abrupta de entendimento venha causar".

[30] A este respeito, cf. Remo Caponi, *op. cit.*, p. 176 e ss; ARRUDA ALVIM, Teresa. *Modulação: na alteração de jurisprudência firme ou de precedentes vinculantes*. 2. ed. São Paulo: Thomson Reuters Brasil, 2021, p. 157 e ss.; e MITIDIERO, *op. cit.*, p. 55.

pregava Francisco Campos na década de 1950.[31] O jurisdicionado que, de boa-fé, cumpre à risca o entendimento firme e duradouro, compondo verdadeira pauta de conduta emanada pelo Poder Judiciário, tem o direito de não ser prejudicado por ulterior decisão que modifique as respectivas relações jurídicas das quais foi parte, quando observados certos critérios atinentes à segurança jurídica: aqui lida em dimensão subjetiva, como proteção da confiança.[32] Não deve a Corte superar tal pauta de conduta confiável com indiferença para com as situações por estas consolidadas, em desatenção ao corolário mencionado.

Essas brevíssimas digressões acerca da modulação na alteração de jurisprudência firme merecem destaque neste tópico, conquanto recentemente delimitadas sob melhor roupagem na jurisprudência e na legislação.

No CPC, a opção pela não delimitação de quórum qualificado foi deliberada. Isto é, a literalidade do art. 927, §3º *não se esqueceu* do requisito formal da Lei da ADI, mas o afastou para a alteração dos precedentes vinculantes. E foi justamente a evolução de percepção quanto à excepcionalidade da medida que legitimou a opção. Em que pese ainda seja medida deveras excepcional, que careça da presença fundamentada de razões de segurança jurídica e interesse social relevante, muito avançamos na compreensão normativa da retroatividade das pronúncias de inconstitucionalidade e de modificação das pautas de condutas consolidadas pela jurisdição.

Já na jurisprudência do STF, o tema foi oportunamente selado pelo Plenário, mediante questão de ordem suscitada pelo então Ministro Presidente Dias Toffoli nos autos do RE nº 638.115.[33] Após longa deliberação entre os membros, digna de leitura completa e atenta, a Corte ratificou ser dispensável a maioria qualificada quando não declarada a inconstitucionalidade em julgados de controle difuso. O tema já havia sido suscitado por advogados e ministros em outras oportunidades, sobretudo em matérias tributárias, sem definição clara até ali.

Registra-se, por fim, que toda essa discussão perpassa uma opção legislativa promovida com o advento das leis que regulam o controle concentrado. A escolha do critério de dois terços, a bem da verdade,

---

[31] CAMPOS, Francisco. *Direito constitucional*. v. 1. Rio de Janeiro: Freitas Barros, 1956, p. 430.
[32] ARRUDA ALVIM, Teresa; *op. cit.*, p. 59 e ss, 157 e ss.
[33] RE nº 635.118-ED-ED-QO, Rel. Min. Gilmar Mendes, Plenário, j. em 18.12.2019, DJ 08.05.2020.

promove regra de apreciação mais rígida que a da própria Constituição Federal, para a invalidação dos atos normativos. Essa opção legislativa, como há muito alerta Luís Roberto Barroso, causa questionamentos: *"coloca-se questão da legitimidade ou não de o legislador infraconstitucional estabelecer uma preferência abstrata em favor de um dos valores constitucionais em disputa"*.[34] Vale dizer, seria permitido ao legislador infraconstitucional limitar a competência do STF, quando da possível e necessária restrição dos efeitos retroativos? Estaria de fato em sua alçada fixar quóruns distintos para ponderações de valores constitucionais, visto que por maioria absoluta se invalida o ato normativo presumidamente válido, e por qualificada se restringe os efeitos?

Não estamos sequer adentrando na conveniência dessa escolha legislativa, mas em sua própria constitucionalidade. Por mais paradoxal que possa soar, trechos dos referidos artigos poderiam ser tidos por inconstitucionais, não pela impossibilidade de se atribuir efeitos prospectivos, com base na doutrina clássica, e sim pela possível ilegitimidade na fixação em abstrato de uma preferência por certos valores constitucionais.

Prova maior da atualidade e importância do tema é a existência de debate legislativo para fins de constituição de um Código de Processo Constitucional. O Projeto de Lei nº 3.640, de 2023, demonstra sensibilidade à discussão do quórum para modulação dos efeitos. No texto aprovado pelo Comissão, estabeleceu-se que, na ocasião de declaração de inconstitucionalidade, "por decisão da maioria absoluta de seus membros, em casos de necessidade de proteção à segurança jurídica ou excepcional, o Tribunal poderá modular as decisões em controle concentrado de constitucionalidade" (art. 51, *caput*).

A solução proposta pode harmonizar a legislação e resolver a limitação excessiva na deliberação de modulação dos efeitos. Ao equiparar o quórum deliberativo na modulação *para trás*, quando da declaração de inconstitucionalidade, e *para frente*, quando da superação de precedente, imprime coerência ao sistema normativo. De mais a mais, exclui a impressão de ilegitimidade consistente na dificuldade imposta à tomada de decisão da Suprema Corte, que, pelo que afirmamos, apresenta-se injustificável.

---

[34] BARROSO, Luís Roberto, *op. cit.*, p. 286.

3.2 Postulação e veículo de apreciação

Voltamos a atenção, neste tópico, para o veículo pelo qual a modulação é suscitada e apreciada. O tema já foi objeto de maior enfrentamento.[35] Hoje, é assimilado com maior flexibilidade: em que pese deva ser idealmente requerida, não há prejuízo pela ausência de pedido, tampouco *locus* limitado para análise. Vale dizer, o Tribunal pode e deve modular de ofício, quando verificados os requisitos, sem a necessidade de aguardar a tradicional via dos embargos de declaração[36] – dos quais a Corte recorrentemente se vale para enfrentar a questão.[37]

Duas questões distintas, mas intrinsecamente correlatas, estão a ser aqui tratadas. A primeira diz respeito à postulação da modulação, enquanto a segunda, ao momento de apreciação. Quanto à primeira, não se observa em disposições legais expressas a necessidade de que a modulação tenha de ser requerida. Isso, por si só, diz muito a respeito da natureza do instituto. E se não há previsão de tal necessidade, tampouco exige-se que o pedido se apresente desta ou daquela forma, neste ou naquele momento. Seja na inicial, por meio de petição avulsa, pleiteada da tribuna ou pela oposição de embargos.[38] É o interesse público que

---

[35] Sobre a progressão histórica do tema, cf. FERNANDES, Bernardo Gonçalves Alfredo. *Curso de direito constitucional*. 10. ed. Salvador: Juspodivm, 2018, p. 1603 e ss.; e PEIXOTO, Ravi. *Superação do precedente e segurança jurídica*. 2. ed. Salvador: Juspodivm, 2016, 329 e ss.

[36] Nos processos objetivos, em que não há partes em sentido estrito, resta clara a prerrogativa de modular de ofício, em que pese evidentemente *recomendável* ouvir os interessados, a fim de que ofereçam subsídios para a legítima limitação dos efeitos decisórios. Já nos processos subjetivos, pela proibição da decisão-surpresa e pelo contraditório participativo, vislumbramos como *imperativo* que seja dada oportunidade de manifestação, antes de prolatado o juízo quanto à modulação. Seja por eventual (i) despacho do relator para ouvir sobre, quando liberado para pauta o feito, ou no curso da instrução, (ii) seja pela interrupção/suspensão no dia do julgamento, a pedido do advogado, do relator ou de outro membro do respectivo colegiado.

[37] Por todos, cf. os seguintes precedentes para melhor compreensão do tema objeto deste item: ADI nº 1301-ED, Rel. Min. Luís Roberto Barroso, Plenário, j. em 10.09.2018, DJ 19.09.2018; e ADI nº 3666, Rel. Min. Luís Roberto Barroso, Plenário, j. em 06.12.2018, DJ 18.12.2018.

[38] A despeito da literalidade do art. 138, §1º, do CPC, o STF não tem reconhecido a legitimidade do *amicus* para opor embargos nos processos objetivos. Neste sentido: ADI nº 6053-ED, Rel. Min. Alexandre de Moraes, Plenário, j. em 01.03.2021, DJ 11.03.2021; e ADI nº 3239-ED, Rel. Min. Rosa Weber, Plenário, j. em 13.12.2019, DJ 17.02.2021. Compreendemos que esta jurisprudência defensiva permeia uma distorção no emprego da modulação, afastando-se eventuais apreciações sem óbice correspondente no controle difuso ou na alteração do precedente. Em regra, é evidente que o requerente da ação direta aguarda a declaração de inconstitucionalidade com efeitos *ex tunc*. Se passar despercebida pela Corte ao apreciar o mérito, preclusa restará a modulação frente à iminência da inadmissão dos aclaratórios de eventual categoria substancialmente prejudicada. Ainda que não se compreenda razoável

norteia o exercício da modulação, sendo, contudo, muito bem-vindas informações capazes de melhor instruir o feito, quando da análise do tema específico pela Corte.

Já no caso da segunda, tratamos do momento de sopesar para porventura modular. De modo correlato, não há previsão que estipule que tenha de ser a matéria enfrentada no mérito, tampouco pela via exclusiva de embargos. Os embargos constituíram ao longo de décadas o momento oportuno para apreciar necessárias modulações negligenciadas quando da análise da controvérsia constitucional de procedência. Daí a identificação de que modulações sejam tradicional e costumeiramente apreciadas tempos depois do mérito, em sede de declaratórios.

Por via de regra, se o Tribunal deixar de se manifestar acerca da eficácia temporal da declaração de inconstitucionalidade no julgamento de mérito, há presunção de que a Corte não entendeu presentes os requisitos do art. 27 da Lei nº 9.868/1999. Essa presunção, no entanto, reveste-se de caráter relativo até o trânsito em julgado, dada a possibilidade de se rediscutir a limitação dos efeitos da declaração mediante oposição de embargos, seja respaldado em questionamento anterior à decisão de mérito, ou mesmo posterior. Se em algum momento já se tentou promover jurisprudência defensiva para afastar tal possibilidade, parece-nos claríssima na prática contemporânea a viabilidade desse recurso para suscitar potencial modulação de efeitos da decisão, ainda que a Corte não tenha analisado, até o momento, as razões de segurança jurídica ou de excepcional interesse social que a autorizariam.

Por outro lado, cumpre registrar que a ausência de pedido por parte interessada, ou pedido anterior à apreciação do mérito, em nada obsta que a Corte não aguarde a interposição de recurso. Pelo contrário, conforme se extrai do próprio art. 27 da Lei nº 9.868/1999, se verificados os requisitos, o Plenário do STF pode e deve modular de ofício, inclusive para que não emita decisão contrária à própria segurança jurídica, ainda que temporariamente.

Razões de economia processual podem, inclusive, fomentar esta prática em nossa jurisprudência constitucional. Sobretudo em situações

---

a oposição genérica por *amici* nas ações diretas, merece maior cuidado o específico pleito por modulação via embargos – como última alternativa uma vez proclamado o resultado. A nova sistematização do processo constitucional brasileiro pode e deve se atentar para a questão.

menos complexas. É bem dizer: em casos de evidente necessidade de modulação, não se justifica aguardar eventual oposição de embargos. Nos últimos anos, composições da Corte têm favorecido tal sorte de leitura, com a presença de defensores do entendimento desde os tempos de doutrinadores do Direito Constitucional sem togas. Em diversas oportunidades se tem assim procedido, por proposta do relator ou não, como as vezes também por pedido da tribuna, suscitadas pela ordem na apreciação do mérito.[39] Noutras, o Tribunal já até mesmo deixou de conhecer de embargos, mas procedeu à deliberação sobre os efeitos temporais da decisão independentemente, sob entendimento de ser dispensável requerimento para tanto.[40] Fato que também ratifica a viabilidade da modulação de ofício.

Uma orientação no sentido de restringir a análise de modulação apenas após oposição de embargos implica equivocada e indesejável *regra de omissão* nas decisões prolatadas pela Corte.[41] O modelo de processo cooperativo se apoia no *dever de diálogo*, e não o contrário.[42]

Por fim, não custa lembrar: a opção pela modulação de ofício favorece a economia processual, mas não obsta posterior reapreciação em eventuais declaratórios. Se a Corte aprecia determinada modulação sem pedido, sem informações dos agentes diretamente envolvidos, pode ser que naturalmente deixe escapar nuances daquela realidade social. É neste sentido que, aclamando a modulação como oportunidade de concretização de valores caros à nossa ordem constitucional, compreendemos por oportuna a própria rediscussão bem-intencionada acerca dela. Aquela que, longe da pretensão protelatória, efetivamente contribua para a segurança jurídica e estabilidade social. Audiências públicas e participação de *amici curiae*, para esse fim específico, podem e devem, ao que nos parece, ser consideradas em certas hipóteses.

---

[39] ADPF nº 324, Rel. Min. Luís Roberto Barroso, Plenário, j. em 30.08.2018, DJ 06.09.2019.
[40] ADI nº 5617, Rel. Min. Edson Fachin, Plenário, j. em 03.10.2018, DJ 08.03.2019.
[41] Teresa Arruda Alvim, *op. cit.*, p. 213. No mesmo sentido, "em nossa opinião, a junção das regras de transição com as razões do julgamento permite uma compreensão mais completa da controvérsia e da necessidade da edição do regulamento interino, podendo servir ainda quando da reavaliação destas regras no futuro". (CABRAL, Antonio do Passo. *Coisa julgada e preclusões dinâmicas*: entre continuidade, mudanças e transições de posições processuais estáveis. 3 ed. Salvador: JusPodivm, 2019, p. 640).
[42] MITIDIERO, Daniel. A colaboração como modelo e como princípio no processo civil. *Revista de Processo Comparado*, vol. 2, p. 83-97, jul./dez., 2015.

3.3 Quem pode modular?

Quem pode modular os efeitos de uma pronúncia abstrata de inconstitucionalidade? Quem pode modular os efeitos de uma alteração de jurisprudência firme? Perguntas quase que ofensivas, para muitos. Não sem motivo. Se a modulação foi concebida para resguardar padrões razoáveis e almejados de segurança jurídica, parece por certo inconcebível estender tal faculdade àquele que não decidiu sobre a pronúncia ou respectiva mudança jurisprudencial.

Mas, a bem da verdade, a questão não é tão simples quanto parece. Em nosso entender, merece, inclusive, especial atenção entre os tópicos aqui aventados.

Destacamos anteriormente que a prática contemporânea deve ser hoje estudada também a partir de novas referências normativas, como a LINDB. Em seus arts. 23 e 24, alvos de críticas diversas, o diploma pode permear determinada interpretação quanto ao momento de aplicação da tese – percepção esta rechaçada veementemente por Teresa Arruda Alvim: "Se assim fosse, procedente uma Ação Direta de Inconstitucionalidade, cabe, segundo esta lei, ao julgador de uma ação que está, por exemplo, ainda em 1º grau, decidir no sentido de aplicar (ou não) a norma tida como inconstitucional pelo STF, ainda que este tribunal não tenha feito (ele mesmo) a modulação".

No que prossegue: "O mesmo deveria acontecer, segundo esta interpretação, no caso de haver alteração de precedente ou de jurisprudência confiável. Alterados estes dados pelo STJ, por exemplo, caberia ao juiz singular aplicar ou não o precedente, 'modulando' seus efeitos. Esta interpretação, todavia, a nosso ver, está inteiramente equivocada".[43]

O entendimento contrário à possibilidade de modulação por julgador que não fixou a tese é majoritário,[44] mas não unânime. Hermes Zanetti Júnior apresenta razões pelas quais a questão não é tão simples, no que compreende ser facultado a cada julgador apreciar por nova ponderação de valores a dimensão da aplicação, a depender

---

[43] Teresa Arruda Alvim, *op. cit.*, p, 150.
[44] Para outra leitura também representativa da corrente majoritária, cf. CUEVA, Ricardo Villas Bôas. A modulação dos efeitos das decisões que alteram a jurisprudência dominante do STJ (art. 927, §3º do NCPC). In: ARAUJO, Raul; LIMA, Tiago Asfor Rocha; SOUZA, Cid Marconi Gurgel de (Org.). *Temas atuais e polêmicos na Justiça Federal*. Salvador: JusPodivm, 2018, p. 115.

das especificidades do caso concreto.⁴⁵ Já se ponderou aqui que o risco de banalizar o instituto da modulação é enorme. Por um lado, sob o prisma da retroatividade, está o risco de comprometer o próprio sistema de controle de constitucionalidade. Por outro, sob o prisma de eventual acolhimento total dos argumentos de Zanetti e outros,⁴⁶ está o de paradoxalmente se promover insegurança jurídica e instabilidade diante da pulverização, na origem, do poder de modular. Sendo o instituto concebido justamente para o contrário, enfatizamos a necessidade de uma avaliação cuidadosa.

Uma hipótese que nos ocorre, pensando especificamente nos casos de controle, é a seguinte: o STF tem desenvolvido de modo salutar sua jurisprudência nos casos de modulações promovidas em ações apreciadas mais de uma década após o ajuizamento, quando processadas sem cautelar pelo rito abreviado do art. 12. Alguns dos precedentes já aqui abordados referendam essa nova acepção, no que podemos destacar três, todos de relatoria do Ministro Luís Roberto Barroso: ADI nº 1301-ED, 3666 e 4867. Observa-se que nos três, apenas a título exemplificativo, o Plenário não só trabalhou com a eficácia temporal, como também se atentou a uma peculiaridade recorrente nas hipóteses de leis inconstitucionais que criaram cargos. Nesses julgados, ressalvou-se da incidência do acórdão, exclusivamente para efeitos de aposentadoria, os servidores que já estivessem aposentados e aqueles que implementaram os requisitos para aposentação até a data da publicação da ata de julgamento.

Vejamos. Se em diversos casos, de relatores distintos – como por exemplo na ADI nº 4876, de relatoria do Ministro Toffoli⁴⁷ –, assim se compreendeu, é de ser ter por razoável que outros servidores, com ações diretas posteriores e de méritos essencialmente análogos aguardem coerência da Corte neste quesito previdenciário. Se, contudo, a Corte deixar de apreciar a especificidade, e o feito transitar em julgado, estaria a matéria absolutamente preclusa? Por óbvio, não estamos falando de casos em que essa ressalva seja apreciada e rejeitada pelo Pleno, mas sim em casos nos quais a Corte não tenha efetivamente deliberado sobre ela, restringindo-se, por exemplo, ao acolhimento do efeito prospectivo. Seria de todo desarrazoado e inconcebível que um juiz

---

⁴⁵ ZANETTI JR., Hermes. *In:* CABRAL, Antônio do Passo; CRAMER, Ronaldo (Coord.). *Comentários ao novo Código de Processo Civil.* 2. ed. Rio de Janeiro: Forense, 2016, p. 1337.

⁴⁶ Ravi Peixoto, *op. cit.*, p. 340 e ss.

⁴⁷ ADI nº 4876, Rel. Min. Dias Toffoli, Plenário, j. em 26.03.2014, DJ 01.07.2014.

de primeiro grau, ao apreciar pedido de aposentadoria advindo dessa interpretação, aplicasse na hipótese a modulação tal como promovida em outros casos, ressalvando a respectiva incidência?

Ao que nos parece, havendo na Corte superior pauta de conduta suficientemente firme em favor da modulação de efeitos em determinada matéria, passível de identificação a partir de diversos precedentes de sua própria lavra apontando nesse sentido, como nos casos acima citados, entendemos ser o caso – excepcional, que isso fique claro – de se admitir que o juiz de primeiro grau, premido pela necessidade de preservar a segurança jurídica em eventual caso concreto, proceda à modulação de efeitos.[48]

Nos casos de alteração de precedentes vinculantes, podemos conceber ainda mais exemplos hipotéticos palpáveis em que distorções podem ser promovidas pela omissão de modulação, ou omissão de certas incidências na modulação ora promovida. Nesses casos, *distinguishing* e modulação talvez se contraponham.

Ocorre-nos que a melhor leitura do tema por certo não se limita ao estudo da modulação no controle, tampouco na superação de jurisprudência, mas compreende análise que ofereça maior controle intersubjetivo e racionalidade para cada hipótese normativa.[49] Não temos a pretensão de oferecer soluções neste breve trabalho, para esta circunstância que julgamos ser digna de intenso aprofundamento teórico. Mas, por certo, precisamos tratar o tema com maior seriedade e cuidado, sobretudo no contexto de desenvolvimento da cultura de respeito aos precedentes e de nova compreensão da função de nossos tribunais superiores.

---

[48] Nesse sentido, Antonio de Pádua afirma que "existem certas situações em que o STF e, com igual razão, o STJ, não estão aptos para delimitar *in abstracto* o alcance dos reflexos decisórios, notadamente naqueles casos que estão a dependentes da *prova* da confiança legítima no precedente revisitado quando há reformulação judicial interpretativa (*i.e.*, a análise dos *reais* resultados práticos da nova decisão no mundo fenomênico careceria de uma *aferição casuística*. Cabe lembrar, no passado, bem antes da edição da Lei 9.868/99, chegaram ao Supremo Tribunal Federal, via recurso extraordinário, diversas *demandas incidentais* no âmbito das quais houve a suavização da decisão declaratória de inconstitucionalidade *ex tunc*, a exemplo das *ações judiciais exigindo a devolução dos proventos* recebidos pelo funcionário público com base em lei declarada inconstitucional pelo Supremo, as quais foram julgadas improcedentes porque se entendeu que, a despeito do julgamento do Supremo, a repetição não seria possível por ferir a segurança jurídica e o princípio que veda a devolução de verbas alimentares". (NOGUEIRA, Antonio de Pádua Soubhie. *Modulação dos efeitos das decisões no processo civil*. Tese de doutorado apresentada como exigência parcial à obtenção de título de doutor em direito do Programa de Pós-Graduação da Faculdade de Direito da Universidade de São Paulo, 2013).

[49] Daniel Mitidiero, *op. cit.*, p. 82.

4 Conclusão

Esboçamos, no presente ensaio, algumas questões tidas por centrais para a modulação de efeitos. Assentamos desde o início que, sem prejuízo de um permanente debate acerca da modulação como opção normativa, precisamos trabalhá-la como realidade posta em nossa prática processual constitucional contemporânea. Uma realidade que conclama aprofundamentos sobre sua dimensão pragmática. Compreender procedimentalmente a modulação contemporânea é assimilar como temos ponderado relevantes valores constitucionais, e o que eventualmente podemos e devemos fazer para melhor resguardá-los, na busca por um constitucionalismo cada vez mais justo.

A partir de três elementos de análise, considerações foram tecidas acerca do estado da arte do instituto, com a respectiva evolução de suas percepções normativas e eventuais problemas a serem enfrentados pelo atual processo de codificação.

Quanto ao *(1)* quórum qualificado, apresentamos discussões acerca da legitimidade de o legislador infraconstitucional fixar, mediante preferência abstrata, o critério de dois terços, como também da conveniência de se estabelecer essa maioria qualificada, a partir de realidade práticas dos julgamentos e de possíveis distorções, quando ausente um único voto e presente de modo evidente o requisito material.

Já quanto *(2)* ao pedido e momento de apreciação, registrou-se que não há exigência legal para que a modulação seja requerida: idealmente o será, mas não há prejuízo pela ausência de pedido, tampouco *locus* limitado para análise. O Tribunal pode e deve modular de ofício, quando verificados os requisitos, sem a necessidade de aguardar a tradicional via dos embargos de declaração. Nos feitos objetivos, recomendável ouvir os interessados; nos subjetivos, imperioso ouvir as partes. Se pleiteada, não há a peça única para apresentação. Se decidida de ofício, não há também prejuízo para rediscussão, oportunidade em que serão colhidos fatos e razões práticas para subsidiar o melhor entendimento do Plenário, em adequada atenção ao corolário da segurança jurídica. Audiências públicas e participação de *amici curiae*, para este fim específico, devem ser consideradas em certas hipóteses.

Por fim, ponderamos uma questão relevante que tem passado relativamente despercebida, sobretudo no controle de constitucionalidade, conquanto mais bem explorada na teoria dos precedentes. Ao pensar na dinâmica de aplicação de determinados julgados, destacamos que *(3)* a figura do agente modulador não é de tão simples acepção, tampouco limita-se (ou deve se limitar) necessária e inequivocamente a quem prolatou a decisão. Por razões de isonomia, identificamos cenários concebíveis para o exercício de modulações não promovidas ou promovidas apenas em parte, que poderiam demandar adaptações práticas na ponta para a devida observância da preservação da ordem jurídica e social. Cientes dos riscos de banalizar o instituto e permitir que *ele* promova justamente aquilo que procurava evitar, conclamamos os estudiosos a melhor analisar o tópico, na busca por respostas racionalmente adequadas.

Referências

ARRUDA ALVIM, Teresa; DANTAS, Bruno. *Recurso especial, recurso extraordinário e a nova função dos Tribunais Superiores*. 6. ed. São Paulo: Thomson Reuteres Brasil, 2019.

ARRUDA ALVIM, Teresa. *Modulação*: na alteração de jurisprudência firme ou de precedentes vinculantes. São Paulo: Thomson Reuteres Brasil, 2019.

BARROSO, Luís Roberto. *O controle de constitucionalidade no direito brasileiro*: exposição sistemática da doutrina e análise crítica da jurisprudência. 8. ed. São Paulo: Saraiva, 2019.

CABRAL, Antonio do Passo. *Coisa julgada e preclusões dinâmicas*: entre continuidade, mudanças e transições de posições processuais estáveis. 3. ed. Salvador: JusPodivm, 2019, p. 640.

CAMPOS, Francisco. *Direito constitucional*. v. 1. Rio de Janeiro: Freitas Barros, 1956.

CAPPELLETTI, Mauro. *O controle judicial de constitucionalidade das leis no direito comparado*. Tradução de Aroldo Plínio Gonçalves. Porto Alegre: Fabris, 1984.

CAPONI, Remo. Prospective overruling: bilancio di una vicenda. *Revista Eletrônica de Direito Processual*, Rio de Janeiro, v. 19, n. 2, 2018.

CRUZ, Álvaro Ricardo de Souza. *Jurisdição constitucional democrática*. Belo Horizonte: Del Rey, 2014.

CUEVA, Ricardo Villas Bôas. A modulação dos efeitos das decisões que alteram a jurisprudência dominante do STJ (art. 927, §3º do NCPC). In: ARAUJO, Raul; LIMA, Tiago Asfor Rocha; SOUZA, Cid Marconi Gurgel de (Org.). *Temas atuais e polêmicos na Justiça Federal*. Salvador: JusPodivm, 2018.

DANTAS, Bruno. *Repercussão geral*: perspectivas histórica, dogmática e de direito comparado – questões processuais. 3. ed. rev., atual. e ampl. São Paulo: Editora Revista dos Tribunais, 2012.

DERZI, Misabel Abreu Machado. *Modificações da jurisprudência*: proteção da confiança, boa-fé objetiva e irretroatividade como limitações constitucionais ao poder judicial de tributar. São Paulo: Noeses, 2009.

FERNANDES, Bernardo Gonçalves Alfredo. *Curso de direito constitucional*. 10. ed. Salvador: Juspodivm, 2018

KELSEN, Hans. *Teoria pura do direito*. Tradução de João Baptista Machado. 8. ed. São Paulo: Martins Fontes, 2009.

MENDES, Gilmar Ferreira. *Controle de constitucionalidade:* aspectos jurídicos e políticos. São Paulo: Saraiva, 1990.

MITIDIERO, Daniel. A colaboração como modelo e como princípio no processo civil. *Revista de Processo Comparado*, vol. 2, p. 83-97, jul./dez., 2015.

MITIDIERO, Daniel. *Superação para frente e modulação de efeitos*: precedente e controle de constitucionalidade no direito brasileiro. São Paulo: Thomson Reuters, 2021.

NOGUEIRA, Antonio de Pádua Soubhie. *Modulação dos efeitos das decisões no processo civil*. Tese de doutorado apresentada como exigência parcial à obtenção de título de doutor em direito do Programa de Pós-Graduação da Faculdade de Direito da Universidade de São Paulo, 2013.

OLIVEIRA, Paulo Mendes de. Qual o quórum necessário para modulação de efeitos? Uma proposta de compatibilização do CPC/15 com a Lei. n. 9.868/99. *Caderno Virtual*, [S. l.], v. 3, n. 45, 2019.

PEIXOTO, Ravi. *Superação do precedente e segurança jurídica*. 2. ed. Salvador: Juspodivm, 2016.

ZANETTI JR., Hermes. *In:* CABRAL, Antônio do Passo; CRAMER, Ronaldo (Coord.). *Comentários ao novo Código de Processo Civil*. 2. ed. Rio de Janeiro: Forense, 2016, p. 1337.

ZAVASCKI, Teori. *Eficácia das sentenças na jurisdição constitucional*. 4. ed. São Paulo: Revista dos Tribunais, 2017.

Informação bibliográfica deste texto, conforme a NBR 6023:2018 da Associação Brasileira de Normas Técnicas (ABNT):

DANTAS, Bruno; PRASSER, João Victor. Modulação de efeitos brasileira na prática processual constitucional. *In:* DANTAS, Bruno. *Tópicos atuais em Processo Civil: individual, coletivo e pluri-individual*. Belo Horizonte: Fórum, 2024. p. 201-222. ISBN 978-65-5518-806-6.

REMARKS ON THE SUPREME COURT APPELLATE JURISDICTION IN BRAZIL AND ARGENTINA: CERTIORARI

BRUNO DANTAS

TERESA ARRUDA ALVIM

1. Brazil

A. The Federal Supreme Court, the type of State and the brazilian political system

The Brazilian Federal Supreme Court (*Supremo Tribunal Federal*, hereinafter STF) has always played an important role in the development of its state model. Unlike in the United States, the centrifugal force exerted by the states was not seen in Brazil, because the formation of Brazilian federalism happened in reverse to that of the United States,[1] but the protection of fundamental rights was always the order of the day.

---

[1] In this country, federalism has operated in a logic of decentralization, in the opposite direction to the US case, where there has been a concentration of federal units – a fact that has obvious repercussions in relation to the federalist dynamic and the level of independence of the states. (CLÈVE, Clemerson Merlin. Direito Constitucional Brasileiro – vol. 2. Organização do Estado e dos Poderes. 2 ed. Ver. Ampl. São Paulo? Thomson Reuters Revista dos Tribunais. Versão digital. 2022, p. RB-4-2).

As the first Republican Constitution of Brazil (1891) merely foresaw a diffuse (*incidenter tantum*) judicial review, the main political justification for the STF was its appellate jurisdiction, besides its primary competence in cases that "put into play" the federal regime. Some decades later, in 1965, with the constitutional amendment that transformed the Brazilian system of judicial review into a hybrid one, the STF was given the power to also exercise such control in the abstract, getting closer, therefore, to the Austrian system. Furthermore, the original jurisdiction acquired great relevance.[2]

Until 1988, when the current Brazilian Constitution was promulgated, the STF was responsible for upholding the integrity of all federal law: constitutional and infra-constitutional. With the current Constitution, and the creation of the Superior Court of Justice (*Superior Tribunal de Justiça*, hereinafter STJ), this competence was divided, transferring to the newly created court the function of watching over federal infra-constitutional law, leaving to the Supreme Court the mission of upholding the Constitution.

B. The model valid until 1988

Until 1988, when the current Constitution was promulgated, the STF concentrated its powers on watching over both the federal infra-constitutional and constitutional legislation. During this period, the problem arising from the Brazilian federal model became clear to the Supreme Court: that of standardizing, alone, a wide range of federal laws applied by various state and federal courts.

Even in the United States – where federalism suffers from an enormous centrifugal force exerted by the states – there was a movement to extend the powers of the Federal Union. In the Brazilian case, although the Constitution of 1891 intended to promote legal decentralization – which proved to be incomplete, as the Union monopolized the legislative power on civil, criminal and commercial law -, the 1934 Constitution greatly aggravated the situation, also transferring to the Union the exclusive power to legislate on procedural law.

---

[2] For an extensive analysis of the Brazilian extraordinary appeal, see DANTAS, Bruno, Repercussão Geral: perspectivas histórica, dogmática e de direito comparado – questdes processuais, 3rd ed., São Paulo: Editora Revista dos Tribunais, 2012. See also ARRUDA ALVIM, Teresa and DANTAS, Bruno, Recurso especial, recurso extraordindrio e a nova função dos tribunais superiores no direito brasileiro, 4th ed., São Paulo: Editora Revista dos Tribunais, 2017.

This was largely due to the historical formation of Brazilian federalism. Whereas in the United States it was granted from the provinces – which enjoyed independence – to the central power (which, for this historical reason, shows to this day the great strength of the component states), in Brazil, the direction was exactly the reverse: the first Republican Constitution in 1891 tried to establish federalism working out from the central power to the states.

Even today, this centralizing tendency persists in Brazil. To see it, one just needs to look at the distribution of the power to legislate and the power to tax, with the growing institution of social contributions instead of taxes. According to the current Brazilian Constitution, the taxes collected by the Union must be shared with the states and municipalities, unlike social contributions, which exclude the participation of the latter entities from the reaping of revenues. Moreover, it suffices to note that, especially nowadays, when an institution is malfunctioning in Brazil, the solution sought is often to transfer the responsibility for steering it to the Union, which is called the "centralization process".

In the period between 1934 and 1988, it was evident that the concentration of powers in the Union was reflected in the court in charge of ensuring the integrity of federal law, namely the STF. As the power to legislate both on material law (civil, criminal, commercial, agrarian, electoral, etc.) and on formal law (civil and criminal procedural law) was the Union's – *ex vi* items XIX of art. 5 of the 1934 Constitution, XV of art. 5 of the 1946 Constitution, and XVII of art. 8 of the 1967 Constitution – it is possible to conclude that the federative model was incomplete in this respect, and that there was unity of national law.

That unity of national law certainly had a strong impact on the uniformity of case law, since all state courts, in addition to the federal courts, had to interpret the same body of laws and, in many cases, they were completely oblivious to the rulings of the STF, rendering the latter's standardizing task much harder. In fact, the task of maintaining the integrity of federal law in a system with such features was far too complicated, and even in the early 1900s it aroused the interest of scholars, who rushed to call the phenomenon of the overload of lawsuits either a crisis of the "extraordinary appeal' or a "crisis of the Federal Supreme Court".

After several attempts to overcome the crisis, the 1988 Constitution adopted the solution proposed by José Afonso da Silva in 1963 in his seminal work on the contours of extraordinary appeals. The famous Brazilian constitutionalist had argued that the key to solving the crisis of the extraordinary appeal would be 'a constitutional reform in the Federal Judicial Branch, in order to redistribute competences and powers of the judicial bodies of the Union'.[3] Certainly, the idea was that with the establishment of a new court, the STF would be sufficiently unburdened that *certiorari* would become unnecessary. With the establishment of the STJ, as we shall see, the extraordinary appeal jurisdiction of the STF was narrowed, as the matters for which it was previously responsible were split up. The number of appeals, however, was unaffected.

C. The appellate jurisdiction since the establishment of the Superior Court of Justice

After 1988, arts. 102, item III, and 105, item III inaugurated a new stage in the control of the integrity of federal law in Brazil. The division proposed by José Afonso da Silva and implemented by the Constitution suggested that the crisis that afflicted the STF would be definitively overcome, despite the disbelief of many scholars.

The appeal derived from the division of the "extraordinary" appeal was dubbed the "special' appeal", and the Constitution established, in the sub-items of item III of art. 105, its admissibility requirements. In short, the functions not related to constitutional issues were taken out of the extraordinary appeal

This effort, however, proved unsuccessful, as Barbosa Moreira notes, because the division of the former extraordinary appeal has caused problems of a practical nature, since Brazil then acquired "two appeals instead of one, both of which can be largely opposed to the same decisions". As a result, he concludes, "the system would have to be, as it actually was, rather complicated on more than one point"; resulting in a "considerable increase in the length of the process".[4]

The procedure for both appeals should remain the same, given their existing similarity and the simple division of one type of appeal into two (rather than the creation of a brand-new appeal with a previously non-existent form). The passage of time, however, revealed several differences in procedure, some derived from the very

---

[3] SILVA, José Afonso da, Do recurso extraordinário no direito brasileiro. São Paulo: RT, 1963.

[4] BARBOSA MOREIRA, José Carlos, Comentários ao Código de Processo Civil, Vol. V, 12th ed., Rio de Janeiro: Forense, 2005, p. 583.

coexistence of both appeals, others caused by interpretative divergences between the STF and the STJ, and yet others brought about by nuances of a legislative nature within the constitutional text.

The sad reality, however, is that the establishment of the STJ has definitely not solved the crisis of extraordinary appeals. Official statistics reveal that where before Brazil had only one court hindered by the high volume of cases, there are now two suffering from the same evil![5] This is because the establishment of the STJ in 1988 was not accompanied by effective instruments to control the number of appeals before it, making the STJ, in practice, a court of third instance, to which anyone can submit their case in mandatory appeal jurisdiction. Constitutional Amendment nº 45/2004 wasted the chance to extend to the special appeal the admissibility requirement of "general repercussion".[6] This scenario continued until the constitutional reform of 2023, with the introduction of an appeal admissibility filter, the pragmatic result of which still needs time to be verified.

Before concluding this topic, it is necessary to briefly reflect on the attempt made by the 1988 Constitution to put an end to the crisis of extraordinary appeals by creating a higher court that would absorb some of the STF's appellate jurisdiction.

According to official statistics, in 1989, the year the STJ began its activities, 6,103 cases came before it, representing an average of approximately 185 cases per judge per year. This is obviously excessive. In the following year, that number more than doubled: there were 14,087 cases, meaning an average per judge of approximately 427 cases. Since then, the number of cases has grown exponentially, culminating in the figures cited below.

---

[5] The official data is available on the STJ website: last accessed 27 December 2018.

[6] According to the Constitutional Amendement nº 45/2004, in an extraordinary appeal, the appellant must demonstrate the general repercussion of the constitutional issues discussed in the case, under the terms of the law, in order for the Court to examine the admission of the appeal, and can only refuse it by the manifestation of two thirds of its members. In this case, in order to verificate the existence of general repercution, the appellant must demonstrate the existence of relevant economic, political, social or legal issues that go beyond the subjective interests of the case.

Table 1. New cases before the STJ per year, 1989-2017

YEAR	NEW CASES
1989	6,103
1990	14,087
1991	23,368
1992	33,872
1993	33,336
1994	38,670
1995	68,576
1996	77,032
1997	96,376
1998	92,107
1999	118,977
2000	150,738
2001	184,478
2002	155,959
2003	226,440
2004	215,411
2005	211,128
2006	251,020
2007	313,364
2008	271,521
2009	292,103
2010	228,981
2011	290,901
2012	289,524
2013	309,677
2014	314,316
2015	332,905
2016	335,779
2017	327,129

Source: http://www.stjjus.br/webstj/Processo/Boletim.

It can be seen that with the introduction of "general repercussion"; despite the 16-year delay, the Federal Constitution partially corrected the problem. This formula, which has produced the best results in the world and now exists in several countries, such as the United States, England, Canada, Australia, Germany, Argentina and Japan, has been introduced into the Brazilian judicial system. We believe that this reveals that the 1988 constitutional convention made a mistake in trying to solve the problem of an excess of appeals before the Supreme Court by simply creating a new Court of Justice.

Recently, the great number of special appeals distributed to the STJ, which culminated in the inflation of cases under its siege, led the Constitutional Legislator to approve a reform, with the adoption of the Constitutional Amendment nº 125 of 2023, which, similar to what had been done in relation to the STF, inserted requirements of relevance and transcendence for the admission of the appeal.

According to the Constitutional Amendment nº 125/2023, in an extraordinary appeal, the appellant must demonstrate the relevance of the questions of infra-constitutional federal law discussed in the case, under the terms of the law, in order for the appeal to be examined by the Court, which may not hear the appeal on this ground only by the manifestation of 2/3 (two thirds) of the members of the body competent for the judgment. The legislator made exceptions to this requirement in certain cases, in which he defined that there is an absolute presumption of relevance. Despite this, this constitutional amendment still needs to be regulated in order to be effectively adopted, which makes it impossible to determine what the impact of the measure will be in terms of controlling the court's acquis.

D. General repercussion: the brazilian certiorari

In 2004, the Brazilian Constitution was amended with the objective of reforming the structure and the operation of the judicial branch. Constitutional Amendment nº 45 was based on three pillars:

(a) the establishment of the National Council of Justice, responsible for supervising and auditing the administrative management of the courts and disciplinary control of judges;

(b) the creation of the binding restatement of case law, which allows the Supreme Court to rule on statements of mandatory compliance by the government and the lower courts; and

(c) the assumption of "general repercussion" on the constitutional issue discussed in the extraordinary appeal, which allows the STF to rationalize its appellate jurisdiction.

The amendment added paragraph 3 to art. 102, which states: "In an extraordinary appeal, the petitioner must demonstrate the general repercussion of the constitutional issues discussed in the case, under the terms of the law, so that the Court may examine the possibility of accepting the appeal, and it may only reject it through the opinion of two thirds of its members".

The wording of the amendment raised the requirement of general repercussion, bringing STF appellate jurisdiction closer to the practice of many other countries, such as the United States, Argentina, Germany, Canada, Japan and Australia, among others. It also adopted a decision quorum, somewhat similar to the American "rule of four".

Unlike practice in the United States, the STF is obliged to state its reasons when acknowledging or dismissing the general repercussion requirement. The Code of Civil Procedure details this requirement, stating in art. 1.035, paragraph 1: "For the purpose of general repercussion, consideration shall be given to the existence or not of relevant issues from an economic, political, social or legal point of view, that go beyond the subjective interests of the parties in the lawsuit".

When deciding if the "Brazilian *certiorari*" will be granted, the STF must assess two dimensions: subjective and objective. For the former, the Court will fundamentally ascertain which social group will potentially be directly or indirectly affected by the results of the trial, meaning that the focus here is on the indirect recipients. As to the latter, the Court will determine which matters, when raised in the course of an extraordinary appeal, are able to have an indirect impact on certain social groups, if not the whole of society.

The reduction in the number of cases generated by certiorari will allow the STF to devote its attention to the cases of real interest to Brazilian society. It is worth noting that the excessive number of cases falling within the STF's jurisdiction ends up making its rulings less refined and generates a dangerous reflexive effect, since judges and courts fail to follow its jurisprudence either because they are not aware of it, or because it is inconsistent, which generates more cases submitted to the STF's examination, in an endless vicious circle.

The STFs official statistics since 2007 (when the "general repercussion" requirement came into force) show that there has been some positive impact on the Court's caseload. Nevertheless, Brazil is still very far away from the civil practice in countries like the United States, Germany, Japan and even Argentina.[7]

Table 2. New cases before the STF per year, 2000-2017

Year	New Cases
2000	90,839
2001	89,574
2002	87,313
2003	109,965
2004	69,171
2005	79,577
2006	116,216
2007	112,938
2008	66,873
2009	42,729
2010	41,014
2011	38,019
2012	46,392
2013	44,17
2014	57,799
2015	65,091
2016	57,366
2017	56,257

Source: http://www.stEjus.br/portal/cms/ver Texto.aspservico=estatistica.

II. Argentina

A. The argentinian extraordinary appeal

In Argentina, as in Brazil, the doctrine states that the extraordinary appeal originally provided for in Federal Law nº. 27 of 13 October 1862 was clearly inspired by the model outlined by the United States Judiciary Act, as well as by the Spanish civil cassation appeal set forth

---

[7] According to the official statistics of the Argentine Supreme Court, the Court issued a total of 14,076 rulings in 2016, 18,918 in 2015, 25,150 in 2014, 15,792 in 2013, and 16,510 in 2012: last accessed 10 December 2018.

in the Code of Civil Procedure (Ley de Enjuiciamiento Civil, 1855). The current structure of appeals, however, came about with Federal Law nº 48 of 14 September 1863, which defines itself as additional to and corrective of Federal Law nº 27. The bases for the Argentine model were borrowed from US law. Néstor Pedro Sagüés, addressing the subject, affirms "the initiative in question, it should be underscored, especially in terms of the current extraordinary appeal, followed the basic guidelines of the North American federal law".[8] The adoption of *certiorari*, however, was implemented in Argentine positive law by Law nº 23.774 of 1990, which changed, among other provisions, the art. 280 of the Code of Civil and Commercial Procedure of the Nation (Código Procesal Civil y Comercial de la Nación, hereinafter CPCN). Art. 285 of the CPCN was also amended to adjust appeals against the rejection of an extraordinary appeal (*recurso de queja*).

As a result of these innovations introduced in the 1990s, there was intense debate on the subject in Argentina. Authors such as Augusto Morello, Néstor Sagüés and Lino Palácio consider the filter a good solution, provided that it operates sensibly to the serious crisis faced by the country's Supreme Court. Néstor Sagüés, however, raises a number of questions of a constitutional nature that must be upheld by the Supreme Court. Firstly, he affirms that there is no obstacle of a constitutional nature in the Argentine system to the adoption of the filter.[9] Then, he criticizes the wording of the law, which allows the filter to be applied regardless of the stated reasons.[10] Finally, Sagüés mentions the *"sana discreción"* of the Court in its function of selecting cases to be judged, stating that "the sound discretion seems to refer to a legitimate, sensible, approximately egalitarian, and certainly not arbitrary, inequitable or discriminatory and unreasonable system".[11]

Augusto Morello also writes about the Court's legal power to use *"sana discreción"* in selecting from among the cases referred to it. In his view, this is a private matter for the members of the Court, who, for reasons of personal experience, maturity and great responsibility, will make an objective and prudent judgement.[12]

---

[8] SAGÜES, Nestor Pedro. *Derecho procesal constitucional: recurso extraordinario*, Vol. 1, 4th ed., Buenos Aires: Astrea, 2002, p. 259.

[9] SAGÜES, Nestor Pedro. *Derecho procesal constitucional: recurso extraordinario*, Vol. 1, 4th ed., Buenos Aires: Astrea, 2002, pp. 438-439.

[10] Ibid.

[11] Ibid, p. 440.

[12] MORELLO, Augusto. La nueva etapa del recurso extraordinario: el certiorari. Buenos Aires: Platense-Abeledo-Perrot, 1990, p. 241.

It is important, however, to note that, in Argentina, two of the reasons for discretionary dismissal of an extraordinary appeal, based on art. 280 of the CPCN, also use criteria already used in defining its function, pursuant to art. 14 of Law nº 48, namely: (i) the lack of sufficient federal infringement, and (ii) the lack of material grounds for the federal issue concerned, both listed by the Argentine doctrine. From this, Néstor Sagüés concludes that the power granted by law only concerns dismissal *in limine*, without further reasoning, and not the nature of the legal obstacle.[13] In other words, if the legal obstacle is the immateriality of the matter at issue in the case or insufficient federal infringement, the Court may dismiss the extraordinary appeal without giving reasons, merely quoting art. 280 of the CPCN; however, it should dismiss the case for non-compliance. In short, the law did not give the Court the power to accept appeals that do not meet those admissibility requirements. On the other hand, the obstacle should arise from a lack of transcendence of issues discussed in extraordinary appeals, Sagüés states:

> the Supreme Court is authorized to dismiss it without explicit grounds, according to the new art. 280: but can assess it and try it, even if the issue under discussion lacks transcendence. Everything, always, as we emphasize, with a "sound discretion". This is so because the new art. 280 (and its correlative article 285 Code of Civil and Commercial Procedure of the Nation) does not require that the transcendence be a requirement for admissibility nor for granting the extraordinary federal appeal.[14]

Despite these warnings and having drastically reduced the number of appeals heard by Supreme Court, the formula of the Argentine *certiorari* is criticized even by authors such as Néstor Sagüés, who consider the device itself a good solution. He states that the way Law nº 23.774 of 1990 was drafted resulted in legal instability that is incompatible with *certiorari*, since:

> it is not easy to predict when and to what extent the Supreme Court will use the "exterminating beam" provided by the aforementioned art. 280. Nor exercise it evenly, since the same rule, of controversial content, authorizes the Court, for example, to dismiss an extraordinary appeal on a matter of lack of importance or admit it, all according to

---

[13] SAGÜÉS, supra n. 6, p. 421.
[14] *Ibid.*

the Court's whim. In the event of two similar extraordinary appeals, both inconsequential, one may be accepted, and the other rejected. That is allowed by the aforementioned art. 280, which gives rise, of course, to questions and slander about why there is discriminatory treatment, when this occurs.[15]

This flaw in the rule, according to Sagüés, despite requiring legislative attention, could perfectly well be circumvented by the wisdom of the Supreme Court if it were to "adopt clear patterns of behavior, such as requiring the presence of 'transcendence' in all extraordinary appeals the Court wants to grant".[16]

B. The argentinian certiorari

Let us analyze the options established by Law nº 23.774, which authorizes the Supreme Court to strike down extraordinary appeals through a judgment of "sound discretion".

1 Lack of Sufficient Federal Infringement

According to Augusto Morello, the concept of "sufficient federal infringement" stems from the sum of two aspects. First, there must be a claim that federal law is invalid (*"agravio federal"*), and, secondly, this claim must be serious, such as to jeopardize the integrity of the legal system.[17] Therefore, Morello identifies this option with the concept of "relevance of the discussed federal question"; "we reiterate, issues that do not have sufficient importance – in the opinion of the Court – to be admitted. Wherever you may look, there is no dispute of federal significance in the judgement of the Court. Therefore, there is nothing to be said about it".[18]

Néstor Sagüés, however, severely criticizes the expression "lack of sufficient federal harm'" (*"falta de agravio federal suficiente"*) contained in the law, considering that the violation of federal law must be qualitatively and not quantitatively examined by the Supreme

---

[15] Ibid.
[16] Ibid.
[17] MORELLO, supra . 9, pp. 137-138.
[18] Ibid, p. 140.

Court.¹⁹ The same position is adopted by Lino Enrique Palacio, who states that 'it is, strictly speaking, a language devoid of greater legal significance, since, as has been well observed, federal issues exist, or not, in specific cases, and are not susceptible to being conceived in purely quantitative terms'[20] Indeed, Palacio goes further: he identifies this legal authorization with the appellate interest, a generic requirement of admissibility of any appeal, to conclude that "the wording of the law is evidently superfluous and inappropriate".[21]

2 Insubstantial/Immaterial Issues

Néstor Sagüés[22] and Lino Enrique Palacio[23] point out that, according to the Supreme Court's case law, the label "insubstantial/immaterial issues encompasses those claims that go against established precedent, but without the use of sufficiently solid arguments to lead to an overruling. Here too, extraordinary appeals are found to lack a minimal basis. Augusto Morello agreed, stating that 'both national ... and American case law have admitted that federal questions may be pointless because they are naturally baseless, or because a clear and reiterated precedent of the Supreme Court prevents any serious controversy regarding its solution".[24]

3 Transcendence of the Issues Discussed in the Appeal

The concept of transcendence, according to Néstor Sagüés, is directly linked to the traditional "theory of institutional gravity" which has been developed by the Supreme Court since the leading case "*Jorge Antonio*", tried in 1960. It should be noted, however, that institutional gravity, when originally conceived, consisted only of the option of exemption from admissibility requirements for an extraordinary appeal.

In its jurisprudence, the Supreme Court of Argentina has itself defined the concept of institutional gravity, which consists broadly of

---

[19] SAGÜÉS, supra n. 6, p. 444.
[20] PALACIO, Lino Enrique, El recurso extraordinario federal: teoria y tecnica, 3rd ed., Buenos Aires: Abeledo-Perrot, 2001, p. 212.
[21] *Ibid.*
[22] SAGÜÉS, supra n. 6, p. 444.
[23] PALACIO, supra n. 17, p. 213.
[24] MORELLO, supra n. 9, p. 147.

"those issues that exceed the mere individual interest of the parties and directly affect the community".[25] Regarding the Supreme Court's understanding of institutional gravity, Sagüés points out that:

> Among the issues of institutional gravity, then, it is possible to distinguish those that "surpass the interests of the parties in a lawsuit, in such a way that it moves the entire community, in its most substantial and profound values" (CSJN, Fallos, 257: 134 – Panjerek case) – something that could be called a constitutional issue of total community interest – of those which, although they do not affect all inhabitants, are of sufficient magnitude to have repercussions – in the present or in the future – on a wide range of human relations: constitutional issue of partial community interest.[26]

For Augusto Morello, however, transcendence and institutional gravity are different concepts. He seconds Sagüés in maintaining that all cases of institutional gravity have transcendence. He disagrees, nonetheless, with the reverse situation, arguing that "there are other equally important federal issues that, without having the institutional seriousness nature, may or should be admitted for the handling of the federal appeal".[27] He concludes by affirming that "it would narrow the procedure of the extraordinary appeal, in the horizon of transcendence, to nothing more than questions of institutional gravity".[28] Lino Enrique Palacio sees transcendence of the federal issues debated as wider than institutional gravity, which is why he maintains that they are different concepts.

We will return to transcendence in the following section when we address the criteria used in Argentina to apply the filter of appeals to the Supreme Court.

C. Criteria used by the Argentine Supreme Court

The Supreme Court of Argentina, like its Brazilian counterpart until 1988, allows extraordinary appeals both for violation of the text of the Constitution and for violation to the federal laws. Therefore, in

---

[25] Corte Suprema de Justicia de la Nación, Fallos 246:601, apud SAGUES, Néstor Pedro, supra n. 6, p.284.
[26] SAGÜÉS, supra n.6, p. 284.
[27] MORELLO, supra n. 9, p. 163.
[28] Ibid.

order to address the criteria used by the Argentine Supreme Court to recognize the existence of transcendence of the issue contained in an extraordinary appeal, we must separate the constitutional and federal issues.

1 Transcendence of Constitutional Issues

When dealing with issues always endowed with transcendence, there is an Argentine doctrine that holds that "any lawsuit in which the constitutionality of an act is discussed will evidently possess 'transcendence', because the declaration of unconstitutionality of a precept, as the Court teaches, 'is an action of extreme institutional gravity, which must be considered as the *ultima ratio* of the legal system'"[29] As can be seen, the Supreme Court itself established the understanding that all cases involving the declaration of unconstitutionality of a legal rule are endowed with enough transcendence to justify the admission of the extraordinary appeal.

2 Transcendence of Federal Issues

Néstor Sagüés, based on Supreme Court case law, lists a useful and interesting set of questions that, when discussed in the context of an extraordinary appeal, are acknowledged to have transcendence:[30]

(i) grievance against the basic institutions of the nation, among others those related to the principle of separation of powers, defense of the welfare and social security system, the organization and functioning of the powers that compromise the federal government and the autonomy of the provinces;

(ii) preservation of the basic principles of the Constitution, as protection of all principles, declarations, rights and guarantees contained therein (among others, due process, property, physical freedom and *habeas corpus*, freedom of the press, marriage, family, progress and general wellbeing);

(iii) cases that cause upheaval for the whole of society, that affect the collective conscience or that impact the collective consensus;

---

[29] SAGUES, supra n. 6, p. 446.
[30] Ibid., pp. 286-295.

(iv) matters related to the provision of public services, such as those involving the risk of disruption to the provision of public service concessionaires, such as public or private-public transportation companies and public utilities;
(v) collection of taxes, when the discussion refers to exorbitance, illegality or manifest iniquity;
(vi) inconsistent rulings, especially of the federal courts; and
(vii) compliance by the State with its international obligations.

Based on this list, Sagüés creates an important classification of transcendence as either normative and social. Normative transcendence, in his view, is always associated with the relevance of a legal discussion, while social transcendence is characterized by the repercussions on society caused by the public profile of the fact, the notoriety of the protagonists, the interest of the press, or any other reason.[31]

In order to justify this classification, Sagüés quotes the renowned *Penjerek* case, tried in 1963. It was a criminal action arising from the kidnapping and murder of a child called Norma Mirta Penjerek. In the appeal filed by the prosecution against the decision acquitting the defendant, the Supreme Court identified institutional gravity, not due to any legal discussion, but because the case generated national uproar and provoked debates in society on ways to combat orgies and the corruption of minors.

III Final consideration

Increases in population, legislation and trial litigation contribute in a general way to augment the workload of courts, and eventually to the volume of appeals. In many countries, including the United States, Brazil and Argentina, there is great concern about the capacity of the appellate system to meet its objectives of high quality, timely and cost-effective appellate determinations in the face of on increasing appellate workload.

Certiorari, in both Brazil and Argentina, act as a filtering device in practice to ensure that the Supreme Court expends its limited resources hearing only the most significant legal questions. In attempting to achieve this objective, the Court recognizes that its bench of justices (5 in Argentina and 11 in Brazil) has a finite capacity to provide full reasons in complex cases.

---

[31] Ibid, p. 447.

The criteria taken into consideration by the Supreme Court in order to grant a Certiorari petition may change from country to country, but there is a fundamental feature in common and it foreshadows an important characteristic of the Supreme Court's docket control powers: it has been entirely up to the Court to define "transcendence".

References

ARRUDA ALVIM, Teresa; DANTAS, Bruno. *Recurso especial, recurso extraordinário e a nova função dos tribunais superiores no direito brasileiro*. 4. ed. São Paulo: Editora Revista dos Tribunais, 2017.

BARBOSA MOREIRA, José Carlos. *Comentários ao Código de Processo Civil*. Vol. V, 12. ed. Rio de Janeiro: Forense, 2005.

CLÈVE, Clemerson Merlin. *Direito constitucional brasileiro*. Vol. 2. Organização do Estado e dos Poderes. 2. ed. rev. ampl. São Paulo: Thomson Reuters Revista dos Tribunais. Versão digital. 2022.

DANTAS, Bruno. *Repercussão geral:* perspectivas histórica, dogmática e de direito comparado – questões processuais. 3. ed. São Paulo: Editora Revista dos Tribunais, 2012.

MORELLO, Augusto. *La nueva etapa del recurso extraordinario:* el certiorari. Buenos Aires: Platense-Abeledo-Perrot, 1990.

PALACIO, Lino Enrique. *El recurso extraordinario federal:* teoria y técnica. 3. ed. Buenos Aires: Abeledo-Perrot, 2001.

SAGÜES, Nestor Pedro. *Derecho procesal constitucional:* recurso extraordinario. Vol. 1, 4th ed., Buenos Aires: Astrea, 2002.

SILVA, José Afonso da. *Do recurso extraordinário no direito brasileiro*. São Paulo: RT, 1963.

Informação bibliográfica deste texto, conforme a NBR 6023:2018 da Associação Brasileira de Normas Técnicas (ABNT):

DANTAS, Bruno; ALVIM, Teresa Arruda. Remarks on the Supreme Court appellate jurisdiction in Brazil and Argentina: certiorari. *In*: DANTAS, Bruno. *Tópicos atuais em Processo Civil: individual, coletivo e pluri-individual*. Belo Horizonte: Fórum, 2024. p. 223-239. ISBN 978-65-5518-806-6.

DIÁLOGOS ENTRE CORTES CONSTITUCIONAIS E SOCIEDADE CIVIL EM PERSPECTIVA COMPARADA "BRASIL E FRANÇA": AUDIÊNCIAS PÚBLICAS, PARTICIPAÇÃO DE *AMICI CURIAE* E TERCEIROS INTERESSADOS

BRUNO DANTAS

GUILHERME MAZARELLO

Introdução

O exercício da jurisdição constitucional, ainda incipiente nos anos que seguiram ao caso *Madison vs Marbury*, foi fonte de tensão no debate doutrinário, com a chamada jurisprudência ativista da Corte Suprema dos Estados Unidos sob a presidência do *Justice* Warren. Foi nesse contexto que se defendeu a restrição do controle da constitucionalidade ao argumento de existir uma tendência de enfraquecer a democracia, como se observa na célebre obra de Alexander Bickel.[1]

---

[1] "*Besides being a counter-majoritarian check on the legislature and the executive, judicial review may, in a larger sense, have a tendency over time seriously to weaken the democratic process*" (BICKEL, Alexander M. *The least dangerous branch*: the Supreme Court at the Bar of Politics. 2. ed. Nova Iorque: Yale University Press. 1962).

No âmbito desse debate, a legitimidade da jurisdição constitucional tem sido posta em causa por alguns autores. Dentre eles, sem pretensão de exaurir as diversas abordagens, pode-se mencionar a posição de Jeremy Waldron, em defesa da soberania do Parlamento,[2] ou de Ronald Dworkin, em defesa do Poder Judiciário na garantia do respeito pela Constituição.[3] Vários autores desenvolveram diferentes teorias para explicar a legitimidade da jurisdição constitucional e a delimitação do exercício desta função pelas Cortes.

Duas correntes podem ser identificadas. A primeira, de matriz procedimental, defendia a ação limitada das Cortes, ao argumento de que elas devem possuir uma atuação restrita na vida política. As leis só devem ser declaradas inconstitucionais se violarem direitos essenciais ao funcionamento de um processo democrático aberto e eficaz. Este é o argumento de Hart Ely, por exemplo, segundo o qual as Cortes devem ser ativistas na proteção da liberdade de expressão e sensíveis aos efeitos deletérios do preconceito, mas não podem interferir em questões que envolvam valores substantivos.[4] Na mesma linha, Habermas defende a ação das Cortes sob condições pragmáticas e formais que tornem possível a política deliberativa e a comunicação política.[5] Nesse sentido, a decisão política fundamental é tomada no bojo do espaço público, e não em Cortes.

Por outro lado, uma outra corrente, de matriz substancialista, defende uma atuação da Corte em garantir o conteúdo substantivo dos direitos fundamentais especialmente na sequência da ascensão do discurso de proteção de direitos após a Segunda Guerra Mundial. Este movimento está ligado a um outro fenômeno de constitucionalização do direito. Antes disso, na literatura jurídica francesa do início do século XIX, Loiselle Marc identificou o desenvolvimento paradigmático de transição do Estado legal para o Estado de Direito, este último centrado na proteção dos direitos fundamentais, na preeminência do Estado de

---

[2] WALDRON, Jeremy, A Rights-Based Critique of Constitutional Rights. *Oxford Journal of Legal Studies*, vol. 13, n. 1, 18-51. 1993.

[3] DWORKIN, Ronald. Taking rights seriously. *A&C Black*, 2013.

[4] *"These are certainly interventionist decisions, but the interventionism was fueled not by desire on the part of the Court to vindicate particular substantive values it had determined were important or fundamental, but rather by a desire to ensure that the political process – which is where such value are properly identified, weighed, and accommodated – was open to those of all viewpoints on something approaching an equal basis."* (ELY, John Hart. *Democracy and distrust*: A theory of judicial review. Cambridge: Harvard University Press, 1998, p. 74).

[5] HABERMAS, Jürgen. *Direito e democracia*: entre facticidade e liberdade. Tradução de Flávio Beno Siebeneichler. Vol I. 2. ed. Rio de Janeiro: Tempo Brasileiro, 2003, p. 327.

Direito e da Constituição, enquanto o primeiro se centrava na primeira fase do positivismo jurídico legalista (escola exegética; *bouche de la loi*).[6]

Além disso, o discurso dos princípios provocou uma abertura discursiva do sistema jurídico, isto é, a sua flexibilização, na medida em que "alargou as possibilidades de argumentação". Assim, dada a sua pluralidade ou, metaforicamente, o seu carácter policéfalo, os princípios enriquecem o processo argumentativo entre os intervenientes, os juízes e as partes ou interessados, abrindo-o a uma diversidade de pontos de partida.[7]

Nesse contexto, por um lado, a fronteira entre o direito público e o direito privado é cada vez mais tênue, e, por outro, o direito constitucional tornou-se uma verdadeira fonte de interpretação do direito infraconstitucional, independentemente de sua natureza.[8] Em suma, para esta corrente, a ordem constitucional consagrou um conjunto de direitos fundamentais, e a Corte desempenha um papel na efetivação desses direitos.[9] É o que se verifica na doutrina aplicada pelo Supremo Tribunal Federal, no Brasil, desde a década de 1990. A título de exemplo, o Tribunal brasileiro pronunciou-se sobre a constitucionalidade do direito ao aborto no caso de fetos anencefálicos; sobre o casamento entre pessoas do mesmo sexo; sobre as políticas de discriminação positiva nas universidades; e sobre a situação de inconstitucionalidade das prisões brasileiras.

No entanto, com o desenvolvimento desta concepção, difundiu-se a ideia de que os tribunais monopolizam a interpretação da Constituição sendo detentores, portanto, da última palavra em matéria de interpretação constitucional. Esse sintoma é igualmente verificado em outras ordens jurídicas.

---

[6] LOISELLE Marc. M.-J. Redor, De l'État légal à l'État de droit. L'évolution des conceptions de la doctrine publiciste française, 1870-1914. *Politix*, vol. 7, n. 27, terceiro trimestre de 1994. A biografia. Usos científicos e sociais. p. 193-197.

[7] NEVES, Marcelo. *Entre Hidras e Hércules*: os princípios e regras constitucionais como diferença paradoxal do sistema jurídico. São Paulo: Editora WMF. Martins Fontes, 2013, p. xvii.

[8] "*El cambio de las relaciones entre el Derecho Constitucional y el Derecho Privado expresa un cambio de tareas, la cualidad y las funciones de cada uno de los dos sectores jurídicos, cuyo momento decisivo está señalado por el final de la Primera Guerra Mundial. Este cambio, unido también a una función no modificada del Derecho Privado, ha conducido por necesidad interna desde la originaria yuxtaposición ampliamente incomunicada de ambos ámbitos a una relación de recíproca complementariedad y dependencia.*" (HESSE, Konrad. *Derecho Constitucional y Derecho Privado*. Madrid, Editora Civitas: 1995).

[9] HOLMES, Pablo. A sociedade civil contra a população: Uma teoria crítica do constitucionalismo de 1988. *Revista Direito e Práxis*, antecipação de impressão, Rio de Janeiro, 2020, p.6. DOI: 10.1590/2179-8966/2020/49456.

Na França, onde o controle repressivo de constitucionalidade desenvolveu-se de maneira tardia em comparação a certos países vizinhos, o Secretário-Geral do *Conseil Constitutionnel*, em entrevista disponível no *site* do *Conseil*, afirmou: "Naquilo que concerne a questão da interpretação da Constituição, o *Conseil Constitutionnel* possui o monopólio do exame das leis".[10]

Como reação à natureza desse discurso, nos Estados Unidos, sob a presidência do *chief justice* Warren, Alexander Bickel desenvolveu teoria sobre a utilização estratégica do poder de não decidir da Suprema Corte. Para ele, o silêncio sobre determinadas questões constitucionais é fundamental para promover o debate na sociedade civil sobre o assunto, bem como para fins de uma eventual tomada de decisão do Parlamento, que representa o povo.[11]

Após esse trabalho seminal, foram efetuados vários estudos sobre a teoria dos diálogos constitucionais. A questão, antes limitada ao dualismo Parlamento *versus* Corte, muda de paradigma epistemológico. Sob a égide do paradigma dos diálogos institucionais ou diálogos constitucionais, as Cortes não detêm o monopólio da interpretação constitucional, tampouco possuem a última palavra acerca da interpretação normativa da Constituição. Em miúdos, "existem mecanismos formais e informais de interação entre o poder judicial, os outros poderes e os agentes sociais que conferem ao processo de interpretação e aplicação da Constituição uma natureza política que não é tida em conta pelo conhecimento jurídico convencional".[12]

Nesta perspectiva, Roberto Gargarella destaca a tensão entre o constitucionalismo dialógico e o sistema clássico de *check and balances* descrito por Montesquieu e aperfeiçoado pelos *Federalist Papers*.[13] Com efeito, a adoção de um paradigma dialógico de interpretação constitucional é capaz de gerar tensões entre as instituições e a sociedade civil, bem como tem aptidão para problematizar a concepção

---

[10] Tradução livre do original francês: "*En ce qui concerne la question de l'interprétation de la Constitution, le Conseil constitutionnel a le monopole de l'examen des lois*" (SCHOETTL, Jean-Éric. *La place du Conseil dans la démocratie française*. Entretien Secrétaire général du Conseil constitutionnel, 2003).

[11] BICKEL, Alexander M. *The least dangerous branch*: the Supreme Court at the Bar of Politics. 2. ed. Nova Iorque: Yale University Press, 1962.

[12] BRANDÃO, Rodrigo. Mecanismos de diálogos constitucionais nos EUA e no Brasil. *RJLB*, Ano 1 (2015), n. 4, p. 4.

[13] GARGARELLA, Roberto. El nuevo constitucionalismo dialógico, frente al sistema de los frenos y contrapesos. Escuela de Derecho: Universidad Torcuato di Tella. *Revista Argentina de Teoría Jurídica*, Vol. 14, 2013.

tradicional de democracia deliberativa.[14] Segundo Gargarella, um sistema constitucional baseado na ideia de constitucionalismo dialógico deve substituir o tradicional sistema de freios e contrapesos. Nessa concepção, os agentes sociais desempenham um papel participativo na interpretação da Constituição por intermédio de mecanismos formais e informais de participação, permitindo o exercício de uma competência normativa também dos cidadãos.[15]

Mormente centrado em estudos de teoria, ainda há relativa escassez de trabalhos que se ocupem de uma análise casuística, fundada no direito posto, acerca dos mecanismos que permitem essa interação de diferentes agentes e instituições na definição do sentido normativo da Constituição.

O presente trabalho cuida de fazê-lo a partir de um cotejo de direito comparado entre os sistemas brasileiro e francês, acerca de institutos que permitam abertura das Cortes à participação da sociedade civil.

1 Objeto de comparação: breve nota acerca do controle de constitucionalidade repressivo no Brasil e na França

O trabalho centrar-se-á no controle *a posteriori* da constitucionalidade na França e no Brasil. A razão é simples: trata-se do processo de fiscalização jurisdicional conhecido como "forte"; é, portanto, a intervenção mais enérgica de um Tribunal na arena política, baseada na análise da conformidade da lei com a Constituição. É por esta notável importância que o controle *a posteriori* é objeto de debate quanto à sua legitimidade, dada a sua posição na fronteira entre o político e o jurídico, entre o legislativo e o jurisdicional. Além disso, esse tipo de controle jurisdicional está carregado de efeitos jurídicos notáveis. A eficácia vinculativa, o efeito *erga omnes*, o poder de declarar a nulidade de uma lei e de a expulsar da ordem jurídica são expressões notáveis dos poderes das Cortes Constitucionais nos Estados contemporâneos.

---

[14] A relação entre constitucionalismo e democracia já foi analisada por Dworkin em DWORKIN, Ronald. Constitutionalism and Democracy. *European Journal of Philosophy*, Oxford, 1995, p. 2-11.
[15] ROUSSEAU, Dominique. *Six thèses pour la démocratie continue*. Paris: Odile Jacob, 2022. p. 75.

No Brasil, o poder do Supremo Tribunal Federal cresceu consideravelmente com a Constituição de 1988, reunindo competências de Tribunal de vértice, mas também de Corte tipicamente constitucional. O presente trabalho terá como foco o controle de constitucionalidade *a posteriori*, de natureza abstrata, por via de ação, bem como o controle concreto, por via de exceção.

No que respeita ao primeiro, não é necessária a pendência de um caso concreto como condição necessária para o exercício da jurisdição constitucional, como é o caso do processo incidental. Nesse tipo de processo, a questão da constitucionalidade é considerada principal, através de um processo constitucional autônomo. Do ponto de vista processual, não existem interesses subjetivos para além da preservação da ordem constitucional objetiva; não existem partes nem litígios, razão pela qual é frequentemente designado por processo objetivo. Quanto ao segundo, a fiscalização é concreta, inaugurada pelo processo de exceção, e pode ser efetuada por todos os juízes, em todos os níveis de jurisdição.[16]

Na França, a introdução da *"Question Prioritaire de Constitutionnalité"* (QPC) provocou verdadeira reviravolta no sistema constitucional, reforçando inevitavelmente o aspecto jurisdicional do *Conseil Constitutionnel*, na medida em que a QPC representa cerca de 80% da atividade dessa Corte, apesar da hesitação de alguns em considerá-lo como um Tribunal Constitucional.

O procedimento da QPC está previsto na Constituição Francesa de 1958[17] e no Decreto 58-1067, que contém a Lei Orgânica do Conselho Constitucional. O procedimento confere ao *Conseil Constitutionnel*, talvez tardiamente em comparação com os seus vizinhos europeus, o poder de anular, *erga omnes*, uma disposição legislativa que viole a Constituição.

Ela permite contestar a conformidade de uma disposição legislativa com os direitos e liberdades que a Constituição garante, não apenas os direitos que resultam da Constituição, mas do bloco de constitucionalidade em geral, incluindo a Declaração dos Direitos do

---

[16] Atualmente, é possível observar um fenômeno de "abstrativização" da revisão concreta, no Brasil, em razão da aproximação dos efeitos com os da revisão abstrata, a partir da introdução da "repercussão geral" e do sistema de precedentes no Brasil.

[17] *Article 61-1 de la Constitution française de 1958: Lorsque, à l'occasion d'une instance en cours devant une juridiction, il est soutenu qu'une disposition législative porte atteinte aux droits et libertés que la Constitution garantit, le Conseil constitutionnel peut être saisi de cette question sur renvoi du Conseil d'État ou de la Cour de cassation qui se prononce dans un délai déterminé.*

Homem e do Cidadão de 1789, o Preâmbulo da Constituição de 1946, os direitos econômicos e sociais enumerados por este Preâmbulo, os "princípios fundamentais reconhecidos pelas leis da República" e a Carta do Meio-Ambiente de 2004.

A QPC é suscitada como questão incidental perante os tribunais administrativos e judiciais, por meio de uma petição escrita separada, e é considerada admissível na tripla condição de o dispositivo contestado (i) ser aplicável ao litígio; (ii) não ter sido anteriormente declarado compatível com a Constituição; e (iii) a questão possuir natureza grave. Uma vez enviada ao *Conseil Constitutionnel*, este decide se é ou não conforme à Constituição, por meio de uma decisão que não é suscetível de recurso.

Guillaume Drago considerou que a introdução da QPC teria permitido uma participação mais alargada dos cidadãos e dos atores jurídicos perante o Conselho Constitucional.[18] Com a introdução do procedimento QPC, existe um verdadeiro entusiasmo por uma potencial abertura democrática da participação popular no controle da constitucionalidade, considerada como uma verdadeira "revolução jurídica". O Professor Guillaume Drago afirma que "com o processo QPC, o acesso aos tribunais é organizado, ainda que muito limitado pelas condições gerais de instauração do contencioso e pelos diferentes filtros jurisdicionais criados".[19]

2 Diálogos institucionais, Cortes Constitucionais e sociedade civil

Na perspectiva dialógica, a jurisdição constitucional deve representar o fórum de diálogo entre a sociedade civil e o Estado na formação da vontade constitucional. Assim, o Tribunal deve interagir não só com o Parlamento e as demais instituições do Estado, mas também com a sociedade civil. É claro que a participação popular não pode significar a submissão total a uma vontade majoritária, porquanto isso desvirtuaria a função última dos tribunais de proteção dos direitos fundamentais de maneira contramajoritária.

---

[18] DRAGO. G. Le nouveau visage du contentieux constitutionnel. *RFDC*, n 84, 2010, p. 751.

[19] Tradução do original em francês: "*Avec la procédure de QPC, l'accès du justiciable est organisé, même s'il est fortement encadré par les conditions générales d'ouverture du contentieux et les différents filtres juridictionnels mis en place.*" (*Ibidem*, p. 752).

O Tribunal está sempre limitado pela argumentação jurídica e pelo dever de fundamentar juridicamente as suas decisões, de acordo com a ordem constitucional. No entanto, a participação popular é capaz de gerir o impasse antidemocrático do Tribunal, bem como de o ajudar a encontrar a melhor resposta para as questões constitucionais colocadas. Os mecanismos de abertura à sociedade variam muito de um sistema jurídico para outro, mas é possível verificar a existência de um mecanismo bastante emblemático na literatura especializada: o *amicus curiae*. Fenômeno bastante recorrente nos Estados Unidos, a figura do *amicus curiae* é uma das principais tendências junto aos Tribunais Constitucionais. De origem latina, *amicus curiae* é uma expressão que significa literalmente "amigo da corte".

No seu *Vocabulaire juridique*, Cornu define o *amicus curiae* como "a qualidade de consultor extraordinário e de informante voluntário convidado pelo Tribunal a vir em audiência para fornecer, na presença de todas as partes interessadas, todas as observações susceptíveis de esclarecer o juiz".[20] No glossário do *Conseil d'État*, o termo é definido como "uma pessoa cuja competência ou conhecimentos podem esclarecer os juízes quanto à solução a dar ao litígio". O glossário indica ainda que o *amicus curiae* é uma pessoa "convidada pelos juízes a formular observações gerais sobre determinados pontos, sem ter acesso aos autos do processo. A sua opinião é registrada por escrito e depois comunicada às partes, sem qualquer forma de remuneração ou compensação, e é de interesse geral".[21]

A audiência pública representa o *locus de* participação dos intervenientes desta natureza. O seu principal objetivo é contribuir para a interpretação dos fatos constitucionais, ou seja, dos fatos que o Tribunal deve ter em conta para julgar a questão constitucional suscitada.

Em primeiro lugar, é necessário não confundir esses fatos com aqueles que estão na base de uma determinada situação jurídica justificativa de inconstitucionalidade – caraterística da fiscalização da

---

[20] Tradução do original em francês : *"la qualité de consultant extraordinaire et d'informateur bénévole en laquelle la juridiction saisie invite une personnalité à venir à l'audience afin de fournir, en présence de tous les intéressés, toutes les observations propres à éclairer le juge"* (CORNU, G. *Vocabulaire juridique*. 9. ed. Paris, Association Henri Capitant, Quadrige/PUF, 2011, p. 55).

[21] Não se deve confundir a figura de amigo da corte com aquela dos terceiros intervenientes com um "interesse especial". Estes têm um interesse especial específico nos efeitos gerais da decisão. Por outro lado, o *amicus curiae* não tem um interesse subjetivo na resolução da questão da constitucionalidade, mas um interesse mais amplo na manutenção ou revogação da lei.

constitucionalidade suscitada como questão prejudicial. A análise dos fatos constitucionais é importante, independentemente de a fiscalização da constitucionalidade ser abstrata ou concreta.[22]

O equívoco repousa em rejeitar a investigação dos fatos que são fundamentais para a compreensão da própria norma e para a resolução da questão constitucional, ao argumento de se tratar de análise normativa da constitucionalidade de uma disposição legislativa. É como discutir o início da vida para julgar o direito ao aborto; se a legalização do uso de drogas leva ao aumento do seu consumo; se as manifestações nazistas levam à violência; se determinados impostos geram desigualdades sociais, entre outros exemplos.[23] É a ideia de que "os fatos são importantes para interpretar o resultado e devem ser tidos em conta no raciocínio interpretativo".[24] Nos Estados Unidos, por exemplo, a participação de *amici curiae* na Suprema Corte é considerada essencial não só para obter informações importantes para o julgamento, mas também para que o Tribunal possa antecipar reações populares ao resultado das suas decisões.[25]

---

[22] *"Virtually every constitutional case presents disputed facts, but only rarely are the facts described or explained with any precision. The Court's constitutional pronouncements float above the empirical mire, neither being informed by contingent realities nor subject to empirical check by those realities. This state of affairs seems widely accepted among lawyers and scholars, at least as measured by the lack of dissenting voices heard"* (FAIGMAN, David L. *Constitutional Fictions*: a Unified Theory of Constitutional Facts. New York: Oxford University Press, 2008, p. 1).

[23] Luiz Guilherme Marinoni destaca a questão: "De modo que o problema dos fatos constitucionais inicia a partir da descoberta da razão do seu desprezo pelo direito constitucional e pelas Cortes. A partir daí, no entanto, requer complexa elaboração dogmática, hábil à identificação dos fatos que estão por detrás das leis e, portanto, devem ser analisados pelo Juiz quando do controle de constitucionalidade. Porém, como os fatos certamente não importam apenas por determinarem as leis, mas especialmente porque fazem parte da realidade sobre a qual o intérprete necessariamente se debruça quando está diante de dispositivos de tessitura aberta, particularmente dos de natureza constitucional, há que se prestar atenção ao raciocínio desenvolvido pelo intérprete que se vê obrigado a considerar a realidade que está a depender da afirmação do significado das normas constitucionais. O problema dos factos constitucionais começa, pois, pela descoberta da razão pela qual o direito constitucional e os tribunais não os reconhecem. A partir daí, porém, exige uma elaboração dogmática complexa, capaz de identificar os factos subjacentes às leis e que, consequentemente, devem ser analisados pelo juiz em sede de fiscalização da constitucionalidade. Mas como os fatos não contam certamente apenas porque determinam as leis, mas sobretudo porque fazem parte da realidade sobre a qual o intérprete necessariamente se debruça quando confrontado com dispositivos de textura aberta, em especial os de natureza constitucional, há que se prestar atenção ao raciocínio desenvolvido pelo intérprete que está obrigado a considerar a realidade que depende da afirmação do sentido das normas constitucionais". (MARINONI, Luiz Guilherme. *Processo Constitucional e Democracia*. São Paulo: Thomson Reuters, 2021).

[24] *Ibidem.*

[25] SPRIGGS, J. F., & WAHLBECK, P. J. Amicus Curiae and the Role of Information at the Supreme Court. *Political Research Quarterly*, 50(2), 1997. p. 365-386. https://doi.org/10.1177/106591299705000206.

Naturalmente, existem mecanismos informais de participação de setores da sociedade civil, nos tribunais, que não são tidos em conta na análise do quadro normativo. O *lobbying* e os grupos de pressão são talvez a faceta mais evidente deste fenômeno, em que a interação com os tribunais para a definição do sentido da Constituição se processa por vezes nos bastidores, sem qualquer publicidade. Essas formas de interação suscitam diferentes reações: ou são naturalizadas como mecanismos inerentes ao sistema, ora reconhecendo as suas vantagens, ora admitindo os seus problemas, ou são rejeitadas como práticas contrárias à democracia.[26]

3 A participação de *amici curiae* no Supremo Tribunal Federal – uma cultura jurídica de participação em criação

No Brasil, os terceiros intervenientes, inclusive o *amicus curiae*, estão sujeitos a uma regulamentação bastante detalhada, seja no regimento interno do STF, seja no Código de Processo Civil.[27] A primeira lei a prever a intervenção de *amici curiae*, perante o STF, em processos de fiscalização abstrata de constitucionalidade foi a Lei nº 9.868/99, destinada a regular o processo de controle abstrato. O §2º do art. 7º dessa lei prevê que o relator, considerando a relevância da causa e a representatividade dos postulantes, poderá, por meio de despacho irrecorrível, admitir a apresentação de outros órgãos ou entidades.

O Título III do CPC brasileiro estabelece as diversas modalidades de intervenção, bem como suas especialidades, como o assistente simples e o *amici curiae*. Relativamente a este último, o artigo 138 prevê que o juiz ou o desembargador-relator, atendendo à relevância da causa, à especificidade do objeto da demanda ou à repercussão social da controvérsia, poderá, por decisão irrecorrível, de ofício ou a requerimento das partes ou de quem pretenda manifestar-se, solicitar ou

---

[26] Um caso emblemático que merece ser mencionado é o relatório publicado pela associação francesa "*Les amis de la terre*" que denuncia *o lobbying* das empresas perante o *Conseil Constitutionnel*. Disponível em: https://www.amisdelaterre.org/wp-content/uploads/2018/06/les-sages-sous-influence---rapport-amis-de-la-terre---odm.pdf.

[27] O Código de Processo Civil (CPC) brasileiro é uma norma processual de aplicação bastante ampla. De fato, o artigo 15º estabelece: "Na falta de normas que regulem processos eleitorais, trabalhistas ou administrativos, as disposições deste código lhes serão aplicadas supletiva e subsidiariamente". Antes do STF, o CPC é utilizado como fonte de direito e de interpretação processual.

admitir a participação de pessoa natural ou jurídica, órgão ou entidade especializada, com representatividade adequada, no prazo de quinze dias contado da data da notificação.

Essa intervenção, regra geral, não autoriza a interposição de recurso (§2º), mas o juiz ou o relator, na decisão que solicita ou admite a intervenção, define os poderes do *amicus curiae*.[28] O artigo 131 do Regimento Interno do STF prevê o direito de intervenção do *amicus curiae*, desde a alteração nº 15 de 2003, não obstante o anterior reconhecimento desse direito pelo Tribunal.[29]

A lei prevê, portanto, dois critérios de admissibilidade: a pertinência da questão e a representatividade dos requerentes. A jurisprudência do STF desenvolveu-se especificando esses critérios. No que diz respeito à relevância, Eloísa Machado de Almeida afirmou, com razão, que a relevância da questão era analisada não do ponto de vista da sua relevância constitucional, em especial devido a uma certa resistência por parte dos juízes em aceitar que existam questões constitucionais irrelevantes, e tendo em vista os efeitos *erga omnes* das decisões do Tribunal em sede de fiscalização concentrada de constitucionalidade, mas sim do ponto de vista da complexidade da questão ou da sua grande repercussão social.[30]

No que diz respeito ao segundo critério, a representatividade dos requerentes é objeto de jurisprudência da Corte. As pessoas naturais, por exemplo, não podem intervir na qualidade de *amicus curiae*.[31] A "representatividade adequada" baseia-se na doutrina brasileira das

---

[28] Art. 138. O juiz ou o relator, considerando a relevância da matéria, a especificidade do tema objeto da demanda ou a repercussão social da controvérsia, poderá, por decisão irrecorrível, de ofício ou a requerimento das partes ou de quem pretenda manifestar-se, solicitar ou admitir a participação de pessoa natural ou jurídica, órgão ou entidade especializada, com representatividade adequada, no prazo de 15 (quinze) dias de sua intimação. §1º A intervenção de que trata o *caput* não implica alteração de competência nem autoriza a interposição de recursos, ressalvadas a oposição de embargos de declaração e a hipótese do §3º. §2º Caberá ao juiz ou ao relator, na decisão que solicitar ou admitir a intervenção, definir os poderes do *amicus curiae*. §3º O *amicus curiae* pode recorrer da decisão que julgar o incidente de resolução de demandas repetitivas.

[29] STF. ADI nº 2.675, de 26 de novembro de 2003.

[30] ALMEIDA, Eloísa Machado. O amicus curiae na jurisprudência do Supremo Tribunal Federal. *Revista Brasileira de Estudos Constitucionais*, n. 24, Belo Horizonte: Fórum, 2012, p. 1073-1098.

[31] STF. ADI nº 3396 julgada em 06.08.2020. Em seu voto (rejeitado por toda a Corte), a Ministra Rosa Weber ressaltou que a alteração promovida no Código de Processo Civil (CPC), que passou a admitir a figura do *amicus curiae* em geral (art. 138), e não apenas nos casos de controle concentrado, possibilitou que pessoas físicas requeiram o ingresso nas ações. A ministra ressaltou que, embora a jurisprudência do Supremo Tribunal Federal não admita o ingresso de pessoas físicas nessa qualidade, a questão é passível de recurso.

ações coletivas e na necessidade de poder representar os interesses de um grupo social, bem como no grau de especialização em relação à questão constitucional suscitada – o critério da especialização é frequentemente invocado para selecionar organizações com um verdadeiro conhecimento da matéria veiculada na questão constitucional.[32]

O tempo também é importante. Após a publicação da Lei nº 9.868/99, houve um debate sobre o prazo para os pedidos de intervenção. A partir da ADI nº 2588, o STF decidiu que os pedidos de intervenção podem ser feitos até o início da deliberação, sendo definido pela publicação, na pauta do Tribunal, da ação em questão, não sendo possível intervir em momento posterior.

Para além da disposição legislativa, há outro critério assentado na jurisprudência da Corte. Trata-se de uma análise objetiva prévia da qualidade e da capacidade contributiva da intervenção. A Corte analisa a utilidade e a inovação do fato para se pronunciar sobre a admissibilidade da intervenção. É o caso, por exemplo, da decisão na ADI nº 3787, em que a intervenção do *amicus curiae* foi rejeitada com base na falta de complexidade da questão constitucional, bem como na semelhança dos argumentos apresentados pelo requerente e os dos outros intervenientes.[33]

Em 2020, o STF decidiu que, apesar de a lei dispor sobre a impossibilidade de recurso contra a decisão que admite o *amicus curiae*, a decisão que não o admite é recorrível.[34] Por essa razão, a intervenção dos *amici curiae* tende a aumentar, sobretudo num contexto de jurisprudência bastante permissiva com as intervenções. A intervenção dos *amici curiae*, perante o STF, está a crescer rapidamente: a percentagem passou de 13% entre 1999 e 2005 para 30% entre 2006 e 2014, de acordo com a investigação empírica realizada por Eloísa Machado de Almeida.[35]

A influência das intervenções no processo de julgamento pode ser observada nas decisões e deliberações do Tribunal. O caráter público das deliberações e a troca de argumentos entre os Ministros permitem observar como as informações fornecidas pelos *amici curiae* são utilizadas. Já foram realizadas pesquisas empíricas para observar

---

[32] O critério tem algumas semelhanças com as *class action* previstas na legislação estadunidense.
[33] STF. ADI nº 3787.
[34] STF. ADI nº 3396, de 06 de agosto de 2020.
[35] ALMEIDA, Eloísa Machado de. *Amicus curiae no Supremo Tribunal Federal*. Tese – Universidade de São Paulo, São Paulo, 2016.

a utilização direta dos argumentos e das informações fornecidas. Em conclusão, "todos os Ministros, em todos os casos analisados, utilizaram, de forma expressa ou não, as razões e os argumentos apresentados em audiência pública ou pelos *amici curiae*".[36]

No que diz respeito às audiências públicas, desde a reforma de 2009, o Regimento Interno do STF prevê a possibilidade de o relator convocar audiência pública para ouvir o depoimento de pessoas com experiência e autoridade em determinada área, sempre que isso for considerado necessário para o esclarecimento de questões ou circunstâncias de fato que tenham repercussão geral ou sejam de relevante interesse público.[37]

O Título IV do RISTF estabelece regras relativas às audiências, definindo seu caráter público.[38] Um exemplo emblemático na história constitucional brasileira é a ADPF nº 54, que julgou a possibilidade de intervenção gestacional de feto anencefálico. Nessa ocasião, o relator admitiu a intervenção, como *amicus curiae,* de uma notável pluralidade de instituições, como a "Conferência Nacional dos Bispos do Brasil", "Federação Brasileira de Ginecologia e Obstetrícia", "Associação Nacional Pró-Vida e Pró-Família".[39]

É de notar que as audições não são exclusivas dos *amici curiae*, mas sobretudo de especialistas, peritos e técnicos capazes de esclarecer questões que, muitas vezes pela sua tecnicidade inerente, exigem uma

---

[36] GODOY, Miguel Galano. As audiências públicas e os amici curiae influenciam as decisões dos ministros do Supremo Tribunal Federal? E por que isso deve(ria) importar? *Revista da Faculdade de Direito – UFPR*, Curitiba, vol. 60, n. 3, set./dez. 2015, p. 137-159. Nessa pesquisa, Godoy considera a influência dos *amici curiae* mesmo que eles não sejam expressamente mencionados nas decisões (influência implícita). Por outro lado, é possível mencionar a pesquisa realizada por Bercky Pimentel da Silva e Rafael Mario Iorio Filho sobre 31 decisões em fiscalização abstrata de constitucionalidade. Estes últimos consideram como simbólicas (no sentido de Pierre Bourdieu) as decisões em que os *amici curiae* são apenas mencionados na decisão, sem qualquer referência expressa a um argumento levantado pelo interveniente, razão pela qual concordam apenas parcialmente com as conclusões de Godoy. Em comparação com as decisões em que a menção é direta, os autores concluem que "os argumentos trazidos pelos *amici curiae* foram efetivamente debatidos pelos juízes que participaram dos julgamentos. Acolhida ou rejeitada, a argumentação plural foi trazida ao processo objetivo". Disponível em: http://www.publicadireito.com.br/artigos/?cod=fe50ae64d08d4f82.

[37] Art. 29, XVII do RISTF.

[38] "Art. 154. As audiências serão públicas: i – o despacho que convocar a audiência será amplamente divulgado e fixará prazo para a indicação das pessoas a serem ouvidas". A esse dispositivo acrescenta-se o seguinte: v – a audiência pública será transmitida pela TV Justiça e pela Rádio Justiça.

[39] STF. ADPF 54, julgada em 12.04.2012.

análise aprofundada. Aliás, por vezes, os *amici curiae* não oferecem uma visão dos fatos constitucionais, mas sim argumentos morais, religiosos, econômicos ou políticos.

Sendo tendenciosos, os *amicus curiae* tentam convencer o juiz constitucional a declarar a constitucionalidade ou a inconstitucionalidade do caso. No entanto, nada impede que os *amici curiae* contribuam para a delimitação dos fatos constitucionais.[40] De fato, a imparcialidade não é condição para o esclarecimento dos fatos – qualquer parte, mesmo em litígios subjetivos, participa na delimitação dos fatos que são objeto de análise do juiz. É por isso que, durante a audiência pública, é possível encontrar contribuições variáveis, de indivíduos ou associações que não intervêm como *amicus curiae*, mas que participam para contribuir para a delimitação dos fatos.

A diferença essencial entre esses indivíduos/associações e o *amicus curiae* reside no fato de os *amici* intervirem em todo o processo, essencialmente na determinação da questão submetida ao Tribunal, bem como dos critérios de intervenção.[41] Os *amici* dispõem de poderes inerentes à participação no processo, tais como o direito de intervir nas alegações orais, apresentar memorandos escritos, requerer a produção de provas e, eventualmente,[42] interpor recursos, ainda que limitados.

Na jurisprudência da Corte, o *amicus curiae* é expressamente mencionado como um mecanismo capaz de conferir legitimidade democrática ao controle abstrato de constitucionalidade. Ao apreciar a intervenção dos *amici curiae*, na ADI nº 2321-7, o Ministro Celso de Mello afirmou que essa abertura processual serve, também, para superar a grave questão da legitimidade democrática das decisões proferidas pelo

---

[40] Em posição contrária: MARINONI, Luiz Guilherme. *Op. cit.*: "Embora o amicus obviamente tenha importante participação para o esclarecimento dos fatos, ele certamente não se presta a essa função, na medida em que aquele que pode elucidar os fatos – a testemunha, o perito ou o especialista – deve ser imparcial, ou seja, não deve ter qualquer interesse no prevalecimento de uma das posições em conflito". Se o *amicus* tem obviamente um papel importante no esclarecimento dos fatos, não está certamente vocacionado para essa função, na medida em que aquele que pode elucidar os fatos – a testemunha, o perito ou o especialista – deve ser imparcial, ou seja, não deve ter qualquer interesse no prevalecimento de uma das posições em conflito.

[41] Foi o caso, por exemplo, do convite ao Deputado Federal José Aristodemo Pinotti para participar da audiência pública da ADPF 54, pessoa física e, portanto, não admissível como *amicus curiae*. O relator considerou importante sua experiência em pediatria, ginecologia, cirurgia e obstetrícia e como ex-reitor da Unicamp, onde fundou e presidiu o Centro de Pesquisas Materno-Infantis.

[42] O STF alterou entendimento anterior, em Questão de Ordem, para decidir que os *amici curiae* não podem, salvo concessão prévia de poderes, opor embargos de declaração, nos autos do RE 949.297 e 955.227, julgados conjuntamente em 15.04.2024.

Supremo Tribunal Federal, quando do exercício de sua competência extraordinária para realizar, em abstrato, a fiscalização concentrada de constitucionalidade.[43]

4 A participação de *amici curiae* no *Conseil Constitutionnel* – a zona cinzenta das portas estreitas

Antes de abordar a questão do *amicus curiae* perante o *Conseil*, é necessário explicar a sua relação com as outras instituições do sistema judicial francês. No âmbito do *Conseil d'État*, a participação dos *amici curiae* é regida pelo Decreto 2010-164 de 2010, que sistematiza a participação dos *amici curiae* no artigo R625-3 do Código de Justiça Administrativa, bem como as modalidades de convite e a possibilidade de sustentação oral. O artigo R123-26, do mesmo Código, prevê igualmente a participação de "pessoas cujos conhecimentos especiais lhes permitam esclarecer os debates".

Na *Cour de Cassation*, antes da introdução de uma disposição no Código de Organização Judiciária, o Tribunal consulta membro exterior pelo menos desde 1991, quando o Professor Jean Bernard foi convidado a participar no processo das "mães de aluguel".[44] Em 2016, foi introduzido o artigo L 431-3-1, que prevê expressamente o *amicus curiae*. Esse artigo dispõe o seguinte: "Quando do exame de um recurso, a *Cour de Cassation* pode convidar qualquer pessoa cuja competência ou conhecimentos sejam susceptíveis de fornecer informações úteis sobre a solução a dar a um litígio para apresentar observações de caráter geral sobre os pontos determinados".

Tanto no caso do *Conseil d'État*, como no *Cour de Cassation*, o sistema francês limita a participação dos *amici curiae* aos convidados da Corte, sob reserva de critérios de admissibilidade. No artigo *"Réflexions sur le statut des portes étroites devant le Conseil constitutionnel"*, publicado em 2017, Denys de Béchillon afirma que essas intervenções são raramente utilizadas.[45]

---

[43] STF. ADI, 2321-7.
[44] Cass. ass. plén. 31 de maio de 1991, Bull. 1991, ass. plén. n. 4, p. 5, RTDCiv. 1992, p. 88, nota J. Mestre, D. 1991, p. 417, nota Y. Chartie.
[45] BÉCHILLOM, Denys (de). *Reflexões sobre o estatuto das portas estreitas perante o Conselho Constitucional*. Club des juristes, 2017, Les Notes du Club des juristes. ffhal-02161541e. p. 49.

Apesar desse quadro normativo no seio do *Conseil d'État* e da *Cour de Cassation*, a participação de *amici curiae* no *Conseil Constitutionnel* parece não ter disciplina legal específica.

A primeira intervenção teve lugar em 2010, no processo QPC nº 2010-42, de 8 de outubro de 2010, quando o *Conseil* admitiu a intervenção do sindicato CGC-CFE para defender uma lei que se referia diretamente à sua própria situação, apesar de não ser a parte que apresentou a QPC.

Na sequência da QPC 2010-71, o *Conseil Constitutionnel* reconheceu o direito de o interveniente fazer uma exposição oral em audiência pública, fato que levou a uma alteração da jurisprudência do *Conseil* em matéria de intervenções. Posteriormente, o *Conseil* reconheceu várias intervenções segundo o mesmo critério.[46]

Marc Guillaume[47] constata a existência de três modelos de intervenção considerados admissíveis pelo *Conseil*: (i) o interveniente que suscitou uma QPC idêntica perante o juiz *a quo* ou o *Conseil*, quando é a QPC de outra parte que foi admitida pela Corte;[48] (ii) o interveniente que é uma das pessoas a quem a lei se aplica[49] ou a quem a mesma disposição se aplica nas mesmas condições;[50] (iii) o interveniente que tem um interesse muito específico, frequentemente em nível nacional, na manutenção ou revogação da lei.[51]

Os dois primeiros designam aqueles que têm um interesse subjetivo na resolução da QPC. O último, por outro lado, designa os

---

[46] Decisão de Const. QPC 2010-55 QPC de 18 de outubro de 2010; Decisão de Const. nº 2010-58 QPC de 18 de outubro de 2010; Decisão de Const. nº 2010-84 QPC de 13 de janeiro de 2011; Decisão de Const. nº 2010-85 QPC de 13 de janeiro de 2011.

[47] GUILLAUME, Marc. *Question prioritaire de constitutionnalité*. Paris: Dalloz. 2019, p. 128.

[48] O autor cita: 25 de março de 2011, nº 2010-109 QPC; QPC nº 2011-142 e 2011-143 de 30 de junho de 2011 relativos ao financiamento da assistência social.

[49] O autor menciona: la Française des Jeux: 18 Out. 2010, Cons. Const. nº 2010-55 QPC. – L'Association nationale pour la formation professionnelle des adultes: 17 Dez. 2010, Cons. Const. nº 2010-67/86 QPC.

[50] O autor cita: 13 Out. 2011, M. Antoine C. Tribunal Constitucional nº 2011-181 QPC.

[51] O autor menciona: 7 de outubro de 2010, nº 2010-42 QPC. – La Fédération française de la franchise: 18 Out. 2010, *Conseil Constitutionnel*. nº 2010-58 QPC. – L'association « Groupe information asiles »: 26 Nov. 2010, *Conseil Constitutionnel* nº 2010-71 QPC. – 6 Out. 2011, Const. Cons. nº 2011-174 QPC. – 3 Fev. 2012, *Conseil Constitutionnel* nº 2011-217 QPC. – Union d'économie sociale et du logement: 13 Jan. 2011, *Conseil Constitutionnel* nº 2010-84 QPC. – La Chambre nationale des courtiers maritimes de France: 11 Fev. 2011, *Conseil Constitutionnel* nº 2010-102 QPC. – La Cimade: 8 Abr. 2011, *Conseil Constitutionnel* nº 2011-120 QPC. – Le Centre national interprofessionnel de l'économie laitière: 29 Abr. 2011, *Conseil Constitutionnel* nº 2011-121 QPC. – Union syndicale de défense des intérêts des Français repliés d'Algérie d'outre-mer, populations déplacées contre leur gré, USDIFRA: 27 Jan. 2012, *Conseil Constitutionnel* nº 2011-213 QPC.

amici curiae. No entanto, mesmo após a publicação do regulamento interno que especifica os modos de intervenção, o *Conseil* nunca organizou efetivamente os diferentes modos de intervenção. O artigo 6º do regulamento interno relativo ao processo QPC no *Conseil Constitutionnel*[52] prevê a possibilidade de uma pessoa com um interesse especial intervir para apresentar observações no âmbito de uma intervenção. No entanto, a decisão de admissibilidade não é justificada.

Os critérios de admissibilidade continuam a constar da jurisprudência do *Conseil*, embora não sejam definidos em pormenor nos regulamentos. A situação é semelhante no que respeita ao envio de documentos. Embora livre, essa possibilidade não beneficia de um regulamento específico, ainda que esta ausência suscite dúvidas quanto às condições de admissibilidade. No âmbito de um controle a *priori*, a jurisprudência do Conselho prevê certas condições de admissibilidade, como, por exemplo, a inadmissibilidade de cartas apresentadas por particulares[53] ou de manifestações que contestem disposições não visadas pela remessa inicial.[54] O debate sobre a adoção de critérios de admissão é bem resumido por Anna Maria Lecis Cocco Ortu:[55]

---

[52] Art. 6º (nº 1) Se, para efeitos do inquérito, o *Conseil Constitutionnel* decidir realizar uma audição, as partes e as autoridades referidas no artigo 1º são convidadas a participar. É-lhes então concedido um prazo para apresentarem as suas observações. (nº 2) Quando uma pessoa que justifique um interesse especial apresente observações numa intervenção relativa a uma questão prioritária de constitucionalidade antes da data fixada nos termos do terceiro parágrafo do artigo 1.(6)er e mencionadas no sítio Internet do Conselho Constitucional, este decide que lhe sejam enviados todos os documentos do processo e que essas observações sejam enviadas às partes e autoridades mencionadas no artigo 1er . É-lhes concedido um prazo para responderem. Em caso de urgência, o Presidente do Conselho Constitucional ordena o envio. (nº 3) O facto de o prazo ter expirado nessa data não pode ser invocado contra uma parte que tenha submetido uma questão prioritária de constitucionalidade a um órgão jurisdicional da competência do *Conseil d'État* ou da *Cour de Cassation*, ao *Conseil d'État* ou à *Cour de Cassation*, que envolva uma disposição legislativa já submetida ao *Conseil Constitutionnel*, quando, por esse motivo, a questão não tenha sido submetida ou transmitida. (nº 4) Se estas observações de intervenção incluírem novas objecções, esta transmissão substitui uma comunicação na aceção do artigo 7º do presente regulamento. (nº 5) Quando as observações de intervenção não são aceites pelo Conselho Constitucional, este informa o interessado.

[53] *Conseil Constitutionnel*. OCC, decisão nº 82-146 DC de 18 de novembro de 1982; decisão nº 84-178 DC de 30 de agosto de 1984.

[54] *Conseil Constitutionnel*. CC, decisão nº 81-133 DC de 30 de dezembro de 1987.

[55] Tradução do original em francês: *Si, d'un côté, l'absence de prévision normative des conditions préalables strictement définies de recevabilité des interventions apparaît justifiée, afin de laisser aux juges constitutionnels une certaine discrétionnalité dans l'organisation du contentieux au nom de la rapidité et du bon fonctionnement de leur contrôle, de l'autre côté, cette absence de critères stricts ne doit pas faire basculer le discrétionnaire dans l'arbitraire avec la possibilité de refuser une intervention dans des circonstances qui auparavant l'avaient légitimée, sans motiver ce choix de façon adéquate.* (LECIS COCCO ORTU Anna Maria, QPC et interventions des tiers : le

Se, por um lado, parece justificar-se a ausência de previsão normativa de pressupostos estritamente definidos para a admissibilidade das intervenções, a fim de permitir aos tribunais constitucionais uma certa discricionariedade na organização do contencioso, em nome da celeridade e do bom funcionamento da sua fiscalização, por outro lado, essa ausência de critérios estritos não deve fazer pender o equilíbrio discricionário para a arbitrariedade, com a possibilidade de recusar uma intervenção em circunstâncias que anteriormente a legitimavam, sem fundamentar adequadamente essa opção.

Os critérios adotados pelo *Conseil Constitutionnel* continuam a ser discricionários, em função dos seus interesses. Esse aspecto discricionário, esta "zona cinzenta", manifesta-se igualmente na utilização e na consideração dada aos *amici curiae* pelo *Conseil*.

É que, no caso francês, a intervenção dos *amici curiae* é tratada com as mesmas regras que as intervenções de terceiros com um interesse especial. É por essa razão que esta forma de intervenção "continua a ser a mais obscura no que diz respeito aos critérios de admissibilidade".[56]

Anna Maria Lecis Cocco Ortu, numa análise da jurisprudência da Corte, organizou os critérios implicitamente adotados pelo *Conseil*, tais como (i) a exclusividade das pessoas jurídicas;[57] (ii) o critério subjetivo, ou seja, a relação entre a natureza da entidade interveniente e a sua finalidade estatutária, atividade e competência; (iii) o critério objetivo, relativo ao conteúdo da intervenção e à sua capacidade de contribuir para o julgamento da questão constitucional.[58]

No entanto, a frequente ausência de fundamentação da decisão de recusa confirma as preocupações quanto aos critérios adotados. É importante sublinhar a relativa suspeição em torno das intervenções perante o *Conseil Constitutionnel*.

Uma rápida pesquisa bibliográfica revela que as intervenções são frequentemente interpretadas como um mecanismo de *lobby* junto ao

---

débat contradictoire entre garantie des droits de la défense et utilité des *amici curiae*. *Revue française de droit constitutionnel*, 2015/4 (N° 104), p. 863-886. DOI : 10.3917/rfdc.104.0863. Disponível em: https://www.cairn.info/revue-francaise-de-droit-constitutionnel-2015-4-page-863.html. p. 864.

[56] Tradução do original em francês: *"demeure le plus obscur quant aux critères de recevabilité"* (*Ibidem*, p. 877).

[57] Decisão Const. nº 2013-353 QPC, 18 de outubro de 2013.

[58] Sobre a decisão do Cons. Const. nº 2010-42 QPC, de 7 de outubro de 2010: "as notas ou cartas são regularmente enviadas ao Conselho Constitucional por um terceiro para defender uma lei em causa, mas não fornecem qualquer informação que não faça já parte do debate. Não são, por isso, aditadas ao processo". (*Ibidem*, p. 880)

Conseil.⁵⁹ O caráter público do conteúdo das petições e das audiências perante o *Conseil Constitutionnel* enfraqueceram, naturalmente, a suspeição sobre as intervenções. De fato, a investigação empírica sobre as intervenções dos grupos de interesses e da QPC perante o *Conseil Constitutionnel* não permitiu concluir que os grupos de interesses exercem uma influência verdadeiramente diversificada em relação aos outros intervenientes, ainda que o estilo das decisões do *Conseil Constitutionnel* "contribua para dificultar o discernimento da eventual influência dos representantes de interesses".⁶⁰

Para além da apresentação de memoriais, as intervenções têm lugar nas audiências públicas. A audiência pública está prevista no artigo 23-10 do Despacho nº 58-1968, que estabelece que as partes têm a possibilidade de apresentar as suas observações na presença de ambas as partes. A audiência é pública, salvo nos casos excepcionais definidos pelo regulamento interno da Corte.

A regra da publicidade é objeto de uma exceção no regulamento interno do *Conseil Constitutionnel*, a pedido de uma parte ou oficiosamente, por razões de ordem pública ou quando os interesses de menores ou a proteção da vida privada o exijam.⁶¹ Marc Guillaume destaca uma forma excepcional de decisão sem audiência após o *Conseil Constitutionnel* ter se pronunciado sobre uma disposição legislativa submetida à sua apreciação. As partes são informadas de que, tendo

---

[59] Por exemplo, Pierre Januel: "*O lobbying* perante o Conselho Constitucional assume a forma de intervenções, conhecidas como 'portas estreitas'" (JANUEL, Pierre. *Lobbying perante o Conselho Constitucional*: por detrás das portas estreitas. Artigos Dalloz. 2019. Disponível em: https://www.dalloz-actualite.fr/flash/lobbying-devant-conseil-constitutionnel-derriere-portes-etroites)

[60] CHRISTELLE, Maxence; COMBRANDE, Bertrand-Léo; SÉNAC, Charles-Édouard. *La QPC et les représentants d'intérêt*: techniques d'influence et influences sur la technique. Recherche réalisée à l'occasion des dix ans de la QPC, avec le soutien du Conseil constitutionnel. 2020. Vale a pena reproduzir um excerto: "No que diz respeito à influência dos representantes de interesses nas decisões do Conselho Constitucional, os resultados da investigação são difíceis de apreender. Para avaliar a sua capacidade de convencer o Conselho Constitucional, poderíamos começar por calcular a sua taxa de 'sucesso' perante ele, ou seja, a percentagem de casos em que os representantes de interesses que iniciaram um CQP foram bem-sucedidos. Nos 27 casos da nossa amostra que foram iniciados por uma associação, um sindicato ou uma federação, o Conselho Constitucional deu-lhes razão, parcial ou totalmente, em 15 ocasiões (6 declarações de incumprimento total, 7 declarações de cumprimento parcial e 2 declarações de cumprimento com reservas). Nos outros casos, em que a origem é uma pessoa singular, uma empresa ou um organismo público, a taxa de 'sucesso' é ligeiramente inferior: de cerca de 56% para os grupos de interesse coletivo, passa para 50% para os QPC apresentados por estes outros interessados. A diferença é, portanto, mínima" (*op. cit.*, p. 38).

[61] O nº 3 do artigo 8º do Regulamento Interno sobre o procedimento seguido perante o Conselho Constitucional para os QPC.

em conta a identidade da disposição contestada, é possível decidir sem realizar uma audiência, mesmo que o litigante possa, a prazo, solicitar a manutenção da disposição.[62] A audiência é igualmente transmitida ao vivo por meios audiovisuais em uma sala aberta ao público no interior do *Conseil Constitutionnel*.

Um aspecto inovador do sistema francês pode ser as audiências realizadas fora dos muros do *Palais Royal*. Desde 2019, o *Conseil Constitutionnel* está empenhado em realizar audiências móveis, permitindo uma maior participação dos membros da sociedade civil sem terem de se deslocar a Paris. Várias QPC foram objeto de audiências móveis, o que representa uma política permanente do *Conseil*.[63] Essa prática não está prevista nem na lei nem nos regulamentos e despachos do *Conseil Constitutionnel*, constituindo assim um mecanismo verdadeiramente informal.

5 Conclusões

Com base nas análises já efetuadas, pode ser elaborado o seguinte quadro comparativo:

---

[62] Cons. Const. QPC nº 2010-61 de 12 de novembro de 2010.
[63] QPC nº 2019-812, de 15 de novembro de 2019 e nº 2019-813, de 15 de novembro de 2019, "audiência realizada na Corte de Apelação da cidade de Pau, QPC nº 2019-830 e 2019-831, audiência realizada em Lyon, entre outros.

	Brasil	França
Definição positiva das intervenções	A lei brasileira contém uma definição explícita das várias formas de intervenção, incluindo a figura do *amicus curiae*.	O direito francês prevê de forma bastante limitada os modos de intervenção, sem os distinguir.
Critérios de admissibilidade	Os critérios de admissão no Brasil são mais transparentes e menos restritivos. Estão definidos na lei, bem como na jurisprudência do Tribunal.	Os critérios de admissão baseiam-se na jurisprudência do *Conseil Constitutionnel*, e a participação é mais limitada.
Cultura de participação	O direito brasileiro tem uma cultura de participação mais desenvolvida, que não se limita ao controle da constitucionalidade.	O direito francês tem uma cultura bastante fechada à participação, frequentemente designada por "porta estreita". Além disso, o sistema francês dispõe de audiências móveis, o que permite a inclusão territorial.
Transparência da intervenção	Graças ao sistema de deliberação pública, as intervenções escritas e orais são públicas e acessíveis a todos.	As intervenções são cada vez mais públicas, sobretudo após a decisão de transmitir as audições e tornar públicos os memoriais.
Participação efetiva	A influência dos oradores pode ser verificada pelos votos, que muitas vezes se referem aos oradores e aos seus argumentos, de forma explícita ou implícita.	A tradição minimalista do *Conseil* impede qualquer verificação real da influência das intervenções no julgamento da questão constitucional.

É possível destacar pelo menos três funções da participação dos *amici curiae*: (i) oxigenação do debate, a partir de uma intervenção supostamente qualificada, através do esclarecimento dos fatos constitucionais; (ii) acesso à justiça, ao permitir a participação ativa da sociedade civil num processo jurisdicional de natureza constitucional; (iii) conferir legitimidade democrática às decisões do Tribunal, tendo em conta a participação social como contributo para a formação da decisão.

A primeira função diz respeito ao alargamento do contraditório. Segundo o Corte Europeia dos Direitos do Homem (CEDH), o princípio do contraditório implica "no livre acesso às observações das outras partes e a possibilidade efetiva de as comentar".[64] Essa disposição é inteiramente aplicável ao controle de constitucionalidade.

A segunda função está ligada ao caráter híbrido[65] desta função jurisdicional e não pode significar uma redução da participação. Pelo contrário, o caráter geral do controle abstrato de constitucionalidade conduz à necessidade de abertura, nomeadamente no contexto de uma sociedade complexa. Num paradigma democrático de fiscalização de constitucionalidade, em que o *Conseil* não monopoliza a interpretação da Constituição, a presença de *amici curiae* representa um mecanismo de interação entre o poder judicial e os agentes sociais.

No que diz respeito à legitimidade, o paradigma dos diálogos institucionais impõe uma resposta intermediária, no sentido de que a Corte partilha com as demais instituições e com a sociedade a função de interpretar a Constituição. Nesse contexto, os *amici curiae* desempenham um papel fundamental, possibilitando a participação dos diversos agentes. Assim, a participação dos agentes sociais, ainda que sujeita a regras específicas de aceitação, é capaz de conferir uma legitimidade democrática que é bem-vinda às Cortes Constitucionais, sem corromper a sua missão de proteção da Constituição. A relação entre a abertura da Corte aos *amici curiae* e a legitimidade democrática da Corte não é nova e já foi desenvolvida por outros.[66] Tania Groppi refere-se à necessidade de uma relegitimação permanente dos tribunais baseada na abertura

---

[64] CEDH, Ruiz-Mateos v. Espanha, 26 de junho de 1993, nº 12952/87.
[65] A natureza híbrida do QPC é bem sintetizada por Anna Maria Lecis Cocco Ortu, para quem: "Esta dupla função do contraditório é reforçada na fiscalização do QPC pela natureza híbrida da fiscalização constitucional incidental, em que coexistem naturalmente perfis subjectivos e objectivos, em virtude da origem concreta de uma questão, cuja resposta terá efeitos gerais" (*Op. cit.* p. 866).
[66] GROPPI, Tania. Interventi di terzi e amici curiae: dalla prospettiva comparata uno sguardo sulla giustizia costituzionale in Italia. *Consulta Online*, 2019, vol. 1, p. 123-142.

a terceiros e a necessidade de um espaço plural de deliberação em seu seio. Na sua opinião, trata-se de um elemento essencial da democracia constitucional.[67]

Peter Häberle já refletiu sobre a importância de uma teoria da interpretação constitucional que seja centrada também nos participantes dessa interpretação, e não apenas nos métodos práticos e nos seus efeitos.[68] A ideia central desse pensador alemão é de que todos os órgãos do Estado, todas as autoridades públicas, todos os cidadãos e todos os grupos estão potencialmente envolvidos no processo de interpretação constitucional.

É, pois, impossível elaborar uma lista fechada ou *numerus clausus* de intérpretes da Constituição.[69] É por isso que é necessário perguntar, com realismo, qual a interpretação adotada, a forma ou o modo como se desenvolveu e qual a contribuição da ciência que influenciou

---

[67] "Nel riflettere sull'eventuale apertura del processo ad interventi esterni, e sulle sue modalità, ci dobbiamo muovere tra queste coordinate, senza perdere di vista gli sviluppi e i mutamenti della democrazia costituzionale della quale la Corte è l'organo per eccellenza. In particolare, di fronte alle crescenti tensioni che attraversano le società pluraliste in questa epoca, emerge con maggiore forza sempre maggiore la necessità di processi deliberativi, dove le decisioni si sviluppino nel confronto e nella relazione". (Ibidem, p. 142). Tradução livre: Ao considerar se e como abrir o processo à intervenção externa, devemos colocar-nos entre estas coordenadas, sem perder de vista os desenvolvimentos e mudanças na democracia constitucional, da qual o Tribunal é o órgão por excelência. Em particular, face às tensões crescentes nas sociedades pluralistas de hoje, a necessidade de processos deliberativos, em que as decisões são elaboradas através do confronto e da relação, está a emergir cada vez mais fortemente.

[68] HÄBERLE, Peter. *Hermenêutica constitucional* – a sociedade aberta dos intérpretes da constituição: contribuição para interpretação pluralista e procedimental da Constituição. DPU nº 60 – Nov-Dez/2014. Tradução: Gilmar Mendes da versão alemã *Die Offene Gesellschaft der Verfassungsinterpreten, Ein Beitrag Zur Pluralistischen und „Prozessualen" Verfassungsinterpretation.*

[69] Sobre a experiência alemã, o autor refere: Os participantes no processo de tomada de decisão nos processos, que não são necessariamente organismos estatais, são os seguintes:

a) O autor ou peticionário e o réu ou demandado, no recurso constitucional (*Verfassungsbeschwerde*), ou seja, o autor e o réu, em suma, aqueles que justificam a sua pretensão e obrigam o tribunal a tomar posição ou a encetar um "diálogo jurídico" (*Rechtsgespräch*);

b) Outros participantes no processo, ou seja, aqueles que têm o direito de intervir ou de se juntar ao processo de acordo com a Lei do Tribunal Constitucional (por exemplo, §§77, 85, 226, 94, nºs 1-4, 65, 82, nº 2, 83, nº 2, 94, nº 5) ou que podem ser convocados pelo próprio Tribunal Constitucional (por exemplo, §82, nº 4 da Lei do *Bundesverfassungsgericht*);

c) Relatores ou peritos, como se verifica nas comissões especiais de estudo ou de inquérito (§73, nº 3, do Regimento do Parlamento Federal);

d) Peritos e representantes de interesses em audições públicas do Parlamento (§73, nº 3 do Regimento do Parlamento Federal Alemão), peritos perante os tribunais, associações, partidos políticos (grupos parlamentares), que atuam nomeadamente através da eleição de juízes;

e) Grupos de pressão organizados (§10 do Regulamento Interno do Governo Federal);

f) Requerentes ou partes em procedimentos administrativos de carácter participativo.

decisivamente o juiz constitucional na sua prática hermenêutica.[70] A interpretação da Constituição é um processo aberto, mesmo que essa consulta nem sempre conduza ao resultado desejado por certos setores da sociedade.[71]

Referências

ALMEIDA, Eloísa Machado. O amicus curiae na jurisprudência do Supremo Tribunal Federal. *Revista Brasileira de Estudos Constitucionais*, n. 24, Belo Horizonte: Fórum, 2012.

BÉCHILLOM, Denys (de). *Reflexões sobre o estatuto das portas estreitas perante o Conselho Constitucional*. Club des juristes, 2017.

BICKEL, Alexander M. *The least dangerous branch:* the Supreme Court at the Bar of Politics. 2. ed. Nova Iorque: Yale University Press. 1962.

BRANDÃO, Rodrigo. Mecanismos de diálogos constitucionais nos EUA e no Brasil. *RJLB*, Ano 1 (2015), n. 4, p. 4.

CHRISTELLE, Maxence; COMBRANDE, Bertrand-Léo; SÉNAC, Charles-Édouard. *La QPC et les représentants d'intérêt:* techniques d'influence et influences sur la technique. Recherche réalisée à l'occasion des dix ans de la QPC, avec le soutien du Conseil constitutionnel, 2020.

CORNU, G. *Vocabulaire juridique*. 9. ed. Association Henri Capitant, Paris, Quadrige/PUF, 2011.

DRAGO. G. Le nouveau visage du contentieux constitutionnel, *RFDC*, 2010, n. 84.

DWORKIN, Ronald. Constitutionalism and Democracy. *European Journal of Philosophy*. Oxford. 1995.

DWORKIN, Ronald. Taking rights seriously. *A&C Black*, 2013.

ELY, John Hart. *Democracy and distrust:* a theory of judicial review. Cambridge: Harvard University Press, 1998.

---

[70] *Ibid*, p. 30.

[71] É o caso, por exemplo, da terminologia utilizada na audiência pública relativa à decisão do *Conseil Constitutionnel* nº 2010-71 QPC, de 26 de novembro de 2010, durante a qual alguns especialistas consideraram os argumentos inadequados e pouco precisos : *"Malgré leurs louables intentions d'améliorer les soins et les modalités de prise en charge des patients souffrant de troubles mentaux et du comportement, l'image de la psychiatrie véhiculée et les termes utilisés sont inappropriés, le personnel soignant est pris en aversion, l'ensemble conduit à une stigmatisation, une méconnaissance et une désinformation au sujet de la maladie mentale et un contreexemple de lutte contre la discrimination à l'egard des malades mentaux"*. (HOUSSOU, Constant. Déstigmatiser la maladie mentale: contre-exemple de l'audience publique relative à la décision du Conseil constitutionnel no 2010-71 QPC du 26 novembre 2010. *Annales Medico-Psychologiques* 170, 2012, p. 738-741).

FAIGMAN, David L. *Constitutional Fictions:* a Unified Theory of Constitutional Facts. New York: Oxford University Press, 2008.

GARGARELLA, Roberto. El nuevo constitucionalismo dialógico, frente al sistema de los frenos y contrapesos. Escuela de Derecho: Universidad Torcuato di Tella. *Revista Argentina de Teoría Jurídica*, Volume 14, 2013.

GODOY, Miguel Galano. As audiências públicas e os "amici curiae" influenciam as decisões dos ministros do Supremo Tribunal Federal? E por que isso deve(ria) importar? *Revista da Faculdade de Direito – UFPR*, Curitiba, vol. 60, n. 3, set./dez. 2015.

GROPPI, Tania. Interventi di terzi e amici curiae: dalla prospettiva comparata uno sguardo sulla giustizia costituzionale in Italia. *Consulta Online*, 2019.

GUILLAUME, Marc. *Question prioritaire de constitutionnalité*. Paris: Dalloz, 2019.

HÄBERLE, Peter. *Hermenêutica constitucional* – a sociedade aberta dos intérpretes da Constituição: Contribuição para interpretação pluralista e procedimental da Constituição. DPU nº 60, Nov-Dez/2014.

HABERMAS, Jürgen. *Direito e democracia:* entre facticidade e liberdade. Tradução de Flávio Beno Siebeneichler. Vol I, 2. ed. Rio de Janeiro: Tempo Brasileiro, 2003.

HESSE, Konrad. *Derecho constitucional y derecho privado*. Madrid: Editora Civitas, 1995.

HOLMES, Pablo. A sociedade civil contra a população: uma teoria crítica do constitucionalismo de 1988. *Revista Direito e Práxis*, antecipação de impressão, Rio de Janeiro, 2020.

HOUSSOU, Constant. Déstigmatiser la maladie mentale: contre-exemple de l'audience publique relative à la décision du Conseil constitutionnel no 2010-71 QPC du 26 novembre 2010. *Annales Medico-Psychologiques* 170, 2012.

JANUEL, Pierre. *Lobbying perante o Conselho Constitucional*: por detrás das portas estreitas. Artigos Dalloz, 2019.

LECIS COCCO ORTU, Anna Maria. QPC et interventions des tiers: le débat contradictoire entre garantie des droits de la défense et utilité des *amici curiae. Revue française de droit constitutionnel*, 2015/4 (n. 104).

LOISELLE Marc. M.-J. Redor, De l'État légal à l'État de droit. L'évolution des conceptions de la doctrine publiciste française, 1870-1914. *Politix*, vol. 7, n. 27, terceiro trimestre de 1994.

MARINONI, Luiz Guilherme. *Processo constitucional e democracia*. São Paulo: Thomson Reuters. 2021.

NEVES, Marcelo. *Entre Hidras e Hércules:* os princípios e regras constitucionais como diferença paradoxal do sistema jurídico. São Paulo: Editora WMF. Martins Fontes, 2013.

ROUSSEAU, Dominique. *Six thèses pour la démocratie continue*. Paris: Odile Jacob. 2022.

SCHOETTL, Jean-Éric. *La place du Conseil dans la démocratie française*. Entretien Secrétaire général du Conseil constitutionnel, 2003.

SPRIGGS, J. F., & WAHLBECK, P. J. Amicus Curiae and the Role of Information at the Supreme Court. *Political Research Quarterly*, 50(2), 1997.

WALDRON, Jeremy. A Rights-Based Critique of Constitutional Rights. *Oxford Journal of Legal Studies*, vol. 13, n. 1, 18-51. 1993.

Informação bibliográfica deste texto, conforme a NBR 6023:2018 da Associação Brasileira de Normas Técnicas (ABNT):

DANTAS, Bruno; MAZARELLO, Guilherme. Diálogos entre cortes constitucionais e sociedade civil em perspectiva comparada "Brasil e França": audiências públicas, participação de *amici curiae* e terceiros interessados. *In*: DANTAS, Bruno. *Tópicos atuais em Processo Civil: individual, coletivo e pluri-individual*. Belo Horizonte: Fórum, 2024. p. 241-266. ISBN 978-65-5518-806-6.

SOBRE OS COLABORADORES

Alexandre Reis Siqueira Freire
Conselheiro Diretor da Agência Nacional de Telecomunicações – ANATEL. Presidente do Centro de Altos Estudos em Comunicação Digital e Inovação Tecnológica – CEADI/ANATEL. Presidente do Comitê de Infraestrutura de Telecomunicações da ANATEL. Doutor em Direito pela PUC-SP. Mestre em Direito pela UFPR. *Visiting Scholar at the Goethe Universität Frankfurt am Main's Faculty of Law.*

Caio Victor Ribeiro dos Santos
Mestre em Direito Processual pela Universidade do Estado do Rio de Janeiro (UERJ). Pós-graduado em Direito Processual Civil pelo Instituto Brasileiro de Desenvolvimento e Pesquisa (IDP). Professor da pós-graduação *lato sensu* da Universidade do Estado do Rio de Janeiro (UERJ) e da Fundação Escola Superior do Ministério Público do Rio de Janeiro (FEMPERJ). Assessor de Ministro do Superior Tribunal de Justiça. E-mail: caiovrds.ac@gmail.com.

Davi Filho
Pós-graduando e Bacharel em Direito pelo Instituto Brasileiro de Desenvolvimento e Pesquisa (IDP). Advogado.

Guilherme Mazarello Nóbrega de Santana
Mestre em Direito Constitucional pela *Université de Paris* 1 (*Panthéon-Sorbonne*). Mestre em Direito Processual pela Universidade do Estado do Rio de Janeiro (UERJ). Bacharel em Direito pela Universidade de Brasília (UnB), com período de mobilidade na *Université de Paris* III (*Sorbonne-Nouvelle*). Advogado.

João Victor Prasser
Assessor da Presidência do Tribunal de Contas da União (TCU). Mestre em Direito Público pela Universidade do Estado do Rio de Janeiro (UERJ).

Leonardo Albuquerque Marques
Doutor em Direito pela PUC-SP. Mestre em Direito Constitucional pelo Instituto Brasiliense de Direito Público (IDP). Professor da Pós-Graduação *lato sensu* do Centro Universitário do Maranhão – UNICEUMA. Advogado da União.

Teresa Arruda Alvim
Livre-docente, doutora e mestre em Direito pela PUC-SP. Professora Associada nos cursos de graduação, especialização, mestrado e doutorado da mesma instituição. Professora Visitante na Universidade de Cambridge – Inglaterra. Professora Visitante na Universidade de Lisboa. Membro nato do Conselho do IBDP. *Honorary Executive Secretary General da International Association of Procedural Law.* Membro Honorário da *Associazione italiana fra gli studiosi del processo civile*, do Instituto Paranaense de Direito Processual. Membro da *Accademia delle Scienze dell'Istituto di Bologna*, do Instituto Ibero-americano de Direito Processual, do *Instituto Panamericano de Derecho Procesal*, do Instituto Português de Processo Civil. Membro do Conselho de Assessores Internacionais do *Instituto de Derecho Procesal y Practica Forense de la Asociación Argentina de Justicia Constitucional*. Membro do Conselho Consultivo RT (Editora Thomson Reuters Brasil/Revista dos Tribunais). Coordenadora da Revista de Processo – RePro, publicação mensal da Editora Thomson Reuters Brasil/Revista dos Tribunais. Relatora da Comissão de Juristas, designada pelo Senado Federal em 2009, que redigiu o Anteprojeto de Código de Processo Civil. Relatora do Anteprojeto de Lei de Ações de Tutela de Direitos Coletivos e Difusos, elaborado por Comissão nomeada pelo Conselho Nacional de Justiça, em 2019 (PL 4778/20). Advogada.